把马克思主义哲学
作为看家本领

李志军　主编

人民出版社

目　录

前　言

　　学哲学、用哲学，是中国共产党的一个好传统。马克思主义哲学深刻揭示了客观世界特别是人类社会发展一般规律，在当今时代依然有着强大生命力，依然是指导我们共产党人前进的强大思想武器。只有坚持辩证唯物主义和历史唯物主义，才能不断把对共产党执政规律、社会主义建设规律、人类社会发展规律的认识提高到新的水平。新时代新征程要赢得优势、赢得主动、赢得未来，就必须把马克思主义哲学作为自己的看家本领。

　　为了深化马克思主义哲学学习教育，国防大学国家安全学院组织专家编写了这本《把马克思主义哲学作为看家本领》。全书分导论、结语和十一个专题，结合实际、简明扼要地阐释了马克思主义哲学基本原理及其当代发展，具有以下几个特点：一是突破了传统辩证唯物主义和历史唯物主义"两大块"的逻辑体系，基于当代中国经济社会发展现实需要，系统阐述了马克思主义哲学的自然观、实践观、历史观、发展观、群众观、价值观、国家观、文化观、民族观、宗教观和科技观；二是改变了以往以概念、原理为中心的逻辑结构，遵循"伟大变革——科学内涵——当代发展"的逻辑线索，力求讲清马克思主义哲学基本原理在哲学发展史上实现的伟大变革，在当前的发展状况及其最新理论成果，在当代中国的重大指导意义；三是既注重理论性、系统性，又注重现实性、可读性，简洁明快、通俗易懂，既有助于党员干部更好地学习基本理论，又力求满足广大哲学爱好者的学习需求。

努力把马克思主义哲学作为自己的看家本领

马克思主义理论素养是领导干部领导素质的核心和灵魂。习近平总书记指出，"党的各级领导干部特别是高级干部，要原原本本学习和研读经典著作，努力把马克思主义哲学作为自己的看家本领"①。我们要通过有计划有重点地研读原著，从根本上了解和信服马克思主义的真理性，进一步坚定理想信念；从根本上把握马克思主义的世界观和方法论，进一步坚定政治立场和党性原则；从根本上认识马克思主义的发展进程及其基本理论与党的创新理论之间的相互关系，做到在继承中坚持、在坚持中发展、在发展中创新。

一、马克思主义哲学是科学的世界观和方法论

哲学是系统化理论化的世界观和方法论，马克思主义哲学是我们认识和改造世界的科学世界观和方法论。在马克思主义三个组成部分中，哲学是基础。掌握马克思主义哲学，是掌握马克思主义完整科学体系的

---

① 习近平：《论党的宣传思想工作》，中央文献出版社 2020 年版，第 40 页。

门径和前提。不掌握马克思主义哲学，我们就没有共同语言、共同立场和科学的思想方法。领导干部学习马克思主义经典著作，尤其要注意学习马克思主义哲学。

（一）当今时代精神的精华

任何真正的哲学都是时代精神的精华。哲学星空群星璀璨，马克思主义哲学是其中最明亮的星。马克思和恩格斯创立辩证唯物主义和历史唯物主义，科学揭示自然、社会和人类思维发展的一般规律，实现了人类思想史上的伟大变革。马克思主义哲学能够指导人类社会发展进步，归根到底是由其性质和特点决定的。

马克思主义哲学是科学的哲学。在马克思主义哲学创立以前，唯物主义与辩证法曾长期处于相互分离的状态。在古代，唯物主义与辩证法有过结合，但这种结合只是基于古代哲学家们的天才猜测，没有科学的依据，也缺乏严密的理论论证。在近代，唯物主义几乎全都具有形而上学的特点，而辩证法又立足于唯心主义基础之上。以往的哲学至多只是在自然观上坚持了唯物主义立场。即使是最坚定的唯物主义者，只要一进入历史领域，都毫无例外地陷入各式各样的唯心主义。马克思主义哲学以科学的实践观为基础，创造性地把唯物主义与辩证法有机统一起来，把唯物主义自然观和历史观有机统一起来，创立了关于自然、社会、思维以及人类自身发展变化一般规律的科学的完整的世界观体系，从而在对象和内容上超越了传统哲学。科学性是马克思主义哲学优越于其他哲学的本质特点。

马克思主义哲学是人民大众的哲学。哲学作为理论形态的世界观和方法论，不可避免地会烙上一定阶级的印记。与以往的哲学否认、掩盖其阶级性截然不同，马克思主义哲学公开申明自己是无产阶级的世界观。马克思主义哲学鲜明提出，自己是为无产阶级和全人类的解放服务的，是无产阶级批判旧世界、建设新世界的理论武器，是维护广大人民群众利益的学说。马克思主义哲学把个人主体与群众主体有机统一起来，强调无产阶级和劳动人民的历史主体地位，自觉地与人民群众认识和改造世界的实践活动结合起来，从而在主体上超越了传统哲学。马克思主义哲学的阶级性奠定了马克思主义政党的根本政治立场和价值取向，是深刻影响世界历史进程的根本原因。人民性是马克思主义哲学的本质属性。

马克思主义哲学是实践的哲学。实践的观点是马克思主义哲学基本的、核心的观点，它要求把理论和实践贯通起来，打破了以往哲学知行脱节的严重弊端。以往的哲学都局限于在理论上"解释世界"，而忽视了"改造世界"这一更为根本的任务。与它们不同，马克思主义哲学特别强调在实践中改变世界，马克思恩格斯甚至把自己的哲学直接称为"实践的唯物主义"。马克思主义哲学正确把握了理论与实践的辩证关系，既强调实践的基础地位，又强调理论的指导作用，强调在实践中不断发展理论，用新的理论成果指导新的实践活动。马克思主义哲学把解释世界与改造世界有机统一起来，从而在功能上超越了传统哲学。实践性是马克思主义哲学与时俱进的根本源泉。

马克思主义哲学是开放的哲学。世界观和方法论是统一的，有什么样的世界观，就有什么样的方法论。马克思主义哲学作为科学的世界观，同时又是指导人们认识世界和改造世界的科学的方法论。马克思一再告诫人们，马克思主义理论不是教条，而是行动指南，必须随着实践的变化而发展。一部马克思主义发展史就是马克思、恩格斯以及他们的后继者们不断根据时代变化、实践发展而推进理论创新发展的历史，不断吸收人类历史上一切优秀思想文化成果丰富自己的历史。马克思主义哲学把守正和创新有机统一起来，不断探索时代发展提出的新课题、回应人类社会面临的新挑战，始终站在时代前沿，从而在发展上超越了传统哲学。开放性是马克思主义哲学永葆青春活力的奥秘所在。

科学性、人民性、实践性和开放性的内在统一，使马克思主义哲学始终扎根于人民群众的社会实践，始终成为时代精神的精华。习近平总书记指出："马克思主义是我们立党立国、兴党兴国的根本指导思想。实践告诉我们，中国共产党为什么能，中国特色社会主义为什么好，归根到底是马克思主义行，是中国化时代化的马克思主义行。"① 时代是思想之母，实践是理论之源。拥有马克思主义科学理论指导是中国共产党鲜明的政治品格和强大的政治优势。马克思主义之所以行，就在于中国共产党不断推进马克思主义中国化时代化并用以指导实践。

（二）当今世界最具影响力的哲学

马克思主义哲学是真正的世界性哲学，不仅在社会主义国家被作为根本的世界观方法论，而且在西方发达国家也有重要影响，成为左翼学者分析资本主义问题的重要武器。

马克思主义哲学与西方现代哲学产生的时间大体相当。虽然现代西方哲学在西方社会现代化过程中发挥了积极作用，但由于其沿着科学主义和人文主义两个方向发展，不仅内部流派纷呈、矛盾繁杂，而且相互排斥、相互对立，任何一个思潮流派在时代发展中都不过是各领风骚数十年，因而无法与马克思主义哲学相媲美。海德格尔是西方社会公认的二十世纪最伟大的哲学家之一，他在《本体论研究》中指出："随着这一已经由卡尔·马克思所完成了的对形而上学的颠倒，哲学达到了最极端的可能性。哲学进入其终结阶段了。"② 意思是，马克思不仅终结了德国古典哲学，而且终结了以往所有以追求终极关怀为目标的传统形而上

---

① 习近平：《高举中国特色社会主义伟大旗帜　为全面建设社会主义现代化国家而团结奋斗——在中国共产党第二十次全国代表大会上的报告》，人民出版社 2022 年版，第 16 页。

② ［德］马丁·海德格尔：《面向思的事情》，陈小文、孙周兴译，商务印书馆 2017 年版，第 80 页。

学。恩格斯在《反杜林论》中将这一意义表述为：马克思"现代唯物主义"已经不再是哲学，而只是世界观。西方哲学在德国古典哲学之后进入现代，从此不再研究诸如世界本原这样的终极关怀问题，在这一点上，马克思主义哲学与现代西方哲学高度一致，体现了时代精神在理论上的反映。在《关于人道主义的书信》中，海德格尔进一步指出："因为马克思在体验异化之际深入到历史的一个本质性维度中，所以，马克思主义的历史观就比其他历史学优越。"① 此文中海德格尔提到，无论是胡塞尔还是萨特，都没有达到马克思对历史理解的高度。众所周知，胡塞尔是海德格尔的老师，现象学的创始人；萨特也是二十世纪西方著名大哲学家，存在主义的主要代表人物之一。这从一个侧面表明，马克思主义哲学代表着现代哲学的最高成就。

中国共产党始终高举马克思主义的思想旗帜，坚定不移以马克思主义为指导，带领中国人民在革命、建设、改革中取得举世瞩目的伟大成就。随着中国特色社会主义道路越走越宽广，世界上正视和相信马克思主义、社会主义的人越来越多了起来，使世界范围内两种意识形态、两种社会制度的历史演进及其较量发生了有利于马克思主义、社会主义的重大转变。在世界范围内，各种马克思主义和社会主义的研究热此起彼伏，一些重大的国际研讨会不仅参加者甚众，而且参加国越来越多，马克思主义及其哲学的影响力越来越大。

（三）中国共产党人的根本思想武器

马克思主义哲学为中国共产党认识和改造世界提供了根本的立场观点方法。毛泽东曾经说过，马克思主义有几门学问，但基础的东西是马克思主义哲学。邓小平指出，搞社会主义革命和建设不能离开辩证唯物

---

① ［德］马丁·海德格尔：《路标》，孙周兴译，商务印书馆2017年版，第403页。

主义和历史唯物主义的指导。习近平总书记强调，马克思主义哲学尽管诞生在一个半世纪之前，但由于它深刻揭示了客观世界特别是人类社会发展一般规律，被历史和实践证明是科学的理论，在当今时代依然有着强大生命力，依然是指导我们共产党人前进的强大思想武器。[①] 面向未来，中国共产党要团结带领人民实现第二个百年奋斗目标、实现中华民族伟大复兴，仍然需要不断接受马克思主义哲学智慧的滋养。

首先，马克思主义哲学是中国共产党不断推进理论创新的理论基础。掌握和运用马克思主义立场观点方法研究和解决中国的实际问题，是中国共产党的传家宝。列宁曾指出，马克思的理论"所提供的只是一般的指导原理，而这些原理的应用，部分地说，在英国不同于法国，在法国不同于德国，在德国又不同于俄国"[②]。马克思主义一旦走出书斋，落脚现实世界，成为一个国家的指导思想和行动纲领，就必须科学回答和有效解决当时当地的实际问题。中国共产党不断推进马克思主义中国化时代化，先后产生了毛泽东思想、邓小平理论、"三个代表"重要思想、科学发展观、习近平新时代中国特色社会主义思想等重大思想成果，指引党和国家事业不断取得伟大胜利。离开了马克思主义，我们就会迷失方向。

其次，马克思主义哲学奠定了中国共产党的根本政治立场和价值取向。中国共产党是中国工人阶级的先锋队，同时是中国人民和中华民族的先锋队。在马克思之前，社会上占统治地位的理论都是为统治阶级服务的。马克思主义第一次站在人民的立场探求人类自由解放的道路，以科学的理论为最终建立一个没有压迫、没有剥削、人人平等、人人自由的理想社会指明了方向。始终站在人民大众立场上，全心全意为人民服务，是中国共产党人坚持马克思主义立场的根本要求。离开了马克思主

---

① 参见习近平：《论党的宣传思想工作》，中央文献出版社 2020 年版，第 30 页。

② 《列宁论工会》，工人出版社 1959 年版，第 45 页。

义，就会失去人民的支持和拥护。

　　第三，马克思主义哲学为中国共产党分析解决问题提供了科学的思维方式。马克思主义哲学既是科学的世界观，更是科学的方法论。毛泽东说过，"我们的任务是过河，但是没有桥或没有船就不能过。不解决桥或船的问题，过河就是一句空话。不解决方法问题，任务也只是瞎说一顿"①。陈云曾指出："学习理论，最要紧，是把思想方法搞对头。因此，首先要学哲学，学习正确的观察问题的思想方法。"②坚持用唯物辩证、实事求是、群众路线等思想方法和工作方法武装头脑、指导实践，是中国共产党坚持马克思主义世界观和方法论的具体反映。离开了马克思主义，就会犯唯心主义和形而上学的片面性错误。

二、学哲学、用哲学是中国共产党的一个好传统

　　马克思主义世界观和方法论只有与中国具体实际相结合，才能真正成为中国共产党人研究解决中国现实问题的思想武器。中国共产党自成立之日起就高度重视在思想上建党，其中十分重要的一条就是坚持用马克思主义哲学教育和武装全党。一代代中国共产党人，坚持把马克思主义哲学中国化时代化，为党和国家事业发展提供了行动指南。

（一）新民主主义革命时期

　　早在 1921 年初，毛泽东给蔡和森的信中明确提出"唯物史观是吾党哲学的根据"③。1930 年 5 月，毛泽东在《反对本本主义》一文中明确提

---

①《毛泽东选集》第一卷，人民出版社 1991 年版，第 139 页。
②《陈云论党的建设》，中央文献出版社 1995 年版，第 218 页。
③《毛泽东书信选集》，人民出版社 1983 年版，第 15 页。

出"思想路线"这个概念，批评党内一些同志固守本本主义，"完全不是共产党人从斗争中创造新局面的思想路线"①，强调"必须努力作实际调查"，"洗刷唯心精神"②，指出"离开实际调查就要产生唯心的阶级估量和唯心的工作指导，那么，它的结果莫不是机会主义，便是盲动主义"③。

1935 年遵义会议以后，鉴于党内长期存在把马列主义教条化、把苏联经验绝对化、把共产国际指示神圣化而使革命遭受严重挫折的历史教训，毛泽东对中国革命经验进行了系统的哲学思考和总结。在 1935 年 12 月发表的《论反对日本帝国主义的策略》一文中，毛泽东深刻批判王明"左"倾关门主义政治策略，全文贯穿哲学的分析，批判了那种"认为圣经上载了的才是对的""山沟里没有马克思主义"的教条主义。

1936 年 12 月，毛泽东总结第二次国内革命战争的经验，写作《中国革命战争的战略问题》，这部著作将马克思主义基本原理同中国实际相结合，用唯物辩证法系统阐释了中国革命战争中战略方面的诸多问题。他深刻批判王明错误的军事路线，第一章的题目就是"如何研究战争"，提出研究战争的方法论，强调研究战争"应该着眼其特点和着眼其发展，反对战争问题上的机械论"④，指出要取得中国革命战争的胜利，"不但要研究一般战争的规律，还要研究特殊的革命战争的规律，还要研究更加特殊的中国革命战争的规律"⑤。

1936 年到 1941 年，毛泽东读了大量的哲学著作并结合实际写下许多哲学笔记，指出"一切大的政治错误没有不是离开辩证唯物论的"⑥，辩证唯物论不但是马克思主义的"一个部分"，"而且是一个基础"，"只

---

① 《毛泽东选集》第一卷，人民出版社 1991 年版，第 116 页。
② 《毛泽东选集》第一卷，人民出版社 1991 年版，第 112 页。
③ 《毛泽东选集》第一卷，人民出版社 1991 年版，第 112 页。
④ 《毛泽东选集》第一卷，人民出版社 1991 年版，第 173 页。
⑤ 《毛泽东选集》第一卷，人民出版社 1991 年版，第 171 页。
⑥ 《毛泽东哲学批注集》，中央文献出版社 1988 年版，第 320 页。

学个别科学，不学基础科学（唯物辩证法）是不对的"①。1937 年 7 月和 8 月，毛泽东到抗大作《实践论》《矛盾论》演讲，系统阐述马克思主义认识论与辩证法，为马列主义普遍原理同中国革命具体实践相结合奠定了哲学基础。

毛泽东不但自己学哲学、用哲学，还要求中国共产党人都要学哲学、用哲学。1938 年 9 月，在毛泽东的倡导下，延安成立研究和普及马克思主义哲学的学术团体，组织翻译哲学著作，编选哲学教材，举办哲学报告会、讨论会。这期间，毛泽东写下《论持久战》《改造我们的学习》等名篇，其中都贯穿着辩证法、唯物论。1941 年 8 月和 9 月，毛泽东要求大家读艾思奇等翻译的《新哲学大纲》和李达等翻译的《辩证法唯物论教程》等著作。1942 年全党开展以反对主观主义、特别是教条主义为主要内容的延安整风，在全党确立起理论与实践相统一的实事求是的马克思主义思想路线，从而为党的七大确立毛泽东思想在全党的指导地位、为中国新民主主义革命的最后胜利奠定了思想基础。历史经验表明，中国民主革命的命运同马克思主义哲学是紧密相连的，没有马克思主义哲学的指导，中国民主革命就不可能取得胜利。

（二）社会主义革命和建设时期

社会主义革命和建设的历史命运同马克思主义哲学同样紧密相连。1952 年 6 月 6 日，毛泽东写下这样一段批语："打倒地主阶级和官僚资产阶级以后，中国内部的主要矛盾即是工人阶级和民族资产阶级的矛盾"②，对社会主义改造之后中国社会的主要矛盾作出正确判断。在社会主义建设初期，工业、农业、教育、科技、国防等方面都取得了巨大成

---

① 《毛泽东哲学批注集》，中央文献出版社 1988 年版，第 331 页。
② 《建国以来重要文献选编》第 3 册，中央文献出版社 1992 年版，第 202 页。

就。这一时期，中国共产党研究新问题，总结新经验，形成了一系列新的理论成果，集中体现在毛泽东《论十大关系》《关于正确处理人民内部矛盾的问题》等著作中。

这之后社会主义建设出现挫折，如1957年反右派斗争扩大化，1958年开始三年"大跃进"，以及思想文化领域一系列过火的错误的批判斗争，特别是犯了"文化大革命"那样全局性的、长达十年之久的"左"的错误。这些错误的产生，固然有经验不足的客观原因，更有偏离实事求是正确思想路线的主观原因，如误用过去革命战争时期抓阶级斗争的经验，在新的历史条件下仍然坚持"以阶级斗争为纲"；夸大主观意志和主观努力的作用，忽视客观实际和客观规律；片面性、绝对化，宁要什么，不要什么，在对立的绝对不相容中思维。"文革"结束以后，又出现了"两个凡是"的思想禁锢，导致两年徘徊。

为了纠正"文革"及其以前的"左"的错误，开创社会主义建设的新局面，中国共产党把端正思想路线提到首位，开展了轰轰烈烈的关于真理标准问题的大讨论。这场大讨论的实质，就是回到马克思主义哲学最基本的问题上来，正确认识理论与实践的关系，把实践作为检验真理的唯一标准，为冲破"两个凡是"的束缚、形成全国性的马克思主义思想解放运动奠定了基础。以党的十一届三中全会为主要标志，实现了思想路线的拨乱反正，进而推进了指导思想和各条战线的拨乱反正。1978年12月13日邓小平的报告《解放思想，实事求是，团结一致向前看》成为开创中国特色社会主义新道路的宣言书。哲学变革又一次成了政治和社会变革的先导。党的十二大通过的党章对我们党的思想路线第一次作了完整的表述："党的思想路线是一切从实际出发，理论联系实际，实事求是，在实践中检验真理和发展真理。"①这条思想路线成为建设中国特色社会主义的活的灵魂。

———————————

① 《中国共产党章程》，人民出版社1992年版，第8页。

（三）改革开放和社会主义现代化建设新时期

　　1978年12月召开的十一届三中全会作出对内改革、对外开放的伟大决策，中国进入改革开放新时期。1980年3月，邓小平在《对起草〈关于建国以来党的若干历史问题的决议〉的意见》中谈道："陈云同志对修改决议稿又提了两条意见……二是建议中央提倡学习，主要是学习马克思主义哲学，重点是学习毛泽东同志的哲学著作。陈云同志说，他学习毛泽东同志的哲学著作，受益很大。毛泽东同志亲自给他讲过三次要学哲学。他在延安的时候，把毛泽东同志的著作认真读了一遍，这对他后来的工作关系极大。"① 陈云是学哲学、用哲学的典范，他"学好哲学，终身受用"的名言在党内广为传播。新中国成立初期，他在上海指挥的"银元之战""米棉之战"，毛泽东评价这两场经济战意义不亚于"淮海战役"；在"大跃进"期间，很多人头脑都发热，陈云却提出不同意见，等等，这些成就都是他学哲学、用哲学的结果。在邓小平、陈云等领导同志的推动下，新时期学哲学用哲学的新风尚在全党逐渐形成。

　　1981年6月，党的十一届六中全会通过了由邓小平主持起草的《关于建国以来党的若干历史问题的决议》，其中鲜明提出实事求是、群众路线、独立自主是毛泽东思想活的灵魂。邓小平指出："搞社会主义一定要遵循马克思主义的辩证唯物主义和历史唯物主义，也就是毛泽东同志概括的实事求是，或者说一切从实际出发。"② 这是对我国社会主义历史经验的一个根本性的总结。实事求是同解放思想不可分割地联系在一起，它要求在革命和建设实践中立足现实、开拓进取，研究新情况、解决新问题，冲破旧的思想束缚，不断使主观符合客观实际。中国特色社会主义之所以正确、之所以富有生机和活力，就在于它坚持解放思想、

---

　　① 《邓小平文选》第二卷，人民出版社1994年版，第303页。
　　② 《邓小平文选》第三卷，人民出版社1993年版，第118页。

实事求是，破除了一系列的思想框框，集中地表现是五个"破除"和五个"坚持"，即破除"两个凡是"的思想禁锢，坚持实践是检验真理的唯一标准；破除僵化的社会主义模式观念，坚持走自己的道路，建设中国特色社会主义；破除"超阶段"的"左"的思想框框，坚持一切从社会主义初级阶段的实际出发；破除从概念出发抽象谈论姓"社"姓"资"的思维定式，坚持"三个有利于"的判断标准；破除把马克思主义教条化的思想倾向，坚持根据现在的情况认识、继承和发展马克思主义。正是这一系列的"破除"和"坚持"，推动着我们的理论与实践不断地与时俱进而充满生机和活力。

20 世纪 80 年代末 90 年代初，国际国内发生严重政治风波，世界社会主义出现严重曲折。党的十三届四中全会以来，江泽民在新的历史条件下，强调与时俱进是马克思主义最重要的理论品质。江泽民指出，马克思主义基本原理任何时候都要坚持，否则我们的事业就会因为没有正确的理论基础和思想灵魂而迷失方向，就会归于失败。同时，离开本国实际和时代发展来谈马克思主义没有意义；静止地、孤立地研究马克思主义，把马克思主义同它在现实生活中的生动发展割裂开来、对立起来没有出路。要坚持以实际问题为中心研究马克思主义的方法，以我国改革开放和现代化建设的实际问题、以我们正在做的事情为中心，着眼于马克思主义理论的应用，着眼于对实际问题的理论思考，着眼于新的实践和新的发展。

党的十六大以来，胡锦涛特别强调在全党大力弘扬求真务实精神，大兴求真务实之风。求真务实关键是要不断求我国社会主义初级阶段基本国情之真，务坚持长期艰苦奋斗之实；求社会主义建设规律和人类社会发展规律之真，务抓好发展这个党执政兴国第一要务之实；求人民群众的历史地位和作用之真，务发展最广大人民根本利益之实；求共产党执政规律之真，务全面加强和改进党的建设之实。胡锦涛提出的科学发展观是指导发展的世界观和方法论的集中体现，是推动经济社会发展、加快推进社会主义现代化必须长期坚持的重要指导思想。科学发展观坚持以人为本，抓住了发展的真谛，抓住了发展的本质和核心。

邓小平、江泽民和胡锦涛，不仅在他们的著作中始终贯穿着马克思主义哲学的世界观和方法论，贯穿着实事求是的思想精髓，同时他们还总是不断地要求全党同志特别是各级领导干部努力学习和掌握辩证唯物主义和历史唯物主义，用以指导各项工作。

（四）中国特色社会主义新时代

党的十八大以来，以习近平同志为核心的党中央高度重视学哲学、用哲学。

2013 年 12 月 3 日，中共中央政治局就历史唯物主义基本原理和方法论进行集体学习。习近平总书记在主持学习时强调，推动全党学习历史唯物主义基本原理和方法论，更好认识国情，更好认识党和国家事业发展大势，更好认识历史发展规律，更加能动地推进各项工作。

2015 年 1 月 23 日，中共中央政治局就辩证唯物主义基本原理和方法论进行集体学习。习近平总书记在主持学习时强调，辩证唯物主义是中国共产党人的世界观和方法论，我们党要团结带领人民协调推进全面建成小康社会、全面深化改革、全面依法治国、全面从严治党，实现"两个一百年"奋斗目标、实现中华民族伟大复兴的中国梦，必须不断接受马克思主义哲学智慧的滋养，更加自觉地坚持和运用辩证唯物主义世界观和方法论，增强辩证思维、战略思维能力，努力提高解决我国改革发展基本问题的本领。

2016 年 5 月 17 日，中共中央专门召开哲学社会科学工作座谈会。习近平总书记在会上指出，哲学社会科学是人们认识世界、改造世界的重要工具，是推动历史发展和社会进步的重要力量，其发展水平反映了一个民族的思维能力、精神品格、文明素质，体现了一个国家的综合国力和国际竞争力。一个国家的发展水平，既取决于自然科学发展水平，也取决于哲学社会科学发展水平。一个没有发达的自然科学的国家不可能走在世界前列，一个没有繁荣的哲学社会科学的国家也不可能走在世界前列。坚持和发展中国特色社会主义，需要不断在实践和理论上进行探索、用发展着的理论指导发展着的实践。在这个过程中，哲学社会科学具有不可替代的重要地位，哲学社会科学工作者具有不可替代的重要作用。

2018 年 4 月 23 日，中共中央政治局就《共产党宣言》及其时代意义举行集体学习。习近平总书记在主持学习时强调，学习马克思主义基本理论是共产党人的必修课。我们重温《共产党宣言》，就是要深刻感悟和把握马克思主义真理力量，坚定马克思主义信仰，追溯马克思主义政党保持先进性和纯洁性的理论源头，提高全党运用马克思主义基本原理解决当代中国实际问题的能力和水平，把《共产党宣言》蕴含的科学原理和科学精神运用到统揽伟大斗争、伟大工程、伟大事业、伟大梦想的实践中去，不断谱写新时代坚持和发展中国特色社会主义新篇章。

2019 年 3 月 4 日，习近平总书记参加全国政协十三届二次会议文化艺术界、社会科学界委员联组会。习近平总书记在会上强调，文化文艺工作、哲学社会科学工作在党和国家全局工作中居于十分重要的地位，在新时代坚持和发展中国特色社会主义中具有十分重要的作用。希望文化文艺、哲学社会科学战线的工作者坚持与时代同步伐，坚持以人民为中心，坚持以精品奉献人民，坚持用明德引领风尚，更好用中国理论解读中国实践，为党和人民继续前进提供强大精神激励。

2022 年 10 月 16 日，习近平总书记在党的二十大报告中第一次提出"六个必须坚持"，集中概括阐述了习近平新时代中国特色社会主义思想的世界观、方法论和贯穿其中的立场观点方法。坚持人民至上，是习近平新时代中国特色社会主义思想的根本立场；坚持自信自立，是这一思想的精神特质；坚持守正创新，是这一思想的理论品格；坚持问题导向，是这一思想的鲜明风格；坚持系统观念，是这一思想的思维方法；坚持胸怀天下，是这一思想的全球视野。"六个必须坚持"是站在马克思主义哲学高度作出的新阐发，每一条都闪耀着辩证唯物主义和历史唯物主义的光芒，是具有时代特征和中国特色的"伟大的认识工具"，把党的理论指导提升到新的高度。

2023 年 6 月 2 日，习近平总书记出席文化传承发展座谈会。习近平总书记在会上强调，在五千多年中华文明深厚基础上开辟和发展中国特色社会主义，把马克思主义同中国具体实际、同中华优秀传统文化相结合是必由之路。"第二个结合"是又一次思想解放。第一，"结合"的前提是彼此契合，马克思主义和中华优秀传统文化来源不同，但彼此存在高度的契合性，相互契合才能有机结合。第二，"结合"的结果是相互成就，造就了一个有机统一的新的文化生命体，让马克思主义成为中国的，中华优秀传统文化成为现代的。第三，"结合"筑牢了道路根基，让中国特色社会主义道路有了更加宏阔深远的历史纵深，拓展了中国特色社会主义道路的文化根基。第四，"结合"打开了创新空间，让我们掌握了思想和文化主动权，并有力地作用于道路、理论和制度。第五，"结合"巩固了文化主体性，创立习近平新时代中国特色社会主义思想就是这一文化主体性的最有力体现。"第二个结合"，是我们党对马克思主义中国化时代化历史经验的深刻总结，是对中华文明发展规律的深刻把握。

三、系统掌握马克思主义哲学基本原理及其当代发展

我们要正确判断形势，在错综复杂的世界变化面前保持头脑清醒，坚定理想信念，科学分析我国发展面临的机遇和挑战，全面看待前进道路上的主流和支流、出现的矛盾和问题，都离不开马克思主义哲学的指导，离不开辩证唯物主义和历史唯物主义的思想方法。习近平总书记指出："马

克思主义的世界观和方法论是有机统一的。学习和掌握正确的世界观和正确的方法论，始终是马克思主义政党思想建设的重大任务。"① 学习和运用马克思主义哲学，一定要在掌握其基本原理及其当代发展上下功夫。

（一）掌握世界统一于物质、物质决定意识的原理

马克思主义哲学是唯物主义哲学。世界物质统一性原理是辩证唯物主义最基本、最核心的观点，是马克思主义哲学的基石。恩格斯指出："世界的真正的统一性在于它的物质性，而这种物质性不是由魔术师的三两句话所证明的，而是由哲学和自然科学的长期的和持续的发展所证明的。"② 遵循这一观点，最重要的就是坚持一切从客观实际出发，而不是从主观愿望出发。同时，马克思主义哲学同以往的唯物主义又有一个重大原则区别就是把实践的观点引入了唯物主义，是实践的唯物主义。实践观点是马克思主义哲学的核心观点。突出强调，实践是人的存在方式，是社会存在和发展的基础，是认识发生和发展的基础，社会生活在本质上是实践的，人们的任务不仅是说明世界，更重要的是改变世界，而且只有在改变世界中才能正确地说明世界。离开了实践，既谈不到正确地认识世界，更谈不到成功地改造世界。因此，马克思主义哲学在坚持物质第一性的同时又突出强调发挥人的主观能动性。

毛泽东在《论持久战》一书中指出："一切事情是要人做的，持久战和最后胜利没有人做就不会出现。做就必须先有人根据客观事实，引出思想、道理、意见，提出计划、方针、政策、战略、战术，方能做得好。思想等等是主观的东西，做或行动是主观见之于客观的东西，都是人类特殊的能动性。这种能动性，我们名之曰'自觉的能动性'，是人

---

① 《习近平党校十九讲》，中共中央党校出版社 2014 年版，第 88 页。
② 《马克思恩格斯选集》第 3 卷，人民出版社 1995 年版，第 383 页。

之所以区别于物的特点。"① 这是对人的主体能动性的经典表述。这里实际上把主体能动性归结为相互联系的三个方面。第一，从事实引出思想、道理、意见，确定事物"是什么""不是什么"，认识事物的本质和规律。它的形成是主体能动活动的结果，是在能动地改造世界的基础上形成的，是在实践中对大量信息进行选择后形成的，是对选择来的信息进行思维加工以后形成的。第二，根据认识理性和主体的价值追求，确定主体"做什么"和"怎么做"，即提出计划、方针、政策、战略、战术等等。这充分表明了主体的能动性——预见性和创造性。第三，"使主观见之于客观"，即做或行动，通过实践把观念的东西变为现实的东西，达到改造客观世界的预期目的。

主体能动性有正确与错误之分，界限就在于它是否符合唯物论的要求，是否根据客体的实际状况和发展规律。一切根据和符合客观事实的思想是正确的思想，一切根据正确思想的做或行动是正确的行动。而一切违背客观实际的思想和行动，都是错误的能动性或者叫主观盲目性。这种能动性发挥得愈充分、愈彻底，在实践中所遭受的挫折和失败也就愈加严重。忽视主体能动性，在困难和问题面前无所作为，认为这也不可能、那也办不到，是错误的。习近平总书记指出："辩证唯物主义虽然强调世界的统一性在于它的物质性，但并不否认意识对物质的反作用，而是认为这种反作用有时是十分巨大的。"② 我们必须以对党、对人民、对历史高度负责的精神，敢于担当，积极进取，勇于实践，大胆探索；同时，要尊重客观规律和客观条件。主观蛮干、急于求成，片面夸大主观意志和主观能动的作用，也是错误的。必须反对忽视主体能动性和夸大主体能动性这两种错误倾向，尊重唯物主义基本原理，尊重自然规律、经济规律、社会规律，正确发挥主体能动性。

---

① 《毛泽东选集》第二卷，人民出版社 1991 年版，第 477 页。
② 《习近平关于社会主义文化建设论述摘编》，中央文献出版社 2017 年版，第 20 页。

（二）掌握事物矛盾运动的基本原理

马克思主义认为，事物的普遍联系和永恒发展，其根源在于事物自身的矛盾。事物的普遍联系，是不同事物之间以及事物内部不同要素之间的对立统一；事物的永恒发展，是事物内部的否定性因素和肯定性因素对立统一的结果。

矛盾具有同一性与斗争性。矛盾都是由对立着的两个方面构成的，矛盾着的两个方面既有同一性，又有斗争性。矛盾的同一性，是指对立面之间在一定条件下相互依存、相互转化的属性。对立面之间相互依存，矛盾着的每一方面都不可能孤立地存在和发展，一方的存在、发展必须以另一方的存在、发展为前提和条件。对立面之间相互贯通、相互转化，矛盾双方存在着共同的基础和由此达彼的桥梁，存在着相互转化的趋势。矛盾的斗争性是指对立面之间相互限制、相互排斥、相互否定的属性，体现着矛盾双方相互分离的趋势。

同一性与斗争性是矛盾的两种不同属性，二者紧密联系。一方面，矛盾的同一性不能脱离斗争性而存在，同一是包含着差别和对立的具体的同一，完全同质化的事物是不存在的；另一方面，矛盾的斗争性不能脱离同一性而存在，斗争是统一体内部的斗争。矛盾双方的同一是对立中的同一，对立是同一中的对立。矛盾的同一性是相对的，矛盾的斗争性是绝对的。矛盾同一的相对性，是指矛盾统一体以及贯穿其中的同一性受到特定条件的限制，只有当某种特定条件具备时，矛盾双方才能共居一个统一体中，具有同一性；当这种特定条件消失时，矛盾双方就不能共居一个统一体中，从而丧失同一性。所以，矛盾的同一性是有条件的相对的。矛盾斗争的绝对性，是指矛盾的斗争性既受特定条件的限制，同时又能打破这种特定条件的限制，从而使旧的统一体破裂、原有的同一性瓦解。可见，矛盾的斗争性离不开同一性，同时又在破坏着同一性。在这个意义上，矛盾的斗争性是无条件的、绝对的。有条件的相对的同一性和无条件的绝对的斗争性相结合，构成了一切事物的矛盾运动，二者相互作用，从根本上推动事物的发展。

矛盾具有普遍性和特殊性。矛盾是普遍存在的，从空间上说，矛盾存在于一切事物的发展过程中，即处处有矛盾；从时间上说，每一事物的发展过程中自始至终存在着矛盾运动，即时时有矛盾。矛盾存在是普遍的，但矛盾又各不相同。这就是矛盾的特殊性。每一事物的矛盾都有其特殊性。每一事物内部的矛盾特殊性构成它区别于其他事物的特殊本质。因此，认识矛盾的特殊性是认识事物的基础，认不清事物矛盾的特殊性，就无从确定事物的特殊本质。每一事物的发展过程都具有特殊性，这种特殊性是由事物内部的根本矛盾及其特殊性所决定的。所谓根本矛盾，就是贯穿事物发展过程始终，规定事物及其过程性质的矛盾。除了根本矛盾，事物的发展过程中还包含许多非根本性的矛盾。事物往往不是由单一矛盾构成的，而是一个由多种矛盾构成的矛盾系统。

在矛盾系统中，存在主要矛盾和次要矛盾、矛盾的主要方面和次要方面。事物的性质是由主要矛盾的主要方面所规定的。主要矛盾决定着次要矛盾的发展和解决，次要矛盾也会反过来影响主要矛盾的发展和解决，主要矛盾与次要矛盾在一定条件下相互转化。这就要求我们在实际工作中坚持唯物辩证法的"两点论"和"重点论"的统一。坚持"两点论"，就是在分析事物的具体矛盾时，不仅要看到矛盾双方的对立，而且要看到矛盾双方的统一，不仅要看到矛盾体系中存在着主要矛盾、矛盾的主要方面，而且要看到次要矛盾、矛盾的次要方面。坚持"重点论"，就是要着重地把握主要矛盾、矛盾的主要方面，并以此作为解决问题的出发点，不分主次、不论轻重、不顾缓急，表面上是面面俱到，实际上是顾此失彼。

具体问题具体分析，是把矛盾的普遍性和特殊性、共性和个性的关系原理运用于实际活动中的生动体现。具体分析既要分析共性的一面，更重要的是分析个性的一面。分析事物的共性，就要把一事物和他事物相联系，把握同类事物的本质；分析事物的个性，就要把一事物与他事物相区别，把握每一事物的特点。坚持具体问题具体分析，就要一切以时间、地点、条件为转移。时间不同、地点不同、条件不同，解决问题的方法也必然不同。看似相同的矛盾，出现在不同的时空条件下，解决的办法不尽相同；看似有效的方法，置于不同的时空环境下，不一定能发挥同等的效用。在实际工作中，一切以时间、地点、条件为转移，就要正确处理保证党中央政令畅通和立足实际创造性开展工作的关系。一方面，任何具有地方特点的工作部署都必须以贯彻党中央精神为前提。党中央的精神是综合全局的所有个别情况提出来的，属于共性的东西，具有普遍性的指导意义，因而必须贯彻落实。要防止和克服地方和部门保护主义、本位主义，不能搞"上有政策、下有对策"，不能搞"有令不行、有禁不止"。另一方面，要善于把党中央精神同各地区各部门的实际结合起来，创造性地开展工作。

（三）掌握唯物辩证法的基本原理

马克思主义的唯物主义是辩证的唯物主义。辩证唯物主义是关于自然、社会和思维发展一般规律的普遍概括，唯物主义和辩证法融为一体、不可分割。二者的统一，才是对世界本来面目的正确反映。正确发挥主体能动性，不仅要尊重唯物论，而且要尊重辩证法，不断提高思维能力。坚持唯物辩证法的思想方法，对于做好领导工作十分重要。习近平总书记指出，"要坚持发展地而不是静止地、全面地而不是片面地、系统地而不是零散地、普遍联系地而不是单一孤立地观察事物，妥善处理各种重大关系"①。

---

① 习近平：《论党的宣传思想工作》，中央文献出版社 2020 年版，第 130 页。

坚持唯物辩证法的思想方法，要有全面观点。对立统一规律是辩证法的实质和核心，是辩证法的根本规律，不懂得它就不懂得辩证法、不懂得整个马克思主义哲学。辩证法的基本规律和基本范畴都是对立统一规律的具体展开；马克思主义的自然观、历史观、认识论、价值论都体现着对立统一规律。对立统一既是世界观，也是方法论。我们应当学会在对立中把握统一、又在统一中把握对立，反对肯定一切、否定一切、非此即彼的形而上学。总结经验、观察形势、制定政策、处理问题、看人议事，都要坚持对立统一的观点和方法，进行矛盾分析，学会讲两句话，反对片面性。在举什么旗、走什么路的问题上，既不走封闭僵化的老路，也不走改旗易帜的邪路，坚定不移走中国特色社会主义道路；在观察形势问题上，既要看到我国经济发展基本面长期趋好的态势，对我国发展前景充满信心，也要看到国际国内各种不利因素存在的长期性、复杂性、曲折性，不回避矛盾，不掩盖问题；在工作指导上，要善用"底线思维"，凡事从坏处准备，努力争取最好的结果，做到有备无患，遇事不慌，牢牢把握工作的主动权，等等。这些都是坚持对立统一规律的重要体现。

坚持唯物辩证法的思想方法，要有发展观点。事物不但作为矛盾而存在，而且作为过程而存在。世界不是一成不变的事物的集合体，而是过程的集合体，新陈代谢是宇宙的普遍规律。"明者因时而变，知者随事而制"①。习近平总书记指出，"惟改革者进，惟创新者强，惟改革创新者胜"②。创新是民族进步的灵魂，是国家兴旺发达的动力，是党富有生机和活力的源泉，我们要在实践创新的基础上不断进行理论创新、体制创新、科技创新和各方面工作创新。从理论创新看，要用发展的观点坚持马克思主义、坚持社会主义，今天我们对社会主义的认

①《学习习近平总书记8·19重要讲话》，人民出版社2013年版，第28页。

②《习近平外交演讲集》第一卷，中央文献出版社2022年版，第205页。

识、对中国特色社会主义规律的把握达到了前所未有的新高度，这一点不容置疑；同时应清醒地看到，我国社会主义还处在初级阶段，我们还面临很多没有弄清楚的问题和待解的难题，对许多重大问题的认识和处理还在不断深化的过程中，这一点也不容置疑。我们搞社会主义才几十年，对它的认识和把握是比较有限的，必须重视研究新情况、解决新问题，在实践中不断开辟认识真理的道路。从体制创新看，改革开放只有进行时没有完成时，在整个社会主义现代化进程中，我们都要高举改革开放的旗帜，决不能有丝毫动摇，要坚定改革信心，以更大的政治勇气和智慧、更有力的措施和办法推进改革。从科技创新看，国际经济竞争乃至综合国力竞争，说到底是创新能力的竞争，谁能在创新上下先手棋，谁就能掌握主动。我们要大力实施创新驱动战略，加快完善创新机制，全方位推进科技创新、企业创新、产品创新、市场创新、品牌创新。

坚持唯物辩证法的思想方法，要有全局观点。事物不但作为矛盾而存在、作为过程而存在，而且作为系统而存在。作为系统，它包含诸多要素；作为过程，它包含诸多阶段。事物的全局，就是由诸多要素和诸多阶段所构成的有机整体。相对于全局来说，各个要素、各个阶段都是局部。战略思维就是关于实践活动的全局性思维，它的任务就是通过正确处理各种要素、各个阶段之间的关系达到实践整体和长远的最佳效果。我们党历来重视战略思维。战略问题是一个政党、一个国家的根本性问题。战略上判断得准确，战略上谋划得科学，战略上赢得主动，党和人民事业就大有希望。从战略全局思考问题，就要正确处理全局与局部的关系、局部与局部的关系、阶段与阶段的关系、重点与一般的关系、系统与环境的关系、目的与手段的关系等等，既抓住重点又统筹兼顾，既立足当前又放眼长远，既熟悉国情又了解世界。心胸要非常开阔，眼界要非常开阔，不能只见树木、不见森林，不能急功近利、鼠目寸光。

（四）掌握认识和实践辩证关系的原理

实践的观点是马克思主义认识论的首要的基本的观点。实践是认识的基础，即实践是认识的来源、认识发展的动力、检验认识是否正确的标准和认识的最终目的。实践、认识、再实践、再认识……这种形式，循环往复以至于无穷，而实践和认识之每一循环的内容，都比较地进到了高一级的程度。这就是辩证唯物主义的全部认识论，就是辩证唯物论的知行统一观。把马克思主义认识论运用于指导实际工作，我们党确立了实事求是的思想路线。

坚持党的思想路线，必须坚持一切从实际出发。一切从实际出发，首先要重视调查研究。习近平总书记指出，"调查研究是谋事之基、成事之道"①。没有调查就没有发言权，更没有决策权。指导改革开放和现代化建设这样一项前无古人的复杂、艰巨事业，闭门造车不行，刻舟求剑不行，异想天开不行，必须进行周密系统的调查研究，了解国情、党情、世情，了解人民的需要、经验和创造，了解实际生活中的矛盾和问题，从中引出必要的结论，作出符合实际和人民需要的决策。"实际"十分复杂，要分清现象和本质，透过现象抓住本质；分清支流和主流，抓住主流不忘支流；分清偶然和必然，透过偶然抓住必然。

坚持党的思想路线，必须坚持理论与实践的统一。理论与实践的统一，是马克思主义的一个最基本的原则。脱离实践的理论，是空洞的理论；脱离理论的实践，是盲目的实践。马克思主义为我们的实践指明了方向，提供了基本原则、基本方法，因而十分重要。但它没有给我们提供解决各种具体问题的具体方案，马克思主义的一般原理必须同本国具体实践相结合，形成符合本国实际的具体理论，把马克思主义中国化。

---

① 习近平：《在党的十九届一中全会上的讲话》（2017 年 10 月 25 日），《求是》2018 年第 1 期。

一个国家实行什么样的主义，关键要看这个主义能否解决这个国家面临的历史性课题。中国特殊的历史文化、特殊的国情、特殊的历史课题和历史命运，决定中国无论搞革命还是搞建设，都只能走自己的道路。

坚持党的思想路线，必须坚持解放思想。解放思想就是在马克思主义指导下打破习惯势力和主观偏见的束缚，研究新情况、解决新问题。我们尊重本本，但决不搞本本主义；尊重别人的经验，但决不照搬别人的经验；尊重自己的经验，但决不固执己见。对一切都要加以分析，都要根据实践标准、人民利益标准去加以检验，看其是否真有道理、有几分道理，择其是者而从之，其不是者不从之。习近平总书记指出："冲破思想观念的障碍，突破利益固化的藩篱，解放思想是首要的。"① 特别强调，在当前全面深化改革的实践中，一些思想观念的障碍往往不是来自体制外，而是来自体制内。思想不解放，我们就很难看清各种利益固化的症结所在，很难找准突破的方向和着力点，很难做出创造性的改革举措。一定要有自我革新的勇气和胸怀，跳出条条框框的限制，克服部门利益掣肘，以积极主动精神研究和提出全面深化改革的具体措施。搞改革，现有的工作格局和体制运行不可能一点都不打破，不可能四平八稳、没有任何风险，只要经过充分论证和评估，只要符合实际，必须做的就要大胆去做，在实践中不断总结经验、坚持真理、修正错误。

（五）掌握历史唯物主义的基本原理

历史唯物主义是马克思主义哲学不可分割的重要组成部分，其创立是人类思想史上的伟大革命。马克思主义破天荒地指出，不是社会意识决定社会存在，而是社会存在决定社会意识，研究社会历史必须研究社会物质生活条件，并从这些物质生活条件中找出相应的政治、法律、美

---

① 《习近平著作选读》第一卷，人民出版社 2023 年版，第 175 页。

学、宗教、哲学等观点。这样，唯心主义就从它最后的隐蔽所——社会历史领域被驱逐出去了。历史观的这种深刻革命，为社会历史研究和社会历史活动指明了方向，提供了"唯一科学的"说明历史的方法。

坚持历史唯物主义，必须牢固树立群众观点。群众观点是历史唯物主义的基本观点，同历史唯心主义的"英雄史观"根本对立。中国共产党人把马克思主义的群众观点创造性地运用于领导工作，形成"一切为了群众，一切依靠群众，从群众中来、到群众中去"的群众路线。群众路线是我们党的生命线和根本工作路线，集中体现了我们党的历史观、价值观和领导工作认识论。一切为了群众，是我们党的根本宗旨、执政的根本理念、发展的根本目的、改革的根本原则；一切依靠群众，是我们党的力量之源、胜利之本；从群众中来、到群众中去，是我们党领导群众的根本方法，也是领导工作的认识论。离开了人民群众，我们的一切奋斗都变得毫无意义；离开了人民群众，我们就将失去根基、失去血脉、失去力量，就将一事无成。要把人民放在心中最高位置，就是要求把人民真正当作主人，全心全意为人民服务；把人民真正当作英雄，全心全意依靠人民；把人民真正当作老师，全心全意向人民学习。党的作风建设目标十分明确，就是反对脱离群众的形式主义、官僚主义、享乐主义和奢靡之风，其实质是对待人民群众的态度问题，是历史观的问题。

坚持历史唯物主义，必须深刻认识中国国情。当代中国最大的社会存在就是中国处于并将长期处于社会主义初级阶段。这是我们认识当下、规划未来、制定政策、推进事业的客观基点。不能脱离这个基点，否则就会犯错误，甚至犯颠覆性的错误。经过 40 多年的改革开放和现代化建设，我国的国情发生了重大变化，但是中国处于并将长期处于社会主义初级阶段的基本国情没有变，我国是世界最大发展中国家的国际地位没有变。不仅在经济建设中要始终立足初级阶段，而且在政治建设、文化建设、社会建设、生态文明建设中也要始终牢记初级阶段；不仅在经济总量低时要立足初级阶段，而且在经济总量提高后仍然要牢记初级阶段；不仅在谋划长远发展时要立足初级阶段，而且在日常生活中也要牢记初级阶段。

坚持历史唯物主义，必须深刻把握我国社会主要矛盾变化。历史唯物主义认为，生产力和生产关系、经济基础和上层建筑相互作用、相互制约，支配着整个社会发展过程。生产关系一定要适合生产力的状况，上层建筑一定要适合经济基础状况，它们的共同作用构成整个社会的矛盾运动。只有把生产力和生产关系的矛盾运动同经济基础和上层建筑的矛盾运动结合起来观察，把社会基本矛盾作为一个整体来观察，才能全面把握整个社会的基本面貌和发展方向。问题是事物矛盾的表现形式，我们强调增强问题意识、坚持问题导向，就是承认矛盾的普遍性、客观性，就是要善于把认识和化解矛盾作为打开工作局面的突破口。中国共产党领导人民干革命、搞建设、抓改革，从来都是为了解决中国的现实问题。中国特色社会主义进入新时代，我国社会主要矛盾已经转化为人民日益增长的美好生活需要和不平衡不充分的发展之间的矛盾。我们必须认识到我国社会主要矛盾的变化是关系全局的历史性变化，在继续推动发展的基础上，着力解决好发展不平衡不充分问题，大力提升发展质量和效益，更好满足人民在经济、政治、文化、社会、生态等方面日益增长的需要，更好推动人的全面发展、社会全面进步。

第一章

马克思主义自然观

马克思主义自然观是马克思主义世界观的重要组成部分。马克思主义哲学的重大贡献之一就在于，从自然史与人类史辩证统一的角度研究社会发展的一般规律。马克思指出："历史可以从两方面来考察，可以把它划分为自然史和人类史。但这两方面是不可分割的；只要有人存在，自然史和人类史就彼此相互制约。"① 马克思主义自然观的核心思想是人与自然的辩证统一关系。全面系统研究马克思主义的自然观，发掘其深刻的思想底蕴和时代内涵，对于解决当前人类共同面对的生态环境问题，建设人与自然和谐共生的生态文明社会；建构中国特色社会主义生态文明理论，建设美丽中国；以中国式现代化全面推进中华民族伟大复兴，创造人类文明新形态等都具有重要的理论和现实意义。

一、马克思主义自然观的伟大变革

自然观是人类关于自然界以及人与自然关系的总看法和总观点。它

---

① 《马克思恩格斯选集》第 1 卷，人民出版社 2012 年版，第 146 页注释 ①。

是人们认识和改造自然界的本体论基础和方法论前提。马克思主义自然观是马克思恩格斯关于人与自然关系的总观点，其核心是辩证唯物主义和历史唯物主义自然观，具有革命性、科学性、开放性等特点，是马克思主义自然辩证法的重要理论基础。人类对自然的认识绝不是简单的临摹，而是与时代、自然科学和科学技术发展进程以及人的认知水平相适应的，对自然主动进行同化和建构的结果。马克思主义自然观是在吸收朴素唯物主义自然观、中世纪神学自然观和机械唯物主义自然观中的先进思想以及当时的自然科学成果的基础上形成的。辩证唯物主义自然观标志着马克思主义自然观的产生，实现了自然观发展的伟大变革。

（一）摆脱了朴素唯物主义自然观的直观性猜测性

朴素唯物主义自然观是古代自然哲学家们以社会生产、科学技术为基础形成的关于自然界及其与人类关系的总观点，是马克思主义自然观形成的思想渊源。

古希腊朴素唯物主义自然观的主要代表人物和主要观点有：米利都学派的泰勒斯认为"万物的本原是水"，水是生命的本源，渗透在宇宙的万事万物中，使宇宙成为一个有机体。毕达哥拉斯学派的毕达哥拉斯认为万物的本原是"数"，"万物皆数"，数是现实的基础，是决定一切事物的形式和实质的根据，是世界的法则和关系。赫拉克利特认为万物的本原是"火"，万物都按照对立的斗争和必然性而生成，一出于万物，万物出于一。从爱利亚学派的巴门尼德开始，古希腊哲学家们看世界的眼界就由宇宙生成论转向本体论和形而上学，如，恩培多克勒的"四根说"（水、土、火、气），阿那克萨哥拉的"种子说"。德谟克里特的原子论同样是直观或朴素地解释自然界的生成变化。古希腊哲学对后世自然观影响最大的是柏拉图的理念论和亚里士多德的目的论。柏拉图认为，自然界运动变化的原因寓于造物主模仿理念创造自然界的过程中。亚里士多德认为，世界不是一个偶然的世界，而是一个有序的、有组织的、有目的的世界，其中的所有事物都有内在的运动趋向，向着由它们的本性决定了的目标运动发展。"一切自然事物都明显地在自身内有一个运动和静止（有的是空间方面的，有的是量的增减方面的、有的是性质变化方面的）的根源。"①

古代中国朴素唯物主义的主要观点有：一是自然是指事物自己的状态，并以此肯定其存在价值；它要求从事物内部寻找其根据，并从事物自身肯定其如此存在和合理。二是认为元气、"五行"等物质是自然界的本原。三是自然界的生成和发展来源于物质的矛盾运动。四是人类运用"阴阳""五行""气"等哲学思想归纳、抽象等方法认识自然界，人能够利用自然规律改造自然。五是认为人来源于自然界，人与自然的关系是"天人合一"等。

中国古代关于自然的这些思想，既与古希腊的自然哲学在对自然的理解上存在一定的相似性，同时也存在一定程度的差异。古希腊的哲学家们把事物本原理解并归纳为某种具体的事物，把自然界看作是一个不停运动、充满活力的世界，并按照自身的逻辑规则运动变化。不仅如此，他们认为自然界是有其自身生命和灵魂的存在。显而易见，这是把自然与人类进行类比的结果，是有机论的、拟人化的自然观。而中国古代的"天人合一"思想与其说是揭示人与自然关系的自然观，不如说其实质上更主要的是对道德理想和政治理想的人生观和世界观的一种揭示更为确切，因为其目的在于通过天人合一，实现人与人的和谐。一般来说，中国古代的自然观更多地把人的因素考虑在内，较少纯粹客体化地理解自然。尽管如此，古代中西方自然观在自然界事物的本原和存在状态问题上的看法是共同的：既是唯物的又是运动变

---

① ［古希腊］亚里士多德：《物理学》，张竹明译，商务印书馆1982年版，第43页。

化的理解，但同时都具有整体性和直观性、思辨性和臆测性、自发性和不彻底性。这是古代早期朴素辨证的自然观的重要特征。马克思主义自然观抛弃了朴素唯物主义自然观的直观猜测性，继承了朴素唯物主义对自然生成发展认识的唯物主义和运动变化思想，在自然科学和社会科学发现和发展以及实践发展过程中形成了辩证唯物主义的自然观。

（二）挣脱了中世纪神学自然观的神秘性

中世纪是神学占据统治地位的时期，自然观不可避免深深地打上神学的烙印。中世纪神学自然观的主要代表人物和观点有：奥古斯丁诅咒泰勒斯等人关于物质始基的观点，把柏拉图的理念变成了在造物之前就永恒存在的思想——上帝的原型，认为由于这个永恒思想的运动，从虚无中产生了水、火、土、气、原子以至宇宙万物。上帝成了终极的、万能的造物主，人和自然都是上帝的得意之作，一切皆在上帝的掌控之中。时间和空间起始于上帝创世之时，有限的时空背后是唯一永恒不灭的上帝。随着基督教的胜利，基督教攫取了绝大多数有才华的人，他们的主要活动包括传教、教义探讨或思辨活动等，其最终目的不再是客观和科学地解释自然现象，相反，是为了实现教会自己的"私欲"。可以说，当时的神学自然观占据主导地位，自然哲学成为了神学和宗教的婢女。被基督教"笼络"的有才之士们对自然及其运动变化等探讨的最终目的是为了证明上帝的全能、至上和仁慈。之后经过托马斯·阿奎那等人对这一理论的进一步发展，一个神创的有秩序的自然界呈现在世人面前。在这个从上帝—天使—人—动物—植物—山川江河构成的等级体系中，上帝是作为起始和终极的原因和目标而存在，自然界的一切运动变化都是适合造物主的目的和意愿，地上的秩序要服从天上的秩序，最终一切要统摄于上帝。①

由此来看，在欧洲中世纪，人们对自然的认知总的特点是，人们都认为自然是有魔力的、神性的或者有生命的，带有神秘色彩，是自然的附魅。要改变这种情况就要对自然观进行变革，对世界进行祛魅。马克思主义自然观从实践的角度出发认识人与自然的关系，彻底挣脱了中世纪神学自然观的束缚。

（三）消除了机械唯物主义自然观的机械性目的性

随着人类理性的唤醒、自然科学和科学技术的发展，在朴素唯物主义自然观的基础上产生了机械论自然观。牛顿经典力学和工场手工业、钟表、望远镜、显微镜以及中国的火药、指南针、印刷术等的发明与传播为近代机械唯物主义自然观的产生奠定了科学前提和技术基础。同时，在古希腊关于自然的观点"数本原论""原子论""位移运动说"等观点的影响下，近代自然科学家和哲学家在概括和总结自然界及其与人类的关系中形成了机械唯物主义和形而上学的自然观，是马克思主义自然观形成的重要思想渊源。

机械唯物主义自然观的代表人物和主要观点有：法国哲学家、数学家笛卡尔是早期机械论哲学的代表人物，他认为物质是形体世界里唯一客观实体，一切形体都是做机械运动的物质。物质运动的形式是空间位移，物质运动的第一动力是上帝。他有一句名言是："给我运动和广延我就能构造出世界。"在生物界，笛卡尔认为人和动物都是机器，二者的区别在于人要受到存在于他自身的"理性灵魂"的控制。他认为除了思想之外，机体所有功能都像钟表一样是纯机械性的。牛顿认为自然界是由物质构成的，物质是由不可分的微粒构成，比如热的产生是物体微

---

① 参见刘大椿：《科学技术哲学导论》，中国人民大学出版社 2005 年版，第 72 页。

粒震动的结果。霍布斯认为世界的一切事物都受机械运动原理支配，一切运动都是物体在空间位置上的变动，人和自然没有本质区别，"心脏不过是发条，神经不过是游丝，关节不过是一些齿轮"，甚至人类的推理活动也不过是机械的计算，"一切推理都包含在心灵这两种活动——加和减里边"。他还提出机械决定论的因果律。机械唯物主义自然观在认识自然界及其物质运动方面表现出机械性和目的性。马克思恩格斯在科学、技术所取得的一系列成果以及科技革命所带来的社会革命的基础上，揭示了世界的普遍联系和有机统一性，克服了机械唯物主义的弊端。

辩证唯物主义自然观产生的科学基础主要有：康德、拉普拉斯的星云假说，它揭示了包括地球在内的太阳系是某种在时间的进程中逐渐形成的天体系统；赖尔的地质渐变论揭示了地球的演化是一种渐进的变化过程；迈尔、焦耳等人的能量守恒与转化定律揭示了存在于自然界的热、光、电、磁、机械的和化学的运动形式之间的联系与转化；维勒人工合成尿素，打破了有机物和无机物之间不可逾越的鸿沟；施莱登、施旺的细胞学说证明了一切生命物质具有共同的基本单位——细胞，揭示了生命现象、特别是植物和动物之间的本质统一性；达尔文的生物进化论揭示了生物由简单到复杂、从低级到高级的发展规律；法拉第、麦克斯韦等创立的电磁场理论揭示了电、磁和光的同一性；门捷列夫的元素周期律揭示了元素由量变到质变、量与质相互关联的实质；等等。上述一系列重大科学发现，揭示了自然界物质运动形式的多样性以及这些物质运动形式的相互联系和相互转化，弥合了有机界和无机界之间的鸿沟。自然界的主要过程从自然界本身得到充分、合理的说明，科学的进步和事实材料的发现为我们描绘出了一幅相互联系的清晰画面，使辩证唯物主义的自然观取代机械论的自然观成为历史的必然。同时，18世纪的蒸汽机技术革命及其产业革命和19世纪的电力技术革命及其产业革命推动了资本主义发展的同时促使了资本主义基本矛盾激化并因此产生了社会革命，为辩证唯物主义自然观的形成创造了社会条件。技术革命的进一步发展又促进自然科学从"经验科学变成了理论科学"，"又转化成唯物主义的自然知识体系"，① 为辩证唯物主义自然观的形成奠定了实践基础。

在科学发展提供的大量素材和社会实践发展基础上，马克思恩格斯克服了机械唯物主义自然观的形而上学性质，批判地吸收了德国古典自然哲学思想，创立了辩证唯物主义的自然观。辩证唯物主义自然观的创立实现了唯物论与辩证法的统一、自然史与人类史的统一，实现了自然观发展史上的革命性变革，消除了神秘主义、神创论、目的论、物种不变论的自然观，批判了自然依赖于外部作用而运动的观点，为马克思主义的科学观、科学方法论以及科学技术的发展提供了世界观、认识论、方法论和价值论的理论前提。

二、马克思主义自然观的基本观点

马克思主义自然观，超越了传统的自然哲学，不仅是从客体的角度看待自然界，而且从主体的角度特别是从实践的角度看待自然界，坚持把实践即劳动看作"整个现存世界的非常深刻的基础"。从实践出发，马克思主义强调，实践作为人类以自身的力量引起和调控人与自然之间的物质变换的过程，必然产生两种相互联系的结果，即自然的人化和人的自然化。坚持从客观性与主体性、规律性与目的性辩证统一高度，揭示人与自然、自然与社会之间的辩证关系以及自然界发展从"自在自然"到"自为自然"转化的客观性、必然

---

① 《马克思恩格斯文集》第 9 卷，人民出版社 2009 年版，第 456 页。

性和目的性。

（一）人是自然的产物

人类的产生在达尔文之前是一个亘古之谜，古今中外对此有着各种各样的传说，《圣经》中的神创论在西方有着深刻而久远的影响。马克思恩格斯在自然科学研究最新成果的基础上，从发生学的角度得出结论：自然界各种品种繁多的生物种类（包括人在内）都是由少数极简单的生物经过长期的演变进化而来的。生物界是一个有规律的由低级到高级的发展过程。他们还进一步论述道："随着这第一个细胞的产生，也就有了整个有机界的形态发展的基础；我们根据古生物学档案的完整类比材料可以假定，最初发展出来的是无数种无细胞的和有细胞的原生生物，其中只有加拿大假原生物留传了下来；在这些原生生物中，有一些逐渐分化为最初的植物，另一些则分化为最初的动物。从最初的动物中，主要由于进一步的分化而发展出了动物的无数的纲、目、科、属、种，最后发展出神经系统获得最充分发展的那种形态，即脊椎动物的形态，而在这些脊椎动物中，最后又发展出这样一种脊椎动物，在它身上自然界获得了自我意识，这就是人。"[1] 马克思进一步指出，"自然界，就它自身不是人的身体而言，是人的无机的身体。人靠自然界生活。"[2] 近年来的科学发展，特别是考古学、人类学和生命科学的发展，从不同的层面上，进一步证明了马克思恩格斯结论的正确性，而且对人类进化的过程和机制都做出了更加详细和细微的说明和论证。

---

① 《马克思恩格斯选集》第 3 卷，人民出版社 2012 年版，第 858 页。
② 《马克思恩格斯选集》第 1 卷，人民出版社 2012 年版，第 55 页。

（二）人化自然是人类生存与发展的现实基础

人类是自然之子，人类的出现也造成了自然的分化，即自在自然和人化自然。人作为现实的、能动的、社会存在物，人类生存发展的一切资料来源于自然界。人类的实践活动使自然界打上了人的烙印。人化自然是人类生存发展的自然环境基础。马克思在《1844 年经济学哲学手稿》中论述了人对于生存与其中的自然界的依赖，他讲道："人（和动物一样）靠无机界生活，而人比动物越有普遍性，人赖以生活的无机界的范围就越广阔。从理论领域来说，植物、动物、石头、空气、光等等，一方面作为自然科学的对象，一方面作为艺术的对象，都是人的意识的一部分，是人的精神的无机界，是人必须事先进行加工以便享用和消化的精神食粮；同样，从实践领域来说，这些东西也是人的生活和人的活动的一部分。人在肉体上只有靠这些自然产品才能生活，不管这些产品是以食物、燃料、衣着的形式还是以住房等等的形式表现出来。在实践上，人的普遍性正是表现为这样的普遍性，它把整个自然界——首先作为人的直接的生活资料，其次作为人的生命活动的对象（材料）和工具——变成人的无机的身体。自然界，就它自身不是人的身体而言，是人的无机的身体。人靠自然界生活。这就是说，自然界是人为了不致死亡而必须与之处于持续不断的交互作用过程的、人的身体。所谓人的肉体生活和精神生活同自然界相联系，不外是说自然界同自身相联系，因为人是自然界的一部分"①。马克思还说："没有自然界，没有感性的外部世界，工人什么也不能创造。自然界是工人的劳动得以实现、工人的劳动在其中活动、工人的劳动从中生出和借以生产出自己的产品的材料。但是，自然界一方面在这样的意义上给劳动提供生活资料，即没有劳动加工的对象，劳动就不能存在，另一方面，也在更狭隘的意义上提

---

① 《马克思恩格斯选集》第 1 卷，人民出版社 2012 年版，第 55—56 页。

供生活资料，即维持工人本身的肉体生存的手段。"① 我们统治自然界，"决不像征服者统治异族人那样支配自然界，决不像站在自然界之外的人似的去支配自然界，——相反，我们连同我们的肉、血和头脑都是属于自然界和存在于自然界之中的……"② 随着自然科学的大踏步前进，"我们越来越有可能学会认识并从而控制那些至少是由我们的最常见的生产行为所造成的较远的自然后果。而这种事情发生得越多，人们就越是不仅再次地感觉到，而且也认识到自身和自然界的一体性，那种关于精神和物质、人类和自然、灵魂和肉体之间的对立的荒谬的、反自然的观点，也就越不可能成立了……"③ 在马克思恩格斯看来，一方面，人本身作为自然的产物，不是处于自然的外部，而是自然的产物和组成部分，并始终归属于、依存于自然。同时，人类无论是在精神上还是在实践上，正不断地与作为人类生存与发展现实基础的人化自然更加充分地融为一体，成为人类生存发展的重要现实基础。

（三）人在自然界面前既有能动性又有受动性

首先，马克思恩格斯认为，人可以调整人与自然的关系是人与动物的本质区别。恩格斯说："动物仅仅利用外部自然界，简单地通过自身的存在在自然界中引起变化；而人则通过他所作出的改变来使自然界为自己的目的服务，来支配自然界。这便是人同其他动物的最终的本质的差别，而造成这一差别的又是劳动。"④ 也就是说，人与动物不同，人是有意识、有目的、能动的自然存在物。正如恩格斯所讲，自然界不仅作用于人，人也反作用于自然界，改变自然界，为自己创造新的生存条

---

① 《马克思恩格斯选集》第 1 卷，人民出版社 2012 年版，第 52 页。
② 《马克思恩格斯选集》第 3 卷，人民出版社 2012 年版，第 998 页。
③ 《马克思恩格斯选集》第 3 卷，人民出版社 2012 年版，第 998—999 页。
④ 《马克思恩格斯选集》第 3 卷，人民出版社 2012 年版，第 997—998 页。

件；"随着自然规律知识的迅速增加，人对自然界起反作用的手段也增加了"①。其次，在看到人类具有能动性的同时，还要看到人类在自然面前还有受动性的一面。马克思认为，人直接地是自然存在物。作为有生命的自然存在物，一方面具有自然力、生命力，是能动的自然存在物；另一方面，人作为自然的、肉体的、感性的、对象性的存在物，和动植物一样，是受动的、受制约的和受限制的存在物。也就是说，违背自然规律的人类计划，只会带来灾难。这是因为自然本身具有无限性和复杂性，在一定的历史条件下，人类认识、改造和利用自然的能力总是有限的。而自然规律具有客观必然性，无论古代和现代，人类都必须遵循自然规律，违反自然规律最终会自食其果，其实质反映了人类的受动性一面只可能随着能动性的发展而减弱，但永远不可能彻底摆脱。

（四）实现人与自然协调发展的关键在于人

首先，马克思恩格斯提醒人类要认识到人类改造世界的实践活动的两面性。恩格斯说："不要过分陶醉于我们人类对自然界的胜利。对于每一次这样的胜利，自然界都对我们进行报复。每一次胜利，起初确实取得了我们预期的结果，但是在往后和再往后却发生完全不同的、出乎预料的影响，常常把最初的结果又消除了。美索不达米亚、希腊、小亚细亚以及其他各地的居民，为了得到耕地，毁灭了森林，但是他们做梦也想不到，这些地方今天竟因此而成为不毛之地，因为他们使这些地方失去了森林，也就失去了水分的积聚中心和贮存库。阿尔卑斯山的意大利人，当他们在山南坡把那些在山北坡得到精心保护的枞树林砍光用尽时，没有预料到，这样一来，他们就把本地区的高山畜牧业的根基毁掉了；他们更没有预料到，他们这样做，竟使山泉在一年中的大部分时间

---

① 《马克思恩格斯选集》第 3 卷，人民出版社 2012 年版，第 859 页。

内枯竭了，同时在雨季又使更加凶猛的洪水倾泻到平原上。在欧洲推广马铃薯的人，并不知道他们在推广这种含粉块茎的同时也使瘰疬症传播开来了。因此我们每走一步都要记住：我们决不像征服者统治异族人那样支配自然界，决不像站在自然界之外的人似的去支配自然界——相反，我们连同我们的肉、血和脑都是属于自然界和存在于自然界之中的。"① 其次，马克思恩格斯还认为，不断调整人与自然的关系，对人类社会的进步、生产的发展具有重要的作用。人能够通过发挥主观能动性控制自然力，从而经济地加以利用，在产业史上起着最有决定性的作用，比如，用人力兴建大规模的工程等。恩格斯反对那种将自然界看作敌人，而采取一味斗争的态度，在他看来，"自然界中无生命的物体的相互作用既有和谐也有冲突；有生命的物体的相互作用既有有意识的和无意识的合作，也有有意识的和无意识的斗争。因此，在自然界中决不允许单单把片面的'斗争'写在旗帜上"② 。再次，马克思恩格斯还看到在人与自然关系的协调中，人是积极、主动、起决定意义的一方，对此马克思曾精辟地指出，文明如果是自发地发展，而不是自觉地发展，那它留给自己的是荒漠。恩格斯说："我们对自然界的整个支配作用，就在于我们比其他一切生物强，能够认识和正确运用自然规律"③ 。他相信人类能够掌握自然规律，正确认识和改造自然。

（五）实现人与自然协调发展的根据在于社会关系的调整

马克思将自然—人—社会看作一个统一的系统，认为社会是人同自然界的完成了的本质的统一，是自然界的真正复活，而且从社会基本矛盾运动中去把握自然环境问题，克服了旧唯物主义将自然、人、社会割

---

① 《马克思恩格斯选集》第 3 卷，人民出版社 2012 年版，第 998 页。
② 《马克思恩格斯选集》第 3 卷，人民出版社 2012 年版，第 986—987 页。
③ 《马克思恩格斯选集》第 3 卷，人民出版社 2012 年版，第 998 页。

裂开来的弊端，使人们认识到人与自然的矛盾是和人与人的矛盾紧密联系、相互制约、相互促进的，不能抛开社会关系来认识和解决人与自然的关系。劳动首先是人和自然之间发生作用的过程，人和自然之间的物质变换的过程是由于人自身的活动调整和控制的。马克思恩格斯认为，这种通过生产劳动所建立的人和自然的统一性在每一个时代都随着工业或快或慢的发展而不断改变。因而，人们"周围的感性世界决不是某种开天辟地以来就直接存在的、始终如一的东西，而是工业和社会状况的产物，是历史的产物，是世世代代活动的结果，其中每一代都立足于前一代所奠定的基础上，继续发展前一代的工业和交往，并随着需要的改变而改变他们的社会制度"①。马克思在《资本论》中以北美合众国为例描述了资本主义生产的过程就是不断破坏自然的过程。即，资本主义生产一方面聚集着社会的历史动力，另一方面又破坏着人和土地之间的物质变换。并明确指出，资本主义农业的任何进步，都不仅是掠夺劳动者的技巧的进步，而且是掠夺土地的技巧的进步，在一定时期内提高土地肥力的任何进步，同时也是破坏土地肥力持久源泉的进步。而且越是以大工业作为自己发展的起点，这个破坏过程就越迅速。这就揭露了当时他所看到的资本主义条件下物质变换过程中对土地的滥用和对森林等自然资源的破坏，一针见血地指出了人与自然关系恶化的根源在于人的社会关系的不协调。

三、马克思主义自然观的当代发展

继承和发展马克思主义自然观是我们处理好新时代人与自然关系前提和基础。习近平总书记指出："尊重自然、顺应自然、保护自然，是

---

① 《马克思恩格斯选集》第 1 卷，人民出版社 2012 年版，第 155 页。

全面建设社会主义现代化国家的内在要求。必须牢固树立和践行绿水青山就是金山银山的理念，站在人与自然和谐共生的高度谋划发展。我们要推进美丽中国建设，坚持山水林田湖草沙一体化保护和系统治理，统筹产业结构调整、污染治理、生态保护、应对气候变化，协同推进降碳、减污、扩绿、增长，推进生态优先、节约集约、绿色低碳发展。"① 这既蕴含了马克思主义自然观的哲学意蕴，又深刻阐明了什么是生态文明，为什么要建设生态文明，同时明确指出我国生态文明建设目标，即建设美丽中国的方案和举措。习近平生态文明思想，为推进美丽中国建设、实现人与自然和谐共生的现代化提供了方向指引和根本遵循，为创造人类文明新形态作出重大贡献，也丰富和发展了马克思主义的自然观。

（一）科学自然观：人与自然和谐共生

人与自然的关系是人类社会最基本的关系。大自然是人类赖以生存发展的基本条件，人靠自然界生活，反过来人可以改变和利用自然，人类在同自然的互动中生产、生活、发展。"天育物有时，地生财有限。"任何事物都有自己生存变化、发展的规律，人不能盲目地凌驾于自然之上，人类的行为方式必须符合自然规律。生态环境没有替代品，用之不觉，失之难存。当人类合理利用、友好保护自然时，自然的回报常常是慷慨的；当人类无序开发、粗暴掠夺自然时，自然的惩罚必然是无情的。四大文明古国的兴起，古埃及和古巴比伦文明的衰落等告诉我们了这一事实。恩格斯早在一百多年前就警告"我们不要过分陶醉于我们人类对自然界的胜利。对于每一次这样的胜利，自然界都对我们进行

① 习近平：《高举中国特色社会主义伟大旗帜　为全面建设社会主义现代化国家而团结奋斗——在中国共产党第二十次全国代表大会上的报告》，人民出版社 2022 年版，第49—50 页。

报复"①。虽然我国古代一些地区也有过惨痛教训，如楼兰古城、黄土高原的生态破坏等，但从历史的长河看，中华民族在长期的生产实践中也孕育出丰富的生态智慧，维系了中华民族数千年绵延不断。比如，《周易》中提及的"夫大人者，与天地合其德，与日月合其明，与四时合其序……先天而天弗违，后天而奉天时"，还有"天地人和""天人合一""道法自然"等都是要求人们尊重自然规律。正是在尊重自然规律的前提下，我国生态环境总体上保持相对良好。事实证明，人与自然之间不是主仆关系、对抗关系，人与自然是一个生命共同体，生态兴则文明兴，生态衰则文明衰。人类对大自然的伤害最终会伤及人类自身，这是不可抵抗的规律。以史为鉴，可以知兴替。人类只有尊重自然、顺应自然、保护自然，才能有效防止在开发利用自然上走弯路，才能实现人的全面发展、人与自然和谐发展。尊重自然、顺应自然、保护自然，这是从认识论、方法论和实践论上明确了生态文明的基本内涵。尊重自然，就是要明确自然孕育并哺育了人类，自然就是人类的生身父母、衣食父母。正如恩格斯所指出的："我们连同我们的肉、血和头脑都是属于自然界和存在于自然界之中的。"②顺应自然，就是要按自然规律办事。违背自然规律的人类计划，只会带来灾难。保护自然，是对自然环境和自然资源的保护。总之，保护自然就是保护人类，建设生态文明就是造福人类，要站在人与自然和谐共生的高度谋划发展。

（二）绿色发展观：绿水青山就是金山银山

人类生存发展依赖自然界的物质资源，人类生存发展所必须的生活和生产资料都是从自然界中获取的，土地是一种特殊的自然资源，是人

---

① 《马克思恩格斯选集》第 3 卷，人民出版社 2012 年版，第 998 页。
② 《马克思恩格斯选集》第 3 卷，人民出版社 2012 年版，第 998 页。

类生产生活的最基本的劳动资料，是构成生产力的基本要素。在社会生产中，人和自然是同时起作用的，没有自然界、没有感性的外部世界，就什么也不能创造。随着我国经济社会的发展，我国社会主要矛盾已经转化为"人民日益增长的美好生活需要和不平衡不充分的发展之间的矛盾"。美好生活不仅限于吃饱穿暖，换句话说，不仅限于对农产品工业品和服务产品的需求和满足，还需要生态产品，需要清新的空气、清洁的水源、舒适的环境等。目前来看，生态产品供不应求，生态环境保护与经济发展不平衡，这就需要处理好生态环境保护与经济发展的关系。习近平总书记指出："我们既要绿水青山，也要金山银山，宁要绿水青山，不要金山银山，而且绿水青山就是金山银山。""绿水青山就是金山银山"是对生态环境保护和经济发展的形象表达，生态环境保护和经济发展不是矛盾对立的关系，而是辩证统一的。这就打破了人类长期在认识论上的一个误区，即经济与环保是鱼和熊掌，不可兼得的。"两山"理念继承和发展了马克思主义自然观，给我们指明了实现发展和保护协同共生的新路径。"绿水青山"指的是优质的生态环境，以及与优质生态环境关联的生态产品。"金山银山"代表着经济收入，以及与收入和增长水平关联的民生福祉。这深刻阐明了生态环境保护与经济发展之间的关系。良好生态本身蕴含着无穷的经济价值，能够源源不断创造综合效益，实现经济社会可持续发展。生态环境保护的成败归根到底取决于经济结构和经济发展方式。经济发展不应是对资源和生态环境的竭泽而渔，生态环境保护也不应是舍弃经济发展的缘木求鱼，而是要坚持在发展中保护、在保护中发展。中国生态文明建设的伟大实践证明，保护生态环境就是保护生产力、改善生态环境就是发展生产力的道理。绿水青山既是自然财富、生态财富，又是社会财富、经济财富。保护生态环境就是保护自然价值和增值自然资本，就是保护经济社会发展潜力和后劲，良好的生态环境是最普惠的民生福祉。所以，要像保护眼睛一样保护生态环境，像对待生命一样对待生态环境，决不能以牺牲生态环境为代价换取一时经济增长。

（三）整体系统观：山水林田湖草沙一体化保护和系统治理

自然界是相互联系相互依存的有机系统，人、自然、社会也是有机统一的，即包括人类在内的大自然是一个相互依存、相互影响的系统。基于此，习近平总书记进一步明确指出，山水林田湖草沙是生命共同体，人的命脉在田，田的命脉在水，水的命脉在山，山的命脉在土，土的命脉在林和草，这个生命共同体是人类生存发展的物质基础。如果破坏了山、砍光了树、就等于破坏了水，山就变成了秃山，水就变成了洪水，泥沙俱下，地就会变成没有养分的不毛之地，水土流失、沟壑纵横，最终还是会造成生态系统的破坏。解决生态环境问题要运用系统思维，在生态环境保护上，一定要算一笔大账、算长远账、算整体账、算综合账。生态环境保护，必须整体施策，综合治理，不能头痛医头，脚痛医脚。要按照生态系统的整体性、系统性及其内在规律，统筹考虑自然生态各要素、山上山下、地上地下、陆地海洋以及流域上下游，进行整体保护、系统修复、综合治理，增强生态系统循环能力，维护生态平衡。

（四）严密法治观：最严格制度最严密法治保护生态环境

在人与自然关系的协调中，人是积极、主动、起决定意义的一方，实现人与自然协调发展关键在人。习近平总书记指出，建设生态文明，是一场涉及生产方式、生活方式、思维方式和价值观念的革命性变革。实现这样的根本性变革，必须依靠制度和法治。首先，建立健全生态文明体制机制，为生态文明建设提供法治保障。习近平总书记指出："当前，我国生态环境保护中存在的突出问题，大都与体制不完善、机制不健全、法治不完备有关。深化生态文明体制改革，必须构建产权清晰、多元参与、激励约束并重、系统完整的生态文明制度体系，把生态文明建设纳入法治化、制度化轨道。"① 目前，我国生态文明体制机制的"四梁八柱"已基本建成。其次，完善经济社会发展考核评价体系，发挥其"指挥棒"作用。资源环境是公共产品，对其造成损害和破坏必须追究责任，加强环境保护"党政同责""一岗双责"，实行自然资源离任审计制度，对生态环境造成破坏的领导干部终身追责等。再次，推动形成绿色低碳的生产方式和生活方式。推动形成绿色发展方式主要通过调整经济结构和能源结构，优化国土空间开发布局，划定生态保护红线、环境质量底线、资源利用上线，培育壮大节能环保产业，提升绿色技术等改造形成绿色经济，实现腾笼换鸟、凤凰涅槃。为推动形成绿色生活方式，开展全民绿色行动，倡导简约适度、绿色低碳的生活方式，反对奢侈浪费和不合理消费，逐步形成文明健康的生活风尚。另外，在深入推进环境污染防治，提升生态系统多样性、稳定性、持续性和积极稳妥推进碳达峰碳中和等方面制定多项制度机制保护生态环境。

（五）全球共赢观：共谋全球生态文明建设之路

自然界是一个有机整体，人类社会是一个共同体。人类社会历史是世界各民族互相依存并走向世界历史的过程。生态文明理念，事关人类地球家园，建设生态文明，关乎人类未来。人类只有一个地球，各国共处一个世界，地球是人类的共同家园。当今世界充满不确定性，人们对未来既寄予期待又感到困惑。人类生活在同一个地球村里，生活在历史和现实交汇的同一个时空里，越来越成为你中有我、我中有你的命运共

---

① 《习近平总书记系列重要讲话读本（2016 年版）》，学习出版社、人民出版社 2016 年版，第 239—240 页。

同体。没有哪个国家能够独自应对人类面临的各种挑战，也没有哪个国家能够退回自我封闭的孤岛。保护生态环境是全球面临的共同挑战和共同责任，需要世界各国同舟共济、共同努力，任何一国都无法置身事外、独善其身。地球是人类唯一赖以生存的家园，珍爱和呵护地球是人类的唯一选择。我国已经成为并将继续作为全球生态文明建设的重要参与者、贡献者、引领者，积极参与全球环境治理，引导应对气候变化的国际合作。面向未来，我国将继续承担应尽的国际义务，承担同自身国情、发展阶段、实际能力相符的国际责任，统筹国际国内两个大局，奉行互利共赢的开放战略，深度参与全球环境治理。努力走出一条生产发展、生活富裕、生态良好的文明发展道路，为解决人类社会发展难题作出重大贡献。

我国在生态文明建设中取得的伟大成就充分证明，我国在生态文明建设中坚持的理念、制定的政策是正确的，是符合我国发展实际、符合世界各国人民的共同梦想的。我们要坚定不移走人与自然和谐共生的现代化发展道路，以中国式现代化全面推进中华民族伟大复兴，推动创建人类文明新形态。

第 二 章

马克思主义实践观

　　如何认识实践的地位作用，是一个关系马克思主义哲学实质的原则问题。实践概念是马克思主义哲学的核心概念，正是从实践出发，马克思主义哲学实现了对传统唯物主义、辩证法、社会历史观等哲学理论的超越，实现了哲学理论体系、哲学思维方式和哲学功能作用的伟大变革。马克思主义认为，实践是社会生活的本质，是思想认识的基础，是人类的本质特征。从这个意义上说，实践在马克思主义哲学理论体系中具有世界观和方法论的意蕴。但是，马克思主义哲学并不是传统意义上的"实践"本体论。"现存世界"并不是由实践演绎而来的，实践只是实现主体与客体相互联系、相互作用、相互促进的中介，人类正是在实践基础上通过改造自在自然而创造出人化自然，推动社会低级形态向高级形态发展，人类也随着生产力发展、社会发展而不断实现自身的全面发展。通过科学的实践观，马克思主义哲学实现了自然与社会（人）、物质与精神、自然观与历史观的辩证统一，成为科学的辩证唯物主义和历史唯物主义，为我们认识世界和改造世界提供了科学的世界观和方法论。

一、科学实践观对旧哲学的超越

旧哲学提出了"实践"范畴，但是对它的内涵的理解存在偏颇，特别是没有把它作为人类创造历史的积极活动。马克思主义哲学从树立科学的实践观出发，建立起自己哲学的大厦，开辟了理解自然和人类社会历史的新途径。

（一）旧哲学实践观的根本缺陷

"实践"一词并非是马克思所首创，而是在遥远的古代就已出现了。如古希腊哲学家苏格拉底宣称：只要一息尚存，则永不停止哲学的实践，亚里士多德也曾指出"实践是包括了完成目的在内的活动"①。康德正式把"实践"概念引入到哲学中，在他看来，实践即道德的"践履"，就是实践通过规范人的意志而支配人的道德活动，进而使人达到自由。但他的"实践"并没有脱离伦理实践的范畴。黑格尔也对实践提出过一些深刻的思想，他认为实践是认识的一个重要环节，是解决主、客体矛盾的中介，是通向客观真理的必由之路。黑格尔尽管提出了实践特别是劳动对人的解放具有积极意义的论断，但究其实质，还是把实践限制在精神、观念的活动范围，"抽象地发展了"人的实践活动的"能动的方面"，所以黑格尔的实践主要是作为绝对理念自我发展的一个环节而出现的。费尔巴哈反对把实践理解为逻辑的或理论的活动，认为实践是感性活动，甚至提出"理论所不能解决的那些疑难，实践会给你解决"②。但是费尔巴哈所理解的实践只是单个人的活动，是消极适应环境

---

① ［古希腊］亚里士多德：《形而上学》，商务印书馆 1959 年版，第 178 页。
② 《费尔巴哈哲学著作选集》上卷，商务印书馆 1984 年版，第 248 页。

的活动。正如马克思所说，费尔巴哈"仅仅把理论的活动看做是真正人的活动，而对于实践则只是从它的卑污的犹太人的表现形式去理解和确定。因此，他不了解'革命的'、'实践批判的'活动的意义"①。由此可见，在马克思主义哲学产生以前，所有哲学家都没有把实践看作人类创造历史的活动，因而都没能够从历史观的高度科学地揭示出实践的本质含义。

（二）科学实践观的巨大变革

马克思恩格斯在批判旧哲学实践观的基础上，形成了科学的实践观，把实践主要看作人类的物质活动特别是生产劳动。马克思主义哲学实践观，为彻底的物质一元论提供了科学基础，对世界存在状态有了科学的理解，对自然和社会生活的本质有了科学的理解，使马克思主义认识论成为能动的、革命的反映论，真正克服了旧哲学实践观存在的根本缺陷。

第一，以实践为基础，科学地阐明了物质和意识的关系以及物质对于精神的本原性。意识和精神是人的物质实践的产物，精神和物质的矛盾也是在实践中产生的，对于精神和物质的关系也只有在实践的基础上才能得到科学的理解。马克思主义哲学以实践为基础，一方面，从实践出发来理解物质，证明了世界具有不依赖人的主观意识的客观实在性，即物质性。因为，在实践中任何不顾客观实际的轻举妄动，都会失败，都会受到客观实际的惩罚。另一方面，马克思主义哲学从实践出发去说明意识的起源、意识的本质、意识发展的动力、意识真理性的标准和意识实现自己的根本条件等等。总之，"从物质实践出发来解释各种观念

---

① 《马克思恩格斯选集》第 1 卷，人民出版社 2012 年版，第 137 页。

形态"①，深刻地揭示了"人的思维的最本质的和最切近的基础，正是人所引起的自然界的变化"②，从而使物质第一性，物质决定意识、意识何以能反作用于物质等问题得到科学的解释。

第二，立足于实践，对物质做出了"客观实在性"的规定和说明，形成了崭新的、科学的哲学物质概念。在马克思主义哲学产生以前，旧唯物主义由于受历史条件、科学发展水平和人的思维能力的限制，它们的物质观都有局限性，但为科学物质观的形成作了必要的准备和积极的贡献。马克思主义哲学继承和发扬了以往唯物主义的传统，在现代实践和科学发展成果的基础上，创立了科学的物质观，为马克思主义哲学唯物论奠定了牢固的基础。它也将随着实践和科学的发展而得到充实和深化。

第三，坚持从实践出发去考察社会历史问题，从而把唯物论贯彻到社会历史领域。旧唯物主义不仅不能对唯物论作出科学的说明和论证，而且不能把唯物论贯彻到底。究其原因，就是马克思指出的他们有一个主要的缺点："对对象、现实、感性，只是从客体的或者直观的形式去理解，而不是把它们当做人的感性活动，当做实践去理解"③。例如，18世纪法国的唯物主义曾试图用唯物主义原则来说明社会历史问题，并得出了初步的结论：人是环境和教育的产物，改变了的人是改变了的环境和教育的产物。显然，只有人才能改变环境和教育。这就使他们陷入了究竟是"环境和教育改变人"还是"人改变环境和教育"这一难以解决的二律背反的困境。他们不了解环境的改变和人的活动的一致性，即革命实践的意义，为了脱离困境，他们最终得出了唯心主义的英雄史观的结论：少数英雄人物改变了环境和教育，从而也改变人民大众，最终还是把历史进步的希望寄托在少数英雄人物身上，没有跳出历史唯心主义的窠臼。与旧唯物主义不同，马克思主义哲学建立了科学实践观，并坚

① 《马克思恩格斯选集》第 1 卷，人民出版社 2012 年版，第 172 页。
② 《马克思恩格斯选集》第 3 卷，人民出版社 2012 年版，第 922 页。
③ 《马克思恩格斯选集》第 1 卷，人民出版社 2012 年版，第 137 页。

持从实践出发去考察社会历史问题。从实践出发去考察社会历史问题，马克思主义哲学科学地论述了社会存在决定社会意识的基本原理，解决了历史领域的基本问题。马克思指出："意识在任何时候都只能是被意识到了的存在，而人们的存在就是他们的现实生活过程。"[①] 人类的社会生活是多种多样的，人类的实践活动则是最基本的首要的活动。没有实践活动，就没有社会的一切，实践是社会存在的保证和发展的根本动力，社会结构、面貌和社会发展都是社会实践的过程、结果和表现。社会精神生活的源泉也是实践。任何观念、理论都是对人们的社会实践以及在生产活动的基础上形成的各种社会关系的反映，是它们的理论表现，"甚至人们头脑中的模糊幻象也是他们的可以通过经验来确认的、与物质前提相联系的物质生活过程的必然升华物"[②]。所以，当历史唯物主义用人们的社会存在去说明人们的意识时，就是用人们的社会生活去说明人们的意识，实质上就是用人们的实践去说明人们的意识。

（三）科学实践观的伟大意义

科学的实践观为我们正确理解和解决当代问题提供了许多富有启发意义的论述。

1. 正确理解人与自然、人与社会关系的深刻基础

马克思主义哲学立足于实践，从社会的本质、人的本质、自在世界和人化自然相统一的角度深刻地论证了自然、社会、人类的统一。从实践出发说明世界的客观实在性、物质对于意识的本原性，同时也就是对世界物质统一性的说明。要科学地揭示社会的本质，必须从实践出发，因为人们要生存，要从事政治、文化、科学、艺术等社会活动，必须首

---

① 《马克思恩格斯选集》第 1 卷，人民出版社 2012 年版，第 152 页。
② 《马克思恩格斯选集》第 1 卷，人民出版社 2012 年版，第 152 页。

先解决吃、穿、住的问题。从实践出发，就可以看到，人类社会及其历史发展决不是理性的产物，也不是无规律可循的，它是被一定的物质生产方式的状况所决定的。马克思指出："物质生活的生产方式制约着整个社会生活、政治生活和精神生活的过程。"① 社会生活在本质上是实践的，实践构成了社会的客观物质性的基础。

实践不仅是社会的本质，而且还构成人的本质客观物质性基础。尽管人类是有意识的最高级的生物，但人类的本质却不是由精神活动来决定的，它是由立足于实践活动基础上的社会关系总和所规定的，这就是马克思所说的人的本质"在其现实性上，它是一切社会关系的总和"②。人类社会和自然界一样都不是人的意志的自由创造，而是物质运动的表现形态，都有自身内在的由低级向高级发展的客观规律性，它们本质上是一致的。

对自然，马克思主义哲学与旧唯物主义也有着原则不同的理解。与旧唯物主义仅仅从客体和直观的形式去理解自然不同，从实践出发来理解自然，人类实际上面对着两个层次的自然，一是先于人类活动而存在的自然，尚未被人类改造过的自然；二是人化自然。人化自然并不是脱离自在自然的另一个自然，而是指被人的实践改造过的自然，是人的"周围的感性世界"。自在自然可以向人化自然转化，转化的基础就是人类的社会实践。虽然人类每一次具体的实践所实现的这种转化都是有限的，但这种有限不是脱离无限的有限，而是作为无限的有机部分的有限，它具有无限的本性。就是说，从人类总体实践来说，自在自然向人化自然的转化是一个不断扩大、深化的无限的过程。马克思主义哲学正是基于在人类实践的作用下自在自然不断向人化自然转化的事实，借助于有限和无限的辩证法，从一个新的角度揭示了世界是统一的无限的物

---

① 《马克思恩格斯选集》第 2 卷，人民出版社 2012 年版，第 2 页。
② 《马克思恩格斯选集》第 1 卷，人民出版社 2012 年版，第 135 页。

质世界。

马克思指出，未来的人"将合理地调节他们和自然之间的物质变换，把它置于他们的共同控制之下，而不让它作为盲目的力量来统治自己；靠消耗最小的力量，在最无愧于和最适合于他们的人类本性的条件下来进行这种物质变换"①。这种人与自然之间人性化的物质变换，置人与物的关系于人的主宰之下，非人为物役，亦非物为人所役，人在与自然物的丰富的关系过程中，所造就的是自身丰富的人，而不是无休止地占有外在财富才富有的人。

2. 实践发展无止境要求不断推进理论创新

马克思主义哲学创立后，很快在世界范围内得到了广泛的传播。在这一过程中，马克思主义哲学的创始人反复强调要把他们的理论与各国具体实际相结合，提醒人们"必须考虑到各国的制度、风俗和传统"②。也正是在与各国具体实际相结合的过程中，马克思主义哲学日益世界化和民族化，并在 20 世纪出现了苏俄的马克思主义哲学、中国的马克思主义哲学、现代西方的马克思主义哲学等马克思主义哲学的不同民族化形式，使马克思主义哲学呈现出生机勃勃的繁荣局面。然而，教条主义却把马克思主义哲学的概念和原理当成是包医百病的灵丹妙药，似乎只要重复马克思主义经典作家的现成词句就能充分发挥马克思主义哲学的社会功能，无视马克思主义哲学与各国实际相结合的必要性，因而拒绝研究和了解各国的文化传统和社会现实，其结果是人为地阻隔了马克思主义哲学与各国具体实际相结合的通道。在批判教条主义的这一错误时，恩格斯指出："马克思的整个世界观不是教义，而是方法。它提供的不是现成的教条，而是进一步研究的出发点和供这种研究使用的方法。"③

---

① 《马克思恩格斯全集》第 25 卷，人民出版社 1974 年版，第 926—927 页。
② 《马克思恩格斯全集》第 18 卷，人民出版社 1964 年版，第 179 页。
③ 《马克思恩格斯全集》第 39 卷，人民出版社 1974 年版，第 406 页。

教条主义背离马克思主义"具体情况具体分析"的要求，无视各国具体实际之间的差别，抽象地谈论马克思主义哲学的一般原理，或者说，马克思主义哲学在他们那里不过是一个套语，"他们把这个套语当做标签贴到各种事物上去，再不作进一步的研究，就是说，他们一把这个标签贴上去，就以为问题已经解决了"①。教条主义必然窒息马克思主义哲学的理论生机和活力。针对教条主义的错误，恩格斯尖锐地指出："我们的理论是发展着的理论，而不是必须背得烂熟并机械地加以重复的教条。"②显然，如果以教条主义的态度对待马克思主义哲学，马克思主义哲学中国化就不可能。

马克思恩格斯一贯把实践看作是自己理论产生、存在和发展的基础，强调自己理论的运用"随时随地都要以当时的历史条件为转移"③，强调自己的理论必须随着实践的发展而发展，并为在实践中发展马克思主义哲学树立了光辉的典范。在百年来的马克思主义哲学中国化历程中，在不断反对教条主义的斗争中，形成了马克思主义哲学中国化的理论成果。

3. 指导新的实践必须以马克思主义最新成果武装头脑

科学的实践观是指导我们党认识社会发展规律、形成正确路线和观点的前提。唯物史观有两个最重要的原理即历史发展客观规律性原理和群众史观原理。这两个基本原理构成了唯物史观全部原理中的两大基本支柱，由此支撑起唯物史观理论的全部内容。而唯物史观理论的创立首先是从科学实践观的提出开始的。沿着这样的思路，马克思具体揭示了社会结构理论和社会基本矛盾原理等关于历史发展客观规律性的一系列思想。根据这些思想，中国共产党人自觉把握社会历史发展规律，适时提出探索适合中国国情的中国特色社会主义理论成果，并依据主要矛盾

---

① 《马克思恩格斯选集》第4卷，人民出版社2012年版，第599页。
② 《马克思恩格斯选集》第4卷，人民出版社2012年版，第588页。
③ 《马克思恩格斯选集》第1卷，人民出版社2012年版，第376页。

制定中心任务，不断实现社会主义的自我完善。从科学实践观的主体性出发，唯物史观还揭示了人民群众在历史发展中的决定作用的思想。群众路线是历史唯物主义关于人民群众是历史的创造者重要原理的生动体现。它是贯穿于我们党的政治路线、思想路线和组织路线之中的根本的工作路线，是我们党在一切工作中克敌制胜的法宝。

以科学实践观指导理论创新，就必须坚持用发展着的马克思主义来指导新的实践。马克思主义经典作家总是要求理论必须从书本上、课堂里走出来，走向革命和建设的实践，努力回答现实生活和群众思想上迫切需要解决的问题；强调正确的理论必须结合具体情况并根据现存条件加以阐明和发挥。把握与时俱进的实践观，应把着眼点放在理论对实际问题的指导和解决上。这里有两个关键点：一是把握住理论指导实际的"俱进"过程。"俱进"意味着理论应用于实践，在理论指导下解决实际问题，而理论又在实践中接受实践的检验，并在实践中获得了丰富和发展；二是把握住理论指导实际的"与时"过程，"与时"就是与时代、与群众、与国家同呼吸共命运的过程。只有把"与时"与"俱进"二者的辩证关系把握好了，才能实现理论对实际真正意义上的指导作用，理论也才能真正实现与实际的相结合。

指导新的实践必须以马克思主义最新成果武装头脑。马克思主义哲学中国化就是把马克思主义哲学与中国具体实际相结合，与中华优秀传统文化中的哲学思想相结合，运用马克思主义哲学的立场、观点和方法研究中国的具体实际，并通过研究中国的具体实际丰富和发展马克思主义哲学。立足于中国的具体实际，是中国马克思主义哲学具有鲜明的中国特点、中国作风和中国气派的根本原因，也是中国化马克思主义哲学之所以成为中国马克思主义哲学的根据。马克思主义哲学本质上是实践的唯物主义。深刻总结实践创造的新经验、新观念、新办法，并上升到理论，在推动马克思主义的发展中卓有成效地坚持马克思主义；适应实践的发展，以实践来检验一切，用发展着的马克思主义指导新的实践。

二、科学实践观的基本内涵

马克思主义的实践观具有世界观和方法论的意蕴，引起了哲学思维方式的革新。随着社会发展，实践这一根本范畴也得到了拓展和深化。

（一）科学实践观的世界观意蕴和思维方式功能

实践观揭示了人与世界的基本关系。实践关系是人与世界的根本关系。在人类出现以前，物质世界处于原始的自然统一状态，其中虽然也包含着无机物质现象与有机生命现象的分化以及无机物质形态和有机生命形态本身的分化，但这些还不是真正意义上的分化。物质世界的这种多样性的统一还是原始的自在的统一，而不是包含着真正对立面的统一。随着人类的出现，物质世界开始了真正意义上的分化，人与自然的分化和精神与物质的分化是这个统一的分化过程的两个方面。马克思主义哲学认为，正是劳动实践使人类从自然界中分离出来，一方面使自然界不断地人化，同时又使自身的目的不断对象化和客观化，从而使人与自然、精神与物质实现具体的历史的统一。

实践观也揭示了主体把握世界的根本方式。实践是主体与外部世界相互作用的方式，是作为主体的人的存在方式。人正是在实践活动中不断确证自身的存在，并且塑造外部世界的。因此，人对外部世界的把握就是主体在实践中与客体不断交互作用的过程。主体的实践是指向客体的对象性活动。在实践活动中，主体把客体作为自己认识和改造的对象，并且把自己的目的对象化到客体中去，使之发生合目的的变化。当人将自己的目的对象化到客体之中，使之成为合目的的对象性存在时，客体便以属人的方式而存在。世界的人化就是世界对人的生成过程，在此过程中，人的目的不断对象化，世界则不断获得属人的性质，并且成为人的生存条件和人的本质力量的确证。当人从自然界中分化出来之后，一个属人的世界便开始了它的历程，这一历程的全部内容，就是人类对象化的实践活动。在这一历程中，人不仅改变了外在的自然物，使之成为客体，而且改变了自身，使之成为主体。

作为主体与客体之间改造与被改造的关系，实践关系是主客体关系的根本形式。认识关系作为主体与客体之间反映与被反映的关系，是建立在实践关系的基础之上的，因为它生成于实践关系之中并从属于实践关系。在主体与客体的价值关系中，主体以自己的需要和尺度作用于客体，使主体的需要对象化，客体则以自己的属性和功能作用于主体，使客体的属性主体化，价值关系中主客体之间的这种相互作用是通过实践关系展开的。因此，在主体与客体的三重关系中，实践关系具有决定性的意义。

马克思在人类思想史上，第一次把实践提升为哲学的根本原则，转化为哲学的思维方式，从而创立了以实践为核心和基础的崭新形态的现代唯物主义哲学。马克思十分看重人类的感性物质活动即实践，他改变了旧唯物主义的思维方式，不再从自然存在出发而是从"人们的存在""社会存在"即实践出发，来理解和说明人的意识、人的本质、社会生活的本质等。

实践观点所实现的哲学思维方式的转变，首先就表现在它提供了一个从人自身的活动去理解人的本质和特性，从而把人理解为富于自身创造力的活生生的现实的人的基本观点。人虽最初来源于自然，在生物进化的基础上形成为人，但却不是自然现成的作品，而是人自己活动创造的产物。人的本质就在他用以创造自己存在的生活方式之中。以往的哲学因为不了解人是自身根源的存在，它们当然也就不能从人的自身去理解人，不得不求诸于外，试图从自然的和超自然的原因中去寻找人的本性的根据和规定，最后在哲学中失落了人。

其次，实践观点提供了理解人和外部世界复杂关系的现实基础。实践本身是一种体现着自然物质本原作用和人的能动创造作用，即人和自然、主体和客体、主观和客观双向作用的活动过程。实践把原来只有单一性质的世界，即自然关系的世界，变成了双重关系的矛盾世界，即属人关系的世界。

再次，人所面对的世界的两重性质既然根源于人的实践活动，也就只有从实践的观点出发才能消融迄今以来哲学观点的分歧，把它们争执不下的物质和精神、思维和存在、主观和客观、自由和必然种种矛盾统一起来。因为，实践是人与自然、主观与客观、主体与客体相互规定、相互作用、相互转化的活动，是主观世界与客观世界、自在世界与人类世界分化与统一的现实基础。

（二）"实践"概念的拓展和深化

什么是实践？传统强调实践的主要内容或形式是生产劳动、阶级斗争和科学实验。近年来，马克思主义"实践"概念的内涵和外延得到了拓展。

1. 精神生产

精神生产即"关于意识的生产"，它是人类社会生产实践的基本形式之一。首先，从人的生产与动物的活动相区别的角度可以称之为"真正的生产"。其次，从物质生产和精神生产相比较的角度来看，精神生产是一种"特殊"的生产，"并且受生产的普遍规律的支配"[1]。再次，根据社会意识生产的不同层次把它分为两个部分："思想、观念、意识的生产"和"政治、法律、道德、宗教、形而上学"等诸种社会意识形式的生产。此外，马克思主义经典作家们还不同程度地把"精神劳动""脑力劳动""科学实验""科学和艺术的活动"以及"天文学上的观察和发

---

[1] 《马克思恩格斯全集》第 42 卷，人民出版社 1979 年版，第 121 页。

现"等等也列入精神生产的范畴，并提出了一系列与精神生产相关的范畴，如"精神生产力""精神方式""精神生产资料""精神生产者""精神产品"等等。

精神生产作为一种独立的社会实践形式纳入现实的生产过程，发生在原始社会末期，来源于社会劳动的分化。对此，马克思曾经明确指出："思想、观念、意识的生产最初是直接与人们的物质活动，与人们的物质交往，与现实生活的语言交织在一起的"①，"分工只是从物质劳动和精神劳动分离的时候起才真正成为分工……从这时候起，意识才能摆脱世界而去构造'纯粹的'理论、神学、哲学、道德等等"②。在精神生产形成后相当漫长的历史发展过程中，对人类社会发展起决定作用的生产形式还不是精神生产而是物质生产。只有随着社会生产力的高度发展，物质生活资料匮乏的消除，精神生产才成为"真正的生产"，才成为推动社会发展和人类进步的关键。

与物质生产完全不同，精神生产具有观念性、自主性、创造性、普遍性、超越性等特点。精神生产和物质生产之间的关系是：首先，物质生产决定精神生产。物质生产是"第一个历史活动"，"精神生产随着物质生产的改造而改造"。③ 其次，精神生产具有相对独立性，表现为物质生产和精神生产的发展具有不平衡性，精神生产对物质生产具有重大的反作用等。精神生产对物质生产的反作用主要是通过精神生产的产品——科学技术、思想文化等发生影响的。

2. 技术实践

在资本主义社会，技术作为资本利用的工具而存在，工人阶级不仅面对贫困，而且成为自己劳动和产品的对立面，技术越发达，他们离自己的本质就越远。技术实践极大地促进了资本主义社会文明的发展，但

---

① 《马克思恩格斯选集》第 1 卷，人民出版社 2012 年版，第 151 页。
② 《马克思恩格斯选集》第 1 卷，人民出版社 2012 年版，第 162 页。
③ 《马克思恩格斯选集》第 1 卷，人民出版社 2012 年版，第 158、420 页。

技术的资本利用性质却使其消极社会后果走向极端，导致了技术与自然、技术与劳动者、技术与社会的分裂和对立，唯一的出路在于进行伟大的社会革命去除技术利用的资本主义社会性质。

技术实践是生产力的重要推动者。它不仅改变了生产力的构成要素，如生产工具、劳动对象和劳动者的素质，还促进了生产方式的变革，提高了生产效率和产品质量。科技革命是推动经济和社会发展的强大杠杆。技术实践改变了人们的劳动形式，人们的劳动方式经历了从机械自动化走向智能自动化、由局部自动化走向大系统管理和控制自动化的根本性变革。技术实践对人们的生活方式产生了巨大影响，也促进了思维方式的变革。

随着技术地位的上升，它的问题也日益明显。科学技术在社会生产领域的广泛运用造成了一系列的环境和社会问题。当人们只看到技术应用的最初的、最显著的"胜利"、陶醉于科学技术的发展和应用所焕发出来的巨大自然力时，恩格斯冷静而睿智地指出，"我们不要过分陶醉于我们人类对自然界的胜利。对于每一次这样的胜利，自然界都对我们进行报复"[1]。生态资源、生态系统的承载能力和生态系统维持平衡的能力是有限的，技术的自然属性与社会属性的内在矛盾自近代以来日益显现，技术切入自然环境的生态链条中，它的能量越大，生态平衡受到的威胁就可能越大，自然的严重破坏反过来又损害人自身。需要理性看待科技发展的双刃剑效应，合理利用科技，使其更好地服务于人类社会。

3. 交往实践

交往实践是诸主体间通过改造相互联系的中介客体而结成社会关系的物质活动。交往包括物质交往、精神交往和语言交往三个层次，而"物质交往"即交往实践，是多极主体间物质交换过程。它构成了精神

---

[1] 《马克思恩格斯选集》第 3 卷，人民出版社 2012 年版，第 998 页。

与语言交往的基础。交往是使世界普遍联系，科技及生产力在世界范围内得以传播、保存和发展的基本条件，交往到处都打破封闭的民族和国家的壁垒，也是历史向"世界历史"转变、实现历史形态更迭的动力机制。

马克思对交往实践观作了原则的论述。第一，交往是一个系统，它包括从物质交往到精神交往、语言交往及其他形式。物质交往是基础，是制约和派生其他一切交往活动的基础。第二，交往实践所形成的形式，从古至今经历了若干形式的演化：人的依赖形式（血缘关系共同体）、物的依赖形式、自主交往形式等等。第三，物成了交往的中介，成了支配社会的中心。物既是使用价值，是满足人们需要的客体；又是交往价值的凝结物。第四，交往的总体结构是促使世界普遍联系、使历史成为"世界历史"的整合体的主要机制，也是生产力得以保存、积累和发展的前提。

当今时代主题的全球转向，本质上是交往实践观的转向。从单一中心化走向多极化，在多极化的基础上重建全球发展与和平的国际规则，这就是当代人类实践的总格局、总趋势。科技革命的浪潮、生态危机、人口爆炸、资源匮乏等全球问题正深刻地影响和改变着未来人类的生存方式。

4. 个体实践

在马克思看来，"正像社会本身生产作为人的人一样，社会也是由人生产的"①，"生产力和社会关系——这二者是社会的个人发展的不同方面"②。正是从实践出发，马克思既承认了集体的存在，也承认了个体的存在，并且将二者的发生与发展统一在人类的实践活动之中。个体实践的存在及其意义主要体现在：

---

① 马克思：《1844 年经济学哲学手稿》，人民出版社 2000 年版，第 83 页。
② 《马克思恩格斯全集》第 46 卷（下册），人民出版社 1980 年版，第 219 页。

第一，在马克思主义实践观框架内所追求的是对个体实践与集体实践的共同承认。马克思这样写道："人是一个特殊的个体，并且正是他的特殊性使他成为一个个体，成为一个现实的、单个的社会存在物，同样，他也是总体，观念的总体，被思考和被感知的社会的自为的主体存在，正如他在现实中既作为对社会存在的直观和现实享受而存在，又作为人的生命表现的总体而存在一样。"[①] 可以将实践活动看作一个整体，而将个体实践与集体实践解释为其所拥有的两种存在形式。

第二，个体实践与集体实践突出的侧重面有所不同：个体实践突出的是实践活动以个体形式存在的这一面，而集体实践所突出的是实践活动以集体形式存在的这一面。由于"人"既是"特殊的个体"又是"总体"，所以，作为个体的人，人可以从事以个体为本位的个体的实践活动；作为"总体"的人（即集体的人），人又可以开展以"类"为本位的集体的实践活动。

第三，个体实践是由个人活动逐渐演化而来的。马克思指出："我们越往前追溯历史，个人，从而也是进行生产的个人，就越表现为不独立，从属于一个较大的整体"[②]。很显然，这段话直接阐述了个人的生产实践曾经有过表现为不独立的历史。个体实践最初表现为从属于集体的个人活动，然后再逐渐进化为个体实践。

5. 虚拟实践

所谓虚拟实践，是主体按照一定的目的在虚拟空间使用数字化中介手段进行的双向对象化的感性活动。在虚拟技术提供的虚拟环境下，人的认识对象、认识过程、认识特性和实践方式都发生了重大变化。在虚拟世界里，整个认识过程是通过人机发生相互作用而实现的，计算机所提供的虚拟实在与客观实在是有区别的，它不是客观的物理世界，而是

---

① 马克思：《1844年经济学哲学手稿》，人民出版社2000年版，第84页。
② 《马克思恩格斯全集》第46卷（上册），人民出版社1979年版，第21页。

主体的三维世界。人的实践对象虽然仍是感性世界，但是，这种感性世界本质上已不是现实物的感性世界，而是精神的产物、思想的客体。

虚拟技术拓宽了实践的新领域。在虚拟技术出现后，尤其在实现信息普遍化的基础上，出现了虚拟化的实践即虚拟实践。虚拟实践成了人们大量的日常活动方式，在一定领域它又是主要的活动方式。在虚拟环境中，虚拟对象是一种新的客观存在，它既不是物理的现实，也不是虚无，而是数字化的存在物，这种虚拟存在物既是对现实世界的反映，也是一种新形式的人类经验。在虚拟认识中，虚拟客体实际上就是主体借助计算机中的逻辑程序来再现思想的产物，这时的客体实际上是主体思想的逻辑延伸，是主体意识的外化；计算机在参与认知过程中是主体的有机组成部分，它所造成的虚拟实在是经主体加工修正后的实在，因此，虚拟的实在又不断地在主体化。

虚拟实践首先是人类实践方式的一次具有历史意义的重大变革，它使人类实践对象第一次突破了纯粹形态的外部物质世界的界限。虚拟实践同时也包含、呼唤、促进着人类认识方式、思维方式、日常生活方式、价值观念等的变革，正强有力地改变着我们的生活和我们的时代。

三、新时代科学实践观的深化

当今世界，人类社会在处理人与自然、人与社会关系等方面出现了一系列突出问题，迫切需要深化对科学实践观的理解。

（一）以中华元典丰富马克思主义实践观

习近平总书记常以"适当的引经据典"来阐述马克思主义实践观思想，实现了中华元典与马克思主义的有机结合。"纸上得来终觉浅，绝知此事要躬行",中华元典中用"行"表达实践之意。古代"行"是与"知"相对应的概念。用中国传统的优秀经典阐释马克思主义的实践观,使马克思主义实践观闪烁着中国传统的光辉。

用"功崇惟志,业广惟勤"表达实践主体精神重要性。思想、情感、意志等在实践活动中非常重要。习近平总书记多次强调实践主体的主体精神的重要性。在纪念红军长征胜利 80 周年大会上的讲话中,他指出:"'石可破也,而不可夺坚;丹可磨也,而不可夺赤。'理想信念的坚定,来自思想理论的坚定。认识真理、掌握真理、信仰真理、捍卫真理,是坚定理想信念的精神前提。"① 其意为:石头再怎么破碎,依然是坚硬的;丹砂无论怎么磨损,依旧是红色的。2014 年 5 月 4 日,在北京大学考察时的讲话引用了清代郑燮七言绝句《竹石》中"千磨万击还坚劲,任尔东西南北风"来强调实践精神。习近平总书记强调在社会主义实践活动中,不仅要立大志,而且需要我们每一个人勤奋努力践行。2013 年 3 月 17 日,他在十二届全国人大一次会议上讲道,"'功崇惟志,业广惟勤。'我国仍处于并将长期处于社会主义初级阶段,实现中国梦,创造全体人民更加美好的生活,任重而道远,需要我们每一个人继续付出辛勤劳动和艰苦努力"② 要想建立大的功业,一定要立大的志向;要想成就大的事业,一定要下功夫,一定要勤奋,要勤勉。"志""勤"都是用来表达实践主体精神的。

用"苟利于民,不必法古;苟周于事,不必循俗"表达实践的创新精神。"当今世界,变革创新的潮流滚滚向前。中国的先人们早在 2500 多年前就认识到:'苟利于民,不必法古;苟周于事,不必循俗'。变革创新是推动人类社会向前发展的根本动力。谁排斥变革,谁拒绝创新,谁

---

① 习近平:《在纪念红军长征胜利 80 周年大会上的讲话》,人民出版社 2016 年版,第 12 页。

② 习近平:《在第十二届全国人民代表大会第一次会议上的讲话》,人民出版社 2013 年版,第 6 页。

就会落后于时代，谁就会被历史淘汰。"①主体的思想理论来源于实践，理论创新也必须建立在实践创新的基础之上。强调要坚持实践第一的观点，不断推进实践基础上的理论创新，"只有聆听时代的声音，回应时代的呼唤，认真研究解决重大而紧迫的问题，才能真正把握住历史脉络、找到发展规律，推动理论创新"②。实践是理论之源，科学认识和把握事物发展的客观规律，要亲历亲为，手上要使用工具，脚下要多沾泥土。

用"积土而为山，积水而为海"表达实践的途径。实践不是一个纯粹的主观活动，而是一个客观物质活动，不能停留在思想层面，必须日积月累地耕耘才能取得成功。习近平总书记在博鳌亚洲论坛 2018 年年会开幕式上讲道："'积土而为山，积水而为海'。幸福和美好未来不会自己出现，成功属于勇毅而笃行的人。让我们坚持开放共赢，勇于变革创新，向着构建人类命运共同体的目标不断迈进，共创亚洲和世界的美好未来！"③"笃行"是为学的最后阶段，既然学有所得，就要努力践履所学，使所学最终有所落实。"笃"有忠贞不渝、踏踏实实、一心一意、坚持不懈之意。只有有明确的目标、坚定的意志的人，才能真正做到"笃行"。山再高，也是一抔土一抔土累积而成的；水再深，也是一滴水一滴水汇集而成的。成功的实践首先必须要有远大的目标，要善始善终，要尊重客观规律。

用"空谈误国，实干兴邦"表达实践的价值目标。2012 年 11 月 29 日，习近平总书记在参观"复兴之路"展览时说道："实现中华民族伟大复兴是一项光荣而艰巨的事业，需要一代又一代中国人共同为之努力。空谈误国，实干兴邦。我们这一代共产党人一定要承前启后、继往开来，

---

① 习近平：《开放共创繁荣 创新引领未来——在博鳌亚洲论坛 2018 年年会开幕式上的主旨演讲》，人民出版社 2018 年版，第 7 页。

② 习近平：《在哲学社会科学工作座谈会上的讲话》，人民出版社 2016 年版，第 14 页。

③ 习近平：《开放共创繁荣 创新引领未来——在博鳌亚洲论坛 2018 年年会开幕式上的主旨演讲》，人民出版社 2018 年版，第 14 页。

把我们的党建设好，团结全体中华儿女把我们国家建设好，把我们民族发展好，继续朝着中华民族伟大复兴的历史目标奋勇前进。"① 宋代以后，理学、心学有一批人向人的内心去寻找真理，去寻找答案，他们已经成为另外一种玄学，把实学给抛弃了。造成什么结果？大臣不干实事了，也去清谈，所有的政务全荒废了，各个地方的政事也荒废了，最后的结果就是国家的灭亡。党的十八大以来，习近平总书记多次强调，幸福不会从天而降，要撸起袖子加油干。

（二）新时代科学实践的原则和要求

坚持实践要求与时代要求的统一。只有与历史同步伐、与时代共命运的人，才能拥有光明的未来。"我们不仅要赶上时代，而且要勇于引领时代潮流、走在时代前列"②，实际上告诉人们，落后于时代的实践活动，应予拒止。对引领时代的社会实践活动，习近平总书记关于实践要求的一个鲜明特点是，对国家重大决策和重大任务，都适时提出严格的要求，确定时间表和路线图，使主体在社会实践过程中目标、方向明确，知道该怎么做。面对新任务，就要找准工作切入点、结合点、着力点。要科学把握事物发展的规律，锲而不舍地干下去。"实践"不是一个抽象、玄奥的概念，不能止步于思想环节，主体有了思想和好的做法之后，必须进入生活实践中，开展积极的实践活动。在实践过程中要注意用好辩证法，要坚持继承和创新相统一，既求真务实，稳扎稳打，又与时俱进，敢闯敢拼；对于实践过程的把握，要善于进行交换反复比较，善于把握工作的时效度。关于群众利益无小事，不能止步于思维和口号阶段，既要把群众的小事当作大事来做，更要一步一个脚印往前

---

① 《习近平谈治国理政》第一卷，外文出版社 2018 年版，第 36 页。

② 《习近平关于科技创新论述摘编》，中央文献出版社 2016 年版，第 79 页。

走，注重实践成效。

增强问题意识，坚持问题导向。问题是时代的声音，只有树立问题意识，以问题为导向，才能扣紧时代的脉搏，将党和国家的事业推向新境界。2020年10月10日，在中央党校习近平总书记指出，历史总是在不断解决问题中前进的。我们党领导人民干革命、搞建设、抓改革，都是为了解决我国的实际问题。① 改革由问题倒逼而产生，又在不断解决问题中得以深化。问题导向是将客观存在的问题作为我们行动的起点，通过解决现实中存在的问题，为工作进一步推进排除障碍，其根本目的是实现目标。矛盾是事物发展的动力，我国进入发展关键期、改革攻坚期、矛盾凸显期，许多矛盾是躲不开也绕不过去的，"善于把化解矛盾、破解难题作为打开局面的突破口"②。通过解决问题增长本领，把解决问题和矛盾作为考核干部的政绩准绳，党中央看一个地方工作做得怎么样，不会仅仅看国内生产总值增长率，而是要看全面工作，看解决自身发展中突出矛盾和问题的成效。坚持问题导向，体现了锐意进取的历史主动精神，"解决好民族性问题，就有更强能力去解决世界性问题；把中国实践总结好，就有更强能力为解决世界性问题提供思路和办法。这是由特殊性到普遍性的发展规律"③。

用好基层实践，凸显基层导向。习近平总书记是从基层一步一个脚印走上最高层领导岗位的，拥有丰富的基层工作经验，他将基层看成是青年磨炼自身的"练兵场"，十分重视和关注青年在基层实践中锻炼成长。习近平总书记指出："青年要把艰苦环境作为磨炼自己的机遇，把

---

① 参见《习近平在中央党校（国家行政学院）中青年干部培训班开班式上发表重要讲话强调 年轻干部要提高解决实际问题能力 想干事能干事干成事》，《人民日报》2020年10月11日。

② 《习近平新时代中国特色社会主义思想学习纲要》，学习出版社、人民出版社2019年版，第249页。

③ 《习近平谈治国理政》第二卷，外文出版社2017年版，第340页。

小事当作大事干，一步一个脚印往前走"①。他要求广大青年特别是优秀青年干部放下身段，拜基层为师、拜实践为师，进而"读懂中国""读懂人生"，正确"书写伟大中国""书写精彩人生"。基层实践锻炼是青年成长成才的必修课，是青年成长的"助推剂"。青年要成长为国家栋梁之材，既要读万卷书，又要行万里路，既多读有字之书，也多读无字之书，注重学习人生经验和社会知识。他鼓励青年"要不怕困难、攻坚克难，勇于到条件艰苦的基层、国家建设的一线、项目攻关的前沿，经受锻炼，增长才干"②，这些重要论述深刻体现习近平总书记在实践中培养锻炼当代青年的理念和思路，为当代青年成长成才标注了时代坐标，凸显了鲜明的基层导向。

始终坚持和不断加强调查研究。习近平总书记非常强调调查研究："调查研究是谋事之基、成事之道。没有调查就没有发言权，没有调查就没有决策权"③。现在的交通通信手段越来越发达，获取信息的渠道越来越多，但不能代替领导干部亲力亲为的调查研究。这一过程，是领导干部提高认识能力、判断能力和工作能力的过程，它在认识上和感受上所起的作用和间接听汇报、看材料是不同的。习近平总书记指出："当县委书记一定要跑遍所有的村，当市委书记一定要跑遍所有的乡镇，当省委书记一定要跑遍所有的县市区。"④党的重大政策的出台，重大方针的执行，都离不开充分深入的调查研究。在调查研究中提高工作本领：对经过充分研究、比较成熟的调研成果，要及时上升为决策部署，转化为具体措施；对尚未研究透彻的调研成果，要更深入地听取意见，完善后再付诸实施；对已经形成举措、落实落地的，要及时跟踪评估，视情

① 《习近平谈治国理政》第一卷，外文出版社 2018 年版，第 174 页。
② 《习近平谈治国理政》第一卷，外文出版社 2018 年版，第 52 页。
③ 《习近平新时代中国特色社会主义思想学习纲要》，学习出版社、人民出版社 2019 年版，第 249 页。
④ 《习近平谈治国理政》第二卷，外文出版社 2017 年版，第 144—145 页。

况调整优化。

既要大胆开展工作、锐意进取，又要保持大局稳定和工作的连续性。在发展中保持大局的稳定性和工作的连续性，是习近平总书记一直关注的两大实践课题。"政贵有恒"，习近平总书记坚决反对那种东一榔头西一棒子的不实作风，他号召各级领导干部要有"功成不必在我"的精神，淡泊名利，要真正做到为了实现美好的蓝图一干到底，切实干出成效来。他把政贵有恒形象地比喻为"钉钉子"精神，要一锤一锤接着敲，直到把钉子钉实钉牢，钉牢一颗再钉下一颗，不断地钉下去，这样必然会大有成效。稳扎稳打向前走，蹄疾步稳，久久为功，积跬步以至千里。这为我们思考和解决面临的各种实践问题，提供了富有启发性的实践方法。

正确处理实践标准和价值标准的关系。人民群众的物质生产活动是人类最基本的实践活动，是人类一切社会实践活动的基础，实践标准的基础性地位也因此确立下来了，社会生产力的历史作用随着人们社会实践活动的不断深入逐渐显现，生产力标准（价值标准）也就随之确立起来了。人民群众的现实的实践活动对社会生产力的影响过程更加缓慢和久远，实践价值在人们实践过程完成之后才能显现出来。用实践标准检验人们的社会实践活动，检验的重心在于主体实践活动是否具有真理性即合规律性，用生产力标准（价值标准）检验人们的社会实践活动，检验的重心在生产力和主体的服务对象，就是看实践活动是否促进了社会生产力的发展、人民群众日益增长的美好生活需要是否获得满足，在多大程度上得到满足。对人们的实践活动进行评价，要使用两种标准，坚持正确的顺序和规则：先使用实践标准衡量主体实践本身的对错及质量优劣，再使用价值标准衡量对社会生产力的促进状况和对服务对象需求的满足状况，即是否满足了人民群众日益增长的美好生活需要及满足的程度如何。

（三）不断实现理论创新和实践创新良性互动

自觉运用马克思主义理论创新成果指导实践创新。"坚持以马克思主义为指导，最终要落实到怎么用上来。"① 把坚持马克思主义和发展马克思主义统一起来，结合新的实践不断作出新的理论创造，这是马克思主义永葆生机活力的奥秘所在。问题是创新的起点，也是创新的动力源。理论创新只能从问题开始；从某种意义上说，理论创新的过程就是发现问题、筛选问题、研究问题、解决问题的过程。善于从众多矛盾中抓那些事关国家前途、民族命运和经济社会发展全局的重大问题、关键问题和前沿问题，以马克思主义为指导，在认真研究问题的基础上不断提出解决问题的正确思路和有效办法，以此推进理论创新和实践创新不断向纵深发展。

从知行合一的角度要求自己。知行观，或者说认识和实践的关系，是中国传统哲学的一个基本命题。中国传统文化蕴藏解决当今问题的一个重要启示就是包含"关于经世致用、知行合一、躬行实践的思想"②。中国共产党人将马克思主义哲学的实践特色与中国传统"知行合一"思想有机统一、高度结合了起来。知是基础、是前提，行是重点、是关键。做到知行合一，要坚持以知促行。只有保持理论上的清醒，才能保持政治上的坚定、行动上的坚决。做到知行合一，还要坚持以行促知。思想的力量只有通过行动才能发挥出来，只有付诸实践才能创造奇迹。"领导干部特别是高级干部必须从知行合一的角度审视自己、要求自己、检查自己"③。

---

① 习近平：《论党的宣传思想工作》，中央文献出版社 2020 年版，第 224 页。
② 习近平：《在纪念孔子诞辰 2565 周年国际学术研讨会暨国际儒学联合会第五届会员大会开幕会上的讲话》，人民出版社 2014 年版，第 6 页。
③ 《取得全面从严治党更大战略性成果　巩固发展反腐败斗争压倒性胜利》，《十九届中央纪委历次全会文件资料汇编》，中国方正出版社 2020 年版，第 189 页。

实践第一，关键在于落实。实践高于认识的地方正在于它是行动。决策制定和决策实施两个环节中，决策实施是根本、归宿。"一分部署，九分落实"①。不抓实，再好的蓝图只能是一纸空文，再近的目标只能是镜花水月。空谈误国、实干兴邦。一切难题，只有在实干中才能破解；一切办法，只有在实干中才能见效；一切机遇，只有在实干中才能抓住和用好。落到实处是不可或缺的一环，它既是认识过程的主要环节，更是价值论的基本观点。社会主义是干出来的，不干，半点马克思主义都没有。"干事业好比钉钉子"，不断钉下去，必然大有成效。只有矢志不渝，才能有所突破，有所前进。实干就是担当，"改革推进到今天，比认识更重要的是决心，比方法更关键的是担当"②。

党的十八大以来，习近平总书记对党的理论创新和实践创新问题作过多次重要论述，指出："世界在变化，时代在前进，实践发展永无止境，我们认识真理、不断进行理论和实践创新、不断开创事业新局面的征程也永无止境"③。学习掌握认识和实践辩证关系的原理，"要根据时代变化和实践发展，不断深化认识，不断总结经验……实现理论创新和实践创新良性互动"④。在党的二十大上，他进一步指出，我们要"着眼解决新时代改革开放和社会主义现代化建设的实际问题，不断回答中国之问、世界之问、人民之问、时代之问，作出符合中国实际和时代要求的正确回答，得出符合客观规律的科学认识，形成与时俱进的理论成果，更好指导中国实践"⑤。

---

① 《习近平谈治国理政》第一卷，外文出版社 2018 年版，第 101 页。
② 《习近平新时代中国特色社会主义思想学习纲要》，学习出版社、人民出版社 2019 年版，第 91 页。
③ 习近平：《论党的宣传思想工作》，中央文献出版社 2020 年版，第 243 页。
④ 习近平：《论党的宣传思想工作》，中央文献出版社 2020 年版，第 131 页。
⑤ 习近平：《高举中国特色社会主义伟大旗帜 为全面建设社会主义现代化国家而团结奋斗——在中国共产党第二十次全国代表大会上的报告》，人民出版社 2022 年版，第 17—18 页。

第三章

马克思主义历史观

人类是历史生产性存在，马克思主义哲学最关注历史。唯物史观不仅是马克思一生的重大发现，也是马克思主义哲学的核心内容。恩格斯曾指出："正像达尔文发现有机界的发展规律一样，马克思发现了人类历史的发展规律"，马克思的逝世"对于欧美战斗的无产阶级，对于历史科学，都是不可估量的损失"。① 马克思、恩格斯所开创的马克思主义历史观不能仅仅被视为辩证唯物主义在社会历史领域的推广和应用，而是马克思主义哲学内在本质精神最根本而集中的体现。这种历史观所实现的哲学变革是一种世界观革命，超越了历史观意义上的变革。中国共产党自诞生起就将马克思主义历史观运用于为中国人民谋幸福、为中华民族谋复兴的伟大事业，并推动马克思主义历史观创新发展，特别是在新时代形成了更具中国特色的理论形态。

---

① 《马克思恩格斯文集》第3卷，人民出版社2009年版，第601页。

一、马克思主义历史观的伟大创举

对人类自身发展历史进程的反思性追问，是人类思想史发展的重要内容。马克思究其一生都没有放弃对人类历史的考察与反思，恩格斯指出："历史就是我们的一切，我们比其他任何一个先前的哲学学派，甚至比黑格尔，都更重视历史"①。对"历史"的哲学理解而形成的历史观，是马克思主义哲学中最具变革性意义的重要内容。正如列宁所指出，发现唯物主义历史观，"消除了以往的历史理论的两个主要缺点。第一，以往的历史理论至多只是考察了人们历史活动的思想动机，而没有研究产生这些动机的原因，没有探索社会关系体系发展的客观规律性，没有把物质生产的发展程度看做这些关系的根源；第二，以往的理论从来忽视居民群众的活动，只有历史唯物主义才第一次使我们能以自然科学的精确性去研究群众生活的社会条件以及这些条件的变更"②。可以说，马克思主义历史观的变革性意义体现着对以往思辨历史观和旧唯物主义史观合理成分批判性继承基础上的超越。

（一）突破思辨历史观的思想藩篱

在马克思之前，有不少哲学家都看到，人类社会历史的发展和自然界的历史发展有根本的不同。自然界的发展往往表现为有规律的客观过程，而社会历史发展则是有意识的、经过思虑或凭激情行动的、追求某种目的的人为主体的活动。社会历史发展是否有规律、社会发展规律背后的决定性因素是什么等问题，成为不同时代历史观探讨关注的重点，

---

① 《马克思恩格斯全集》第 3 卷，人民出版社 2002 年版，第 520 页。
② 《列宁专题文集　论马克思主义》，人民出版社 2009 年版，第 14 页。

对这些问题的回答，也是不同历史观形成的分水岭。回顾哲学发展史，不难发现，一些哲学家就试图用理性和意志来解释历史的发展的"推动力"，或者从社会历史之外，如"上帝""天意"中寻找历史发展的依据，并强加于历史本身。例如，在西方的中世纪时期，神学史观曾经在很长时间占据着主导地位。奥古斯丁在《上帝之城》一书中，将人类的历史看作是地上之城和上帝之城、上帝的信徒和魔鬼的信徒之间斗争的历史。上帝支配着人类的历史，主宰着人类的命运。奥古斯丁解答历史问题的论据，并不是来自对经验事实的研究，而是来自天启。这种神学史观把对历史的解释从人事转移到了超自然的天意上去。近代意大利的思想家维科则努力在神意之外去寻找历史发展的规律，提出世界历史是由人所创造的，在人类心灵本身的变化中找到历史的原则。启蒙时代的思想家伏尔泰也批判了历史的天命论，认为理解历史要从大处着眼，并把人类历史看作普遍规律的必然产物，其历史观迈出了西方历史哲学向世俗化演进的决定性一步。其后，思辨的唯心主义史观和实证主义历史观在 19 世纪人类历史观的进程中竞相开放，上帝在历史的哲学解释中逐渐式微。

　　马克思主义历史观是扬弃思辨唯心主义历史观发展而成的。马克思主义哲学产生以前，用精神、意识来解释人类社会历史发展规律的思辨唯心主义历史观具有广泛的影响力。其中，作为德国古典哲学的集大成者黑格尔则认为，人类历史的过程不是杂乱无章的历史事件的堆砌，而是有着自身的发展规律。然而，他又将社会历史的发展归结为精神性的"绝对理念"的发展演化过程，是绝对理念在社会发展的过程中不断实现自身的过程。在黑格尔看来，自然界里真是"太阳底下没有新的东西"，人类"精神"领域里变化才有新的东西发生。[①] 哲学用以观察历史的唯一的"思想"便是理性，"理性"是世界的主宰，世界历史因此是一个合理的过程。黑格尔的历史观无疑是有精彩和深刻之处的，比如，

---

① 参见[德]黑格尔：《历史哲学》，王造时译，上海书店出版社 2006 年版，第 49—50 页。

他的视野不拘泥于民族地域性，展现出宏大的世界眼光；他倡导积极进步的历史发展观，并透露出前所未有的历史观。恩格斯认为："黑格尔的思维方式不同于所有其他哲学家的地方，就是他的思维方式有巨大的历史感做基础。"①可惜的是黑格尔的历史观有难以克服的局限，他给历史披上"神秘的外衣"。在黑格尔看来，"世界精神"是主宰一切历史的唯一因素，人变成了历史的工具，历史成了"无人身的理性"的自我运动。其历史观最终不得不落入唯心主义的窠臼。

马克思对黑格尔的评价一语中的，他认为黑格尔的不彻底表现在宣布"哲学是绝对精神的定在"，而绝对精神"制造历史的行动也只是发生在哲学家的意识中、见解中、观念中，只是发生在思辨的想象中"。②恩格斯也曾一针见血地指出："黑格尔的'绝对观念'之先于世界的存在，在世界之前就有的'逻辑范畴的预先存在'，不外是对世界之外的造物主的信仰的虚幻残余"③。作为马克思主义理论来源之一的空想社会主义者圣西门，同样也是用理性来解释人类历史的发展。他认为，研究人类历史特别是人类科学历史就是"研究人类理性至今走过的道路"④，"叙述人类理性的过去，未来和现在的简史"。⑤马克思主义经典作家看到黑格尔"是第一个想证明历史中有一种发展、有一种内在联系的人"，并正确地将人类历史看作一个由低级向高级发展的过程，并力求揭示其中的内在规律。在继承并批判这种历史观"巨大的历史感"的基础上，马克思主义提出历史的存在之谜蕴藏在人类物质生产的现实过程中，改变了历史观中"绝对精神""观念"决定物质世界的一种"颠倒"和"头脚倒置"。

---

① 《马克思恩格斯文集》第2卷，人民出版社2009年版，第602页。
② 《马克思恩格斯文集》第1卷，人民出版社2009年版，第292页。
③ 《马克思恩格斯文集》第4卷，人民出版社2009年版，第281页。
④ 《圣西门选集》第一卷，商务印书馆2017年版，第431页。
⑤ 《圣西门选集》第一卷，商务印书馆2017年版，第128页。

也有一些哲学家是用一个时代的政治统治来说明那个时代，把社会变革的根源归结为政治变革，认为体现政治统治的总是少数政治人物。这样，历史的发展就是由少数政治人物所决定。这种观念产生的深层原因在于历史与社会阶级条件的局限。正如马克思所说："统治阶级的思想在每一时代都是占统治地位的思想。"① 站在统治阶级的地位上，他们看不到物质生产对于社会历史、社会生活的作用，因而也看不到人民群众创造历史的作用。在他们看来，人民群众是愚昧无知的、没有思想的，是可以任人摆布的，而只有少数统治者才是最高明的。

上述历史唯心主义的种种表现，大体可以归结为两种理论形态：主张某种神秘的精神实体决定历史的客观唯心主义历史观和主张少数人的主观意志决定历史的主观唯心主义历史观。这两种形态的唯心史观实质相同，都坚持社会意识决定社会存在，实际上都是用客观历史本身之外的因素解释历史。它们共同的基本主张是把社会历史归结为意识和理性，无视物质生产活动，颠倒社会存在和社会意识的真实关系。这种历史观认为只有帝王将相、英雄豪杰等少数杰出人物才是历史的主宰，全部世界历史不过是英雄人物实现其思想、意志的过程，就是至高无上的意旨也只能"启示"他们并通过他们表达出来。可见，历史唯心主义用主观臆造的、人为的联系代替社会历史的真实联系，本质上是对社会历史本来面貌歪曲的反映。但是，作为人类探究社会历史本质过程中一定发展阶段的认识，它的存在又有其历史的原因和不可避免性。马克思、恩格斯是站在前人基础上，并对前人所持的历史观进行批判性继承而形成自身独具特色的历史观。"这种历史观和唯心主义历史观不同，它不是在每个时代中寻找某种范畴，而是始终站在现实历史的基础上，不是从观念出发来解释实践，而是从物质实践出发来解释各种观念形态"②。

① 《马克思恩格斯文集》第 1 卷，人民出版社 2009 年版，第 550 页。
② 《马克思恩格斯文集》第 1 卷，人民出版社 2009 年版，第 544 页。

076 | 把马克思主义哲学作为看家本领

（二）克服旧唯物主义历史观上的不彻底

在唯物史观产生以前，唯心主义历史观占据着绝对的统治地位。历史上不少杰出的哲学家也曾对社会历史问题进行过长期有益的哲学探索，试图对于历史现象作出具有客观基础的合理解释。早在古希腊时期，德谟克利特就曾对人类社会的起源和发展问题进行过探讨，提出人的思想是同他的财产状况相关的。16世纪，英国哲学家霍布斯首先用社会契约思想解释了国家的起源和本质。18世纪法国启蒙哲学家孟德斯鸠试图用地理环境说明社会历史发展的规律性，其重要意义在于将神的意志排除于社会历史领域之外；爱尔维修则提出了"环境决定论"的命题，以人的物质需要解释人类社会及人的思想的发展。此后，法国复辟时期的历史学家梯叶里、基佐指出了阶级和阶级斗争是"理解中世纪以来法国历史的钥匙"；而空想社会主义者圣西门则进一步追问，为什么是财产关系而不是其他关系发挥重要作用，答案应当从"产业发展的需要中去寻找"。作为德国古典哲学的杰出代表，黑格尔"是第一个想证明历史中有一种发展、有一种内在联系的人"①。可见，人类通过哲学思考来认识社会历史发展本质与规律的努力由来已久。尽管在马克思主义产生之前，这些思想探索还未曾到达真正的唯物主义历史观，但它们为唯物史观的产生提供了前期探索，贡献了丰富的思想资料，奠定了重要的认识前提。

进入19世纪，当马克思主义创始人越来越意识到黑格尔和青年黑格尔派历史观的局限时，费尔巴哈的唯物主义成为马克思、恩格斯彻底批判和摆脱黑格尔思辨历史观的重要一环。马克思、恩格斯多次指出，费尔巴哈是他们思想转变的重要中介。费尔巴哈是从对宗教的批判开始由唯心主义转向唯物论的，他把人理解为物质的、肉体的、作为自然类

---

① 《马克思恩格斯文集》第2卷，人民出版社2009年版，第602页。

存在的人。与黑格尔和青年黑格尔派把人等同于"自我意识"相比，这是一个明显的进步，也得到马克思的高度评价。费尔巴哈坚决批判了宗教的"上帝创世说"，认为在自然界和人以外，再也没有什么其他东西。宗教幻想出来的最高存在物，乃是人自身本质的虚幻的反映。不仅如此，费尔巴哈为了坚持唯物主义也批判了黑格尔的哲学，他认为黑格尔哲学是神学最后的避难所和最后的理性支柱，有必要撕开思辨哲学的伪装，对哲学进行改革，把哲学的对象从逻辑、天国移回人间，重新强调人的价值。在他看来，神和绝对理念都是人的本质的异化，人才是世界的中心。马克思、恩格斯认为，施特劳斯和鲍威尔既"各自在神学的领域内彻底地贯彻黑格尔体系。他们两人都批判了黑格尔"，但"他们两人都继续停留在黑格尔思辨的范围内"。"只有费尔巴哈才立足于黑格尔的观点之上而结束和批判了黑格尔的体系"，费尔巴哈消解了形而上学的绝对精神，使之变为"以自然为基础的现实的人"；费尔巴哈完成了对宗教的批判，因为他同时也为批判黑格尔的思辨以及全部形而上学拟定了博大恢宏、堪称典范的纲要。① 正是在费尔巴哈反对唯心主义和神学的斗争中，唯物主义恢复了它应有的权威，用清醒的哲学代替了沉醉的思辨。唯物史观的诞生正是在批判地吸收了这些前人思想的基础上形成的。

马克思认为，虽然费尔巴哈试图用唯物的方法颠倒黑格尔，但他颠倒的结果是把事物从本质拉回了感性直观的现象，结果并不能对事物做出科学的认识。他没有对感性直观的现象背后更深层次的东西深入研究，没有看到他周围的感性世界绝不是某种开天辟地以来就直接存在的、始终如一的东西，而是工业和社会状况的产物，是历史的产物，是世世代代活动的结果。在《关于费尔巴哈的提纲》中，马克思指出，包括费尔巴哈在内的所有的旧唯物主义的通病就是不懂实践，"对对象、

---

① 参见《马克思恩格斯文集》第1卷，人民出版社2009年版，第342页。

现实、感性，只是从客体的或者直观的形式去理解，而不是把它们当做感性的人的活动，当做实践去理解"①。恩格斯认为，费尔巴哈"紧紧地抓住自然界和人；但是，在他那里，自然界和人都只是空话。无论关于现实的自然界或关于现实的人，他都不能对我们说出任何确定的东西。要从费尔巴哈的抽象的人转到现实的、活生生的人，就必须把这些人作为在历史中行动的人去考察"②。受各种主客观因素的影响和限制，即便是唯物主义哲学家费尔巴哈在历史观上也陷入了唯心主义。他用宗教的变迁来解释历史的运动，实际上也是从精神因素来说明社会历史的发展，而没有冲破旧的形而上学唯物主义的局限性，在他那里唯物主义和历史是彼此完全脱离的，只要"我们一接触到费尔巴哈的宗教哲学和伦理学，他的真正的唯心主义就显露出来了"③。"对抽象的人的崇拜，即费尔巴哈的新宗教的核心，必定会由关于现实的人及其历史发展的科学来代替。这个超出费尔巴哈而进一步发展费尔巴哈观点的工作，是由马克思于 1845 年在《神圣家族》中开始的。"④

当 1844 年 10 月施蒂纳出版《唯一者及其所有物》，把人理解为孤立的、绝对的利己主义者，并批判费尔巴哈的普遍的人的类本质的观点后，马克思认识到施蒂纳的利己主义的个人和费尔巴哈人的类本质都是对人的抽象化理解。经典作家开始批判费尔巴哈哲学，看到了一切旧唯物主义哲学的直观性的共同缺陷，找到了旧唯物主义不能克服唯心主义的根本原因。"当费尔巴哈是一个唯物主义者的时候，历史在他的视野之外；当他去探讨历史的时候，他不是一个唯物主义者。在他那里，唯物主义和历史是彼此完全脱离的。"⑤ 可以说，"在社会领域内，正是费

① 《马克思恩格斯文集》第 1 卷，人民出版社 2009 年版，第 499 页。

② 《马克思恩格斯文集》第 4 卷，人民出版社 2009 年版，第 294 页。

③ 《马克思恩格斯文集》第 4 卷，人民出版社 2009 年版，第 287 页。

④ 《马克思恩格斯文集》第 4 卷，人民出版社 2009 年版，第 295 页。

⑤ 《马克思恩格斯文集》第 1 卷，人民出版社 2009 年版，第 530 页。

尔巴哈本人没有'前进'，没有超过自己在 1840 年或 1844 年的观点"①。在此基础上，马克思恩格斯开始着手创立以感性的社会实践为基础的新唯物主义历史观。"这种历史观就在于：从直接生活的物质生产出发阐述现实的生产过程，把同这种生产方式相联系的、它所产生的交往形式即各个不同阶段上的市民社会理解为整个历史的基础，从市民社会作为国家的活动描述市民社会，同时从市民社会出发阐明意识的所有各种不同的理论产物和形式，如宗教、哲学、道德等等，而且追溯它们产生的过程。"②

（三）超越停留于历史现象描述的循环史观

人类对历史的认识往往受制于历史本身的发展，梅林曾说："唯物主义历史观也服从于它自己所制定的那个历史运动规律。它是历史发展的产物；在较早的时代，它是不会被任何有天才的头脑凭空想出来的。只有达到一定高度时，人类历史才能揭开它自己的秘密。"③唯物史观产生之前，受人类历史自身发展及认识水平的限制，大自然季节轮回、白天与黑夜交替周而复始的现象影响着人们对历史时间的感受。着重于解释历史轮回更替现象的循环史观一度成为不同国家历史观的重要代表。

在国外，"历史循环"是一种古老的观念，盛行于基督教诞生前的希腊罗马。古希腊的泰勒斯和阿那克西曼德在探讨世界万物起源时就认为，各种存在物由某物产生又复归于某物，蕴含着循环的意味。赫拉克利特也描述过火、土、气、水四元素相互循环转生的思想等。17 世纪末，意大利哲学家维科以人类的三个时期来论证社会循环发展。维科认

---

① 《马克思恩格斯文集》第 4 卷，人民出版社 2009 年版，第 284 页。
② 《马克思恩格斯文集》第 1 卷，人民出版社 2009 年版，第 544 页。
③ ［德］梅林：《保卫马克思主义》，吉洪译，人民出版社 1982 年版，第 3 页。

为历史的变化经过三个阶段：神的时代、英雄时代、凡人时代。神的时代是原始时代，是人类的童年时期；英雄时代是贵族统治的时代，是人类的青年时期；凡人统治的时代是资本主义时代，是人类的成年时期。凡人时代是历史发展的顶峰，历史变化经历了这个阶段以后，就会重新回复到原始时代，如此周而复始，循环不已。19世纪末，德国著名的唯意志论哲学家尼采也提出了"永恒轮回"论，认为世界从简单到复杂，从静到动，从单一到矛盾，然后从复杂复归到简单，从动到静，从矛盾到单一，如此循环不已。还有一些西方思想家宣传一种社会倒退的"理论"，说人类向前走了一段路后就不再前进而转为后退。一些资产阶级学者也宣扬过资本主义社会是人类历史上最好的社会，历史的继续只能是从这个顶点倒退到原始时代的观点。

在中国，《周易》就表述出一种变化与不变、阴与阳既对立又互补的循环往复的观念。孔子也以"文质互变"来解释历史的兴衰成败，提出"一文一质"①的历史循环论。孟子曾提出"天下之生久矣，一治一乱"，"每五百年必有王者兴"。荀子则用"皓天不复，忧无疆也，千岁必反，古之常也"表达历史循环性的、周期性的变化。战国末期，邹衍曾提出"五德终始"说，他用当时流行的"五行"，即金木水火土的相继更替，来解释历史的变迁和王朝的更换。他认为历史是所谓"五德"的相继更替、周而复始的循环。汉代的董仲舒则综合阴阳学说、五行学说等提出，历史朝代按照黑统、白统、赤统"三统"更替等。在近代思想史上，王夫之秉持"天下之势，一离一合，一治一乱而已"的循环史观。

循环史观在古代之所以成为不同地区共同体现出的一种古老观念，其原因也很容易理解。古人所能看到的大多数时间性现象，从日落日

---

① 文，可以理解为三代的礼或者礼教文化；质，指的是人的自然禀赋，自然的欲望。文的作用在于改造质，用礼教的规范节制人的自然欲望。

出、四季轮换到代际交替都具有循环性。这种观念运用到社会领域，人类社会的发展被看成是周而复始的循环。如果说达尔文进化论以全新的社会进化思想推翻了神创论，那么，社会达尔文主义的兴起也给西方摆脱历史循环论的影响奠定了基础。当达尔文的进化论深刻影响世界时，马克思、恩格斯又看到黑格尔哲学的真实意义和革命性质，即"一切依次更替的历史状态都只是人类社会由低级到高级的无穷发展进程中的暂时阶段"①。唯物史观正是马克思、恩格斯从人类物质生产出发，以社会发展的基本矛盾入手，在继承黑格尔关于历史进步发展的历史观基础上形成的进步史观。它的创立超越了那种把人类历史单纯看作重复循环的历史观。而一切历史循环论者，正是因为不了解社会的基本矛盾、阶级矛盾以及人民群众对历史发展的决定作用，因而不了解社会发展的规律，只停留在历史表象的描述上。

对中国人来说，19世纪之前的王朝更替历史事实一直支撑着历史循环论。但是，西方列强的入侵直接导致"一治一乱、一盛一衰"历史循环论的式微。严复将社会进化论引入中国，也将历史进步的信仰带给了中国人。康有为、梁启超等对以往的循环史观进行了批判，在近代社会历史的巨大变动中感到社会的进化与发展。他们对历史循环论的批判也为马克思主义历史观传入中国奠定了重要思想基础，但是他们对历史发展的规律并没有搞清楚。经"十月革命一声炮响"，马克思主义传入中国，先进的中国人才终于找到了观察国家历史命运的科学工具——马克思主义唯物史观。20世纪40年代，黄炎培在"窑洞对"谈话中描述的"历史周期率"正是代表了中国人对中国历史封建王朝政权由兴到衰、由乱到治循环往复呈现的周期性政治现象的历史性认识。而毛泽东认为中国共产党找到了"让人民监督政府"的"跳出历史周期率"的新路，恰恰体现了唯物史观的真谛。唯物史观真正揭示了人类社会发展的根本

---

① 《马克思恩格斯文集》第4卷，人民出版社2009年版，第270页。

动力、历史发展的主体力量，撕掉了历史循环论裹着的那层神秘主义外衣，超越了仅仅停留于历史简单现象的描述，触及到了历史发展的深层规律。

二、马克思主义历史观的科学内涵

马克思、恩格斯在《德意志意识形态》中谈道："我们仅仅知道一门唯一的科学，即历史科学。"① 马克思主义历史观包含着经典作家对"历史科学"最根本的理性认识和科学反思。这些认识和反思构成了内涵丰富、博大精深的科学化理论化成果，具体而言，可以从几个方面来理解把握。

（一）现实的人是历史的前提

对人自身的关注是马克思主义历史理论的核心。马克思、恩格斯在自己的理论和实践生涯中一再强调"人"在历史发展中的积极作用。马克思指出，"人们自己创造自己的历史"②。恩格斯强调："人们总是通过每一个人追求他自己的、自觉预期的目的来创造他们的历史，而这许多按不同方向活动的愿望及其对外部世界的各种各样作用的合力，就是历史。"③ 他们是在对德国当时唯心主义史观以及其他史观的"抽象的人"的批判中确立起唯物主义史观的历史前提的。在《德意志意识形态》中，马克思、恩格斯指出："它的前提是人，但不是处在某种虚幻的离群索居和固定不变状态中的人，而是处在现实的、可以通过经验观察到的、

---

① 《马克思恩格斯文集》第 1 卷，人民出版社 2009 年版，第 516 页。
② 《马克思恩格斯文集》第 2 卷，人民出版社 2009 年版，第 470 页。
③ 《马克思恩格斯文集》第 4 卷，人民出版社 2009 年版，第 302 页。

在一定条件下进行的发展过程中的人。"① 他们认为，历史的前提是"现实的人"。"现实的人"，就是依据一定的物质条件从事实践活动的人，是在既定的历史条件下能动地表现自己的人。②

马克思主义历史观认为，现实的人作为历史的前提，是从现实的生产以及与之相应的现实社会关系获得具体规定的。"人们为了能够'创造历史'，必须能够生活。但是为了生活，首先就需要吃喝住穿以及其他一些东西。因此第一个历史活动就是生产满足这些需要的资料，即生产物质生活本身"③。满足人类基本需要的物质生活资料的生产，是现实的人生存和从事其他一切活动的首要前提。第二个方面，由新的需要引起的再生产也规定着"现实的人"。因为人的活动与动物活动的一个根本区别就在于，动物的个体生命活动只是族类生命特性的重演，而现实的人则在生命活动中不断更新和扩大自身的物质生活。人类的物质生活资料生产，不仅满足人的基本需要，而且还产生出人的新的需要。"已经得到满足的第一个需要本身、满足需要的活动和已经获得的为满足需要而用的工具又引起新的需要"④，新的需要不断产生，物质资料的生产才能不断延续下去，人类生活本身具有不断丰富和发展的本质特征。除此之外，人类自身的生产，即人类的繁衍也对"现实的人"产生影响。这种生命的生产，无论是通过劳动而生产自己的生命，还是通过生育而生产他人的生命，都制约着人类社会历史的发展。总之，物质资料生产、新的需要引起的物质资料再生产、人自身的生产这三个方面共同构成现实的人的现实的活动，也是历史的现实前提。这些现实的活动表现为"双重关系"，一方面是自然关系，另一方面是社会关系。现实的人

① 《马克思恩格斯文集》第 1 卷，人民出版社 2009 年版，第 525 页。
② 参见本书编写组：《马克思主义哲学》，高等教育出版社、人民出版社 2009 年版，第 147 页。
③ 《马克思恩格斯文集》第 1 卷，人民出版社 2009 年版，第 531 页。
④ 《马克思恩格斯文集》第 1 卷，人民出版社 2009 年版，第 531 页。

脱离不了这些现实活动的现实规定。

可以说，现实的人既是人类社会历史的前提，也是历史的结果。现实的人不只是自然的产物，更是历史的产物，是人类世世代代活动的结果，而不是脱离了现实活动的抽象的人。正是以现实的人作为历史的前提，以考察现实的人的现实的活动入手，马克思、恩格斯才开辟出一条唯物主义认识人类社会历史的正确道路。这条道路，是从物质方面揭示社会历史运动的本质、过程和动力的道路，是唯物主义地描述人类思想、观念、意识形态等发展何以可能的正确路径。

（二）历史是追求自己目的的人的活动

马克思、恩格斯批判以往旧历史观错误地把历史归为某种纯粹自然物的运动，或者由"神意"或抽象的精神力量支配的过程，提出从"现实的人"出发考察历史。"历史什么事情也没有做……正是人，现实的、活生生的人在创造这一切"，"历史不过是追求着自己目的的人的活动而已"①，而人的目的又是可以把握的。

同自然界只是纯粹的自然力在发生作用不同，在社会历史领域，现实的人的活动是人有目的、有意识的活动，不仅存在因果性，而且又体现目的性。正是由于人的活动本身具有目的性，而人的意识活动与目的性紧密相关，人们在考察历史活动时往往回避不了历史活动背后的动机，甚至将人的主观目的、思想意识误以为是历史发展的决定因素。比如，马克思主义产生之前，黑格尔、青年黑格尔派等停留在从"目的"或"意识"等精神动力的层面，对社会历史以及整个世界作"目的论"的解释，将历史完全归结为人的意识活动，把自然界和人类历史的发展过程解释为抽象出来的目的的实现过程。马克思主义历史观肯定人类活

---

① 《马克思恩格斯文集》第1卷，人民出版社2009年版，第295页。

动的目的性，但否定目的论，而是进一步探寻目的背后的原因，发现社会历史深处的物质动因。历史本身并不存在什么目的，只有人的活动才具有目的。目的或意识是人们进行历史活动的主观动因，其背后隐藏着更加深刻的物质动因。

在历史活动中，人的活动目的背后归根到底是有物质动因的。这种物质动因表现在追求一定的物质利益上，但物质利益往往隐而不显，历史上的冲突表面上又表现为不同的思想、观念、目的、意识等的冲突。马克思主义历史观克服了唯心主义历史观把表面的冲突理解为历史运动最终根源的缺陷，第一次科学地揭示了社会发展的真正动因。在人类历史发展进程中，一切思想、观念、目的和意识，归根到底总是反映一定的实际利益。"一个很明显的而以前完全被人忽略的事实，即人们首先必须吃、喝、住、穿，就是说首先必须劳动，然后才能争取统治，从事政治、宗教和哲学等等"①。可以说，人类的生产活动，源于人们吃、喝、住、穿等最基本的物质需要，只有在这一需要得到满足的基础上，才能产生和发展出如政治、艺术、宗教和哲学等其他需要及满足这些需要的种种活动。利益是人的需要及其满足的反映，利益是多样的、复杂的，但对历史运动的影响最为根本、最为直接的，是以人们的物质生活条件为基础的物质利益。在不同的历史时期、不同的社会发展阶段，人们之间的物质利益关系是不同的；在同一历史时期，人们之间由于所处的经济地位和社会关系不同，其物质利益关系也不相同。在不同的历史阶段，不同社会集团通过政治纲领表现出的政治利益，归根到底都是从一定的物质生活条件出发，以争取更大的物质利益为基本目标的。人们为之奋斗的一切，都同他们的利益有关。

与唯心主义历史观认为利益冲突起源于人类不变的自私本性不同，马克思主义历史观肯定了物质利益对历史运动起基础性的支配作用。首

① 《马克思恩格斯文集》第3卷，人民出版社2009年版，第459页。

先，物质利益是推动人们改造自然、创造历史、不断提高生产力的直接动因。其次，物质利益是促使人们变革同生产力不相适应的生产关系的内在动因，物质利益的重大改变构成历史事变和社会运动的基础。第三，物质利益是人们在政治上层建筑和意识形态方面彼此联合或彼此斗争的经济根源。正是物质利益或经济利益的矛盾运动才引导着人们的思想、观念、意识形态的冲突和斗争，并从根本上推动着历史向前发展。

（三）人类历史发展的规律性

历史观涉及的一个重大问题是人类历史活动是否存在规律。不少历史观将人类历史看作是无规律的、偶然任意的过程。马克思主义历史观承认历史规律的客观存在，认为社会历史运动存在着与自然运动相似的、不以人的意志为转移的客观规律。列宁认为："只有把社会关系归结于生产关系，把生产关系归结于生产力的水平，才能有可靠的根据把社会形态的发展看作自然历史过程。不言而喻，没有这种观点，也就不会有社会科学。"① 可以说，无论历史现象从表面上看来多么混杂无序，无论人们从事活动的直接动机看起来多么任性随意，社会历史的发展像自然的发展一样有其内在规律。历史规律具有不以人的意志为转移的客观必然性，但历史规律又不同于自然规律，历史发展有其特殊性。

历史规律的特殊性主要体现在它形成并实现于人的活动过程之中，它的表现形式是依社会历史条件而变化的。"我们自己创造着我们的历史，但是第一，我们是在十分确定的前提和条件下创造的。"② 首先，历史规律形成于人与自然之间的物质交换以及人与人之间的物质交往过程。离开人类的实践活动，历史规律也就不存在了。其次，历史规律只

---

① 《列宁选集》第 1 卷，人民出版社 1995 年版，第 8—9 页。
② 《马克思恩格斯文集》第 10 卷，人民出版社 2009 年版，第 592 页。

有通过人的有目的有意识的社会活动才能得到实现，离开人的实践活动，历史规律就失去了得以实现并发挥作用的实际载体。第三，物理的、化学的、生物的自然规律具有恒定性，而以人的历史性活动为基础的历史规律，是随着人类历史条件的变化而发生变化的。

历史规律的作用方式也有其特点，其实现过程表现为历史合力作用。恩格斯指出："历史是这样创造的：最终的结果总是从许多单个的意志的相互冲突中产生出来的，而其中每一个意志，又是由于许多特殊的生活条件，才成为它所成为的那样。这样就有无数互相交错的力量，有无数个力的平行四边形，由此就产生出一个合力，即历史结果，而这个结果又可以看做一个作为整体的、不自觉地和不自主地起着作用的力量的产物。"① 历史规律是在人类活动的合力作用中形成的，是通过人类活动的合力作用实现的。可以说，在历史过程中，各个人的目的会彼此矛盾和互相冲突，但历史最终的结果，往往超出每个人的主观愿望。人的行动在一开始会有预期，但行动产生的结果却往往会超出预期，人类活动的合力作用反映出历史发展不依哪个个人意志为转移的客观性质。马克思主义历史观认为，历史的最终结果虽然超出个人意志，但是每个人的意志对历史合力又作出了实际贡献。"各个人的意志……虽然都达不到自己的愿望，而是融合为一个总的平均数，一个总的合力，然而从这一事实中决不应作出结论说，这些意志等于零。相反，每个意志都对合力有所贡献，因而是包括在这个合力里面的。"② 可以说，历史规律是在人的实践活动中实现的，每个人的活动都实际地参与到历史的必然进程中，并对这一进程实现产生实际的作用与影响。

历史规律又体现出必然性和偶然性、决定性和选择性的统一。历史发展的必然性，被马克思、恩格斯称为"经济的必然性"，主要表现为

---

① 《马克思恩格斯文集》第 10 卷，人民出版社 2009 年版，第 592 页。
② 《马克思恩格斯文集》第 10 卷，人民出版社 2009 年版，第 593 页。

人类经济生活对整个社会生活的内在制约性和决定性。一方面，物质生活资料的生产活动是人类历史中最根本、最基础的活动；另一方面，"物质生活的生产方式制约着整个社会生活、政治生活和精神生活的过程"①，人们的社会存在决定意识。历史发展过程中也存在偶然性，也就是由非本质联系所引起的现象。偶然性和必然性之间相互联系，彼此制约，辩证统一。偶然事件都包含着某种必然性，必然性通过某种偶然事件表现出来，完全脱离偶然性的必然性是不存在的。同时，历史规律还体现为决定性和选择性的统一。历史发展的决定性，是指历史发展具有客观的因果性和必然性；历史发展的选择性，是指历史的现实主体从自身意图、目的、思想和理论等主观方面的前提出发，在一定范围内以不同的方式来确定自己的行动方向和行为方式。马克思主义历史观承认历史发展具有决定性，但绝不是宿命论。历史规律的决定性不排除历史主体的选择性，而是包含着个人意志的参与和目的性活动的建构。历史规律的决定性通过历史主体的选择性来实现。

（四）社会历史的动力

黑格尔的历史观是把历史发展归结为绝对精神的外化过程，认为绝对精神的单向自我运动是历史发展的动力所在。马克思、恩格斯从人的物质生产实践出发考察人类社会历史，认为人的物质生产活动形成了生产力与生产关系、经济基础与上层建筑。社会结构诸要素特别是生产力与生产关系、经济基础与上层建筑之间的本质的、必然的联系构成了历史运动的规律。生产力与生产关系、经济基础与上层建筑的矛盾是人类社会的基本矛盾，它们的运动发展推动人类历史的发展。生产力，是人们改造自然，使之适应人的需要的物质力量，标志着人类改造自然的实

---

① 《马克思恩格斯文集》第 2 卷，人民出版社 2009 年版，第 591 页。

际能力和水平。生产力包括劳动者、劳动资料和劳动对象三个要素，它们之间的相互作用、有机结合构成了现实生产力。"各种经济时代的区别，不在于生产什么，而在于怎样生产，用什么劳动资料生产。"① 生产力的诸要素只有通过一定的社会形式才能形成现实的生产力。生产关系就是生产力诸要素相结合的社会形式，是人们在物质生产和再生产过程中形成的经济关系。生产资料所有制关系、生产中人与人的关系和产品分配关系构成了生产关系，其中生产资料所有制关系决定着生产关系的其他方面。有什么样的所有制关系，在生产过程中就有什么样的人与人的关系，就有什么样的分配关系。

马克思、恩格斯在考察生产力和生产关系时引入分工，认为分工是生产力与生产关系相互作用的重要中间环节。生产力与生产关系的相互作用构成了生产方式的矛盾运动，也形成了生产关系一定要适合生产力状况的规律。一方面，生产力决定生产关系，"人们所达到的生产力的总和决定着社会状况"②，生产关系是否应当变革以及变革的方向与形式，归根到底取决于生产力的状况；另一方面，生产关系对生产力具有反作用，生产关系适合或不适合生产力状况，对于生产力发展起着促进或阻碍作用。判断生产关系是否适合生产力状况，是看它是否有利于生产力的发展并创造出更高的劳动生产率。"一切历史冲突都根源于生产力和交往形式之间的矛盾"③，生产力与生产关系的矛盾关系推动社会历史的发展。

经济基础与上层建筑的矛盾运动形成了人类历史发展的又一基本规律，即上层建筑一定要适合经济基础状况的规律。马克思认为："生产关系的总和构成社会的经济结构，即有法律的和政治的上层建筑竖立其

① 《马克思恩格斯全集》第44卷，人民出版社2001年版，第210页。
② 《马克思恩格斯文集》第1卷，人民出版社2009年版，第533页。
③ 《马克思恩格斯文集》第1卷，人民出版社2009年版，第567—568页。

上并有一定的社会意识形式与之相适应的现实基础。"① 在现实社会中，多种生产关系同时并存，这些生产关系相互制约、相互影响，构成了社会的经济基础。上层建筑是指建立在一定经济基础之上的制度、设施以及思想体系，主要是指政治、法律制度和设施的总和以及政治法律思想、道德、艺术、宗教、哲学等观点。经济基础与上层建筑以一定的形式结合起来构成社会形态。在经济基础与上层建筑的矛盾运动中，经济基础对上层建筑起决定作用，同时，上层建筑对经济基础具有反作用。同生产关系一定要适合生产力状况的规律一样，上层建筑一定要适合经济基础状况的规律也是适合发展的基本规律。这两个规律密切相关，共同决定着社会历史发展，推动社会形态不断更替。

经济利益存在根本冲突的阶级之间的对抗和斗争构成了阶级斗争。阶级斗争是社会基本矛盾在阶级社会的体现，并在社会发展中起着重要作用。一切阶级斗争，归根到底都是围绕经济利益展开的。"当文明一开始的时候，生产就开始建立在级别、等级和阶级的对抗上，最后建立在积累的劳动和直接的劳动的对抗上。没有对抗就没有进步。这是文明直到今天所遵循的规律。"② 在阶级社会中，生产力与生产关系、经济基础与上层建筑的矛盾必然通过阶级斗争表现出来。阶级斗争是阶级社会发展的直接动力。阶级斗争发展到一定程度必然引起社会革命。当旧的生产关系严重阻碍生产力发展，旧的上层建筑又极力维护旧的生产关系时，就必须通过社会革命这一手段来摧毁社会发展的阻碍。革命就充分发挥人民群众创造历史的积极性和伟大作用，"革命是历史的火车头"。恩格斯指出，社会主义社会是经常变化和改革的社会。社会主义社会是与以往阶级社会本质不同的社会形态，其基本矛盾的解决途径是改革。改革是社会主义制度的自我完善、自我发展。

---

① 《马克思恩格斯文集》第 2 卷，人民出版社 2009 年版，第 591 页。
② 《马克思恩格斯全集》第 4 卷，人民出版社 1958 年版，第 104 页。

（五）社会历史发展的进程

在论述社会生产力与生产关系、经济基础与上层建筑矛盾运动的基础上，马克思进一步阐明了人类历史发展的进程。"社会的物质生产力发展到一定阶段，便同它们一直在其中运动的现存生产关系或财产关系（这只是生产关系的法律用语）发生矛盾。于是这些关系便由生产力的发展形式变成生产力的桎梏。那时社会革命的时代就到来了。随着经济基础的变更，全部庞大的上层建筑也或慢或快地发生变革。"① 正是在这一次次变革中，人类社会的历史也不断向前发展。马克思还进一步将人类社会历史发展划分为不同的阶段。

如果从社会生产力和生产关系之间的现存冲突中去解释人类社会历史进程的话，马克思、恩格斯在《德意志意识形态》中初步判断人类社会经历的所有制形式包括部落所有制、古代公社所有制和国家所有制、封建的或等级的所有制、资本主义所有制、共产主义社会。在《〈政治经济学批判〉序言》中，马克思指出："大体说来，亚细亚的、古希腊罗马的、封建的和现代资产阶级的生产方式可以看做是经济社会形态演进的几个时代。"② 按照马克思的观点，从人类总体历史看，社会形态的更替具有统一性，大体表现为原始社会、奴隶社会、封建社会、资本主义社会、社会主义社会（共产主义社会的低级阶段）这五种社会形态的依次更替。就具体某个民族历史而言，在没有外来的影响、冲击、干涉的情况下，民族历史也依次经历原始社会、奴隶社会、封建社会、资本主义社会和社会主义社会这五种形态的发展过程。当然，五种社会形态的依次更替是社会历史的"自然的发展阶段"。社会形态更替又是统一性与多样性有机结合。有些民族在特定的历史条件下可以跨越一种甚至

---

① 《马克思恩格斯文集》第 2 卷，人民出版社 2009 年版，第 591—592 页。

② 《马克思恩格斯文集》第 2 卷，人民出版社 2009 年版，第 592 页。

几种社会形态而跳跃式地向前发展，从而直接走向更高级的社会形态。这是社会形态更替发展的多样性的重要体现。

按照人与人的关系，马克思主义历史观又将人类社会历史发展进程划分为三大阶段。在《政治经济学批判（1857—1858 年手稿）》中，马克思就明确了三个发展阶段。人的依赖关系是最初的社会形态，此时，人的生产能力只是在狭窄的范围内和孤立的地点上发展着。第二大形态是以物的依赖性为基础的人的独立性，这时形成普遍的社会物质交换、全面的关系、多方面的需求以及全面的能力体系。第三个阶段是建立在个人全面发展和他们共同的社会生产能力成为他们的社会财富这一基础上的自由个性。人类社会发展的进程又表现为："人的依赖关系"阶段、"物的依赖关系"阶段、"个人全面发展"的阶段相继更替的历史。

（六）人民群众的历史地位与历史人物的作用

从物质生产实践出发揭示历史的"秘密"，关键在于肯定了生产力的决定性作用。而生产力的主体是人民群众。历史唯物主义的创新在于从生产力决定社会发展的基本观点出发，肯定了人民群众在历史发展中的地位和作用。历史是由人民群众创造的，人民群众是历史创造活动的主体。当然，个人在历史发展过程中的作用也不能抹杀。普通人物作为人民群众中的一员，在历史发展中起基础性作用，历史人物特别是杰出人物从普通人物中成长起来，在历史上产生比较重大的影响。杰出人物只能决定社会发展的个别外貌，不能决定社会发展的一般趋势，后者是由社会发展的一般原因决定的。从社会发展的一般趋势来看，英雄不可能造时势，只能是时势造英雄。但从社会发展的个别外貌看，杰出人物完全可以、而且在历史上常常创造出深深打上自己特有印记的时势。因为他们可以加速或延缓重大历史事件发生的进程，可以决定这种事件实现的方式，可以使事件的固有方向具有这样或那样的性质，可以凭借自己占优势的力量使得群众发动起来的种种力量的混乱的波动具有规范性。

历史人物的思想动机会对历史发展起着一定作用，但思想动机只是社会发展的表象，真正的动因是动机背后的东西。恩格斯指出："如果要去探究那些隐藏在——自觉地或不自觉地，而且往往是不自觉地——历史人物的动机背后并且构成历史的真正的最后动力的动力，那么问题涉及的，与其说是个别人物，即使是非常杰出的人物的动机，不如说是使广大群众、使整个整个的民族、并且在每一个民族中间又是整个整个阶级行动起来的动机。"①领袖也好，英雄也罢，都是特定历史阶段社会矛盾人格化的结果，在领袖人物身上深刻体现着社会矛盾。领袖人物作用的发挥离不开整个人民群众的实践运动。对此，普列汉诺夫也强调，偶然的现象和著名人物的个人特点，比深藏的一般原因要显著的多。他还说，任何伟人都不可能强迫社会接受已不适合生产力状况或者不适合这一状况的那些关系。在这个意义上他确实不能创造历史，而且在这个场合他陡然着手去拨动自己的钟表：他不会加快时光的流逝，也不会使时光倒退。伟大是相对的概念，它向一切用眼睛观察，用心灵热爱自己邻人的人敞开。在道德意义上，每一个为朋友舍命的人都是伟大的。他还指出，精神发展或社会发展领域中任何特定的杰出工作者的"个性"都属于这样一些偶然现象，它们的出现丝毫不妨碍人类智慧发展同人类经济发展平行行进的"中"线。

杰出人物的出现不是偶然的；杰出人物一旦出现于历史舞台，他就以自己的活动加速事件的过程。关于政治人物或者影响人物与历史的关系，恩格斯说得好："恰巧某个伟大人物在一定时间出现于某一国家，这当然纯粹是一种偶然现象。但是，如果我们把这个人去掉，那时就会需要有另外一个人来代替他，而且这个代替者是会出现的，不论好一些

---

① 《马克思恩格斯全集》第28卷，人民出版社2018年版，第358页。

或差一些，但是最终总是会出现的。恰巧拿破仑这个科西嘉人做了被本身的战争弄得精疲力竭的法兰西共和国所需要的军事独裁者，这是个偶然现象。但是，假如没有拿破仑这个人，他的角色就会由另外一个人来扮演。这一点可以由下面的事实来证明：每当需要有这样一个人的时候，他就会出现，如凯撒、奥古斯都、克伦威尔等等。如果说马克思发现了唯物史观，那么从梯叶里、米涅、基佐以及 1850 年以前英国所有的历史编纂学家则表明，人们已经在这方面作过努力，而摩尔根对于同一观点的发现表明，发现这一观点的时机已经成熟了，这一观点必定被发现。"[1] 历史上所有其他的偶然现象和表面的偶然现象都是如此。

三、马克思主义历史观在新时代的理论升华

中国共产党历经百年风雨，始终坚持马克思主义指导，尊重历史、重视历史，创造性地运用马克思主义历史观，形成了中国共产党人对社会历史总的根本的观点和看法。党的十八大以来，以习近平同志为核心的党中央以马克思主义唯物史观为指导，高度重视历史、善于学习历史、主动研究历史，在历史的基本问题特别是在历史的大是大非问题上，提出一系列的新观点、新看法，创造性地发展了马克思主义历史观。

（一）进一步科学阐明关于历史的基本问题

历史是什么，是历史观的基本问题。马克思、恩格斯认为历史是追求自己目的的人的活动，这是从人类社会历史同自然历史不同的角度对

---

① 《马克思恩格斯文集》第 10 卷，人民出版社 2009 年版，第 669 页。

历史本质的规律性认识。习近平总书记坚持以马克思主义历史观为指导，对历史是什么的基本问题进行了科学概括，丰富和发展了马克思主义关于历史的基本内涵。

一是将历史的内涵进一步具体化。习近平总书记指出："历史是一个民族、一个国家形成、发展及其盛衰兴亡的真实记录，是前人的'百科全书'，即前人各种知识、经验和智慧的总汇。"[①] 这是新时代中国共产党人站在当前的发展阶段对前人发展历史的深刻总结，将马克思主义关于历史的内涵进一步具体化。这也是从执政党治国理政的角度对历史基本内涵的一个总体概况，既强调历史是一种全面、真实的记录，又肯定历史是可供后人借鉴的经验、智慧的凝结。

二是从历史、现实、未来相通的角度，进一步强调历史与现实的关联。马克思、恩格斯都认为任何时代的人们都不能随心所欲地创造历史，历史都是在前人发展的基础上前进。习近平总书记继承了这一观点，并进一步强调："历史是从昨天走到今天再走向明天，历史的联系是不可能割断的，人们总是在继承前人的基础上向前发展的。"[②]"历史是最好的老师，它忠实记录下每一个国家走过的足迹，也给每一个国家未来的发展提供启示。"[③]"历史、现实、未来是相通的。历史是过去的现实，现实是未来的历史。"[④]他还进一步指出："历史是现实的根源，任何一个国家的今天都来自昨天"[⑤]，"历史是现实的源头"[⑥]等。这些重要论述揭示了历史与现实、未来的必然联系，把握住历史的重大意义。

三是肯定历史发展的内在规律性。马克思主义历史观认为社会历史

①　习近平：《领导干部要读点历史》，《学习时报》2011 年 9 月 5 日。
②　习近平：《领导干部要读点历史》，《学习时报》2011 年 9 月 5 日。
③　习近平：《论坚持推动构建人类命运共同体》，中央文献出版社 2018 年版，第 90 页。
④　习近平：《论坚持全面深化改革》，中央文献出版社 2018 年版，第 90 页。
⑤　习近平：《论坚持推动构建人类命运共同体》，中央文献出版社 2018 年版，第 97 页。
⑥　习近平：《论坚持推动构建人类命运共同体》，中央文献出版社 2018 年版，第 272 页。

运动存在着不以人的意志为转移的客观规律。习近平总书记也多次强调"历史有其规律和逻辑"①，历史潮流不可阻挡。"时代大潮奔腾不息，不以任何人的意志为转移。"②"人类可以认识、顺应、运用历史规律，但无法阻止历史规律发生作用。历史大势必将浩荡前行。"③"历史总是要前进的，历史从不等待一切犹豫者、观望者、懈怠者、软弱者。"④ 在肯定历史发展规律的客观必然性的同时，习近平总书记也指出："历史发展有其规律，但人在其中不是完全消极被动的。"⑤中国特色社会主义进入新时代，以习近平同志为核心的党中央以历史唯物主义观察世界发展，指出世界面临百年未有之大变局，但社会历史仍按其规律发展，时代前进的大潮不可阻挡，同时人类可以认识把握历史规律，发挥主观能动性、与历史同步伐、与时代共命运，从而赢得光明的未来。

历史是一个国家、民族发展的真实客观的记录，历史发展有其内在的客观规律。历史就是历史，历史不能任意选择，一个民族的历史是一个民族安身立命的基础。

（二）全面、历史、辩证地看待和分析历史

马克思主义历史观包含着如何正确地看待和评价历史的重要内容。肯定历史主体的目的性和对利益的追求，又从两大基本矛盾出发正确地分析历史发展的根本动力等，都包含着历史分析方法。习近平总书记坚持唯物史观，围绕如何正确地看待历史、评价历史人物等提出要全面、历史、辩证地看待和分析历史的重要观点和论述。

---

① 《十九大以来重要文献选编》（上），中央文献出版社 2019 年版，第 639 页。
② 《习近平外交演讲集》第二卷，中央文献出版社 2022 年版，第 131 页。
③ 《十九大以来重要文献选编》（上），中央文献出版社 2019 年版，第 683 页。
④ 《十八大以来重要文献选编》（下），中央文献出版社 2018 年版，第 345 页。
⑤ 《十九大以来重要文献选编》（上），中央文献出版社 2019 年版，第 721 页。

一是提出坚持实践的观点、历史的观点、辩证的观点、发展的观点。对于坚持以马克思主义为指导，习近平总书记指出："新形势下，坚持马克思主义，最重要的是坚持马克思主义基本原理和贯穿其中的立场、观点、方法。这是马克思主义的精髓和活的灵魂。"[1] 要坚持实践的观点、历史的观点、辩证的观点、发展的观点，正确认识和坚持阶级分析方法，认为马克思主义政治立场，首先就是阶级立场，进行阶级分析。

二是对历史人物的评价，应该放在其所处时代和社会的历史条件下分析。马克思主义历史观认为人类社会是由一个个活动着的个人构成的。人民群众是历史创造活动的主体，但个人在历史发展过程中的作用也不能抹杀。普通人物作为人民群众中的一员，在历史发展中起基础性作用，历史人物特别是杰出人物从普通人物中成长起来，在历史上产生比较重大的影响。要以科学的态度和科学的方法分析评价历史人物，坚持阶级分析的方法、历史分析的方法和辩证分析的方法。习近平总书记继承并发展了马克思主义科学评价历史人物的方法，提出要全面、历史、辩证地看待和分析历史人物的作用。"应该放在其所处时代和社会的历史条件下去分析，不能离开对历史条件、历史过程的全面认识和对历史规律的科学把握，不能忽略历史必然性和历史偶然性的关系。"[2] 习近平总书记强调，革命领袖是人不是神，同样受制于时代条件的限制。尽管他们拥有很高的理论水平、丰富的斗争经验、卓越的领导才能，但这并不意味着他们的认识和行动可以不受时代条件限制。"不能把历史顺境中的成功简单归功于个人，也不能把历史逆境中的挫折简单归咎于个人。不能用今天的时代条件、发展水平、认识水平去衡量和要求前人，不能苛求前人干出只有后人才能干出的业绩来。"[3]

---

① 习近平：《在哲学社会科学工作座谈会上的讲话》，人民出版社 2016 年版，第 13 页。

② 习近平：《论中国共产党历史》，中央文献出版社 2021 年版，第 56—57 页。

③ 习近平：《论中国共产党历史》，中央文献出版社 2021 年版，第 57 页。

三是正确对待历史文化传统，反对文化虚无主义。马克思主义认为，文化属于社会意识范畴，其内涵随着人类历史的演进而不断丰富。文化具有历史性，是历史的产物。习近平总书记坚持正确的历史观、文化观，高度重视中华民族历史和文化传统，提出新时代正确对待中华民族悠久的历史文化。"中华民族创造了源远流长的中华文化"，独特的文化传统，独特的历史命运，独特的基本国情，注定了我们必然要走适合自己特点的发展道路。在对待传统文化和外来文化问题上，我们既要立足本国，弘扬中华民族优秀文化，又要面向世界，吸取和借鉴全人类。他强调："要对传统文化进行科学分析，对有益的东西、好的东西予以继承和发扬，对负面的、不好的东西加以抵御和克服，取其精华、去其糟粕，而不能采取全盘接受或者全盘抛弃的绝对主义态度。"[1]传承文化不是要简单复古，要坚持中华优秀传统文化的创造性转化、创新性发展。

（三）创造性地提出坚持历史自信、把握历史主动

马克思、恩格斯在阐明唯物史观的时候特别强调历史发展决定性和选择性的统一，对此，习近平总书记在继承这一重要思想的基础上结合新时代历史发展的特点和发展趋势作出了坚定历史自信、把握历史主动的重要论述。

一是坚定历史自信。恩格斯在《英国状况——评托马斯·卡莱尔的〈过去和现在〉》中指出："我们根本没有想到要怀疑或轻视'历史的启示'：历史就是我们的一切，我们比其他任何一个先前的哲学学派，甚至比黑格尔，都更重视历史"[2]。对历史的重视、对历史规律的揭示贯穿

---

① 习近平：《论党的宣传思想工作》，中央文献出版社 2020 年版，第 89—90 页。
② 《马克思恩格斯全集》第 3 卷，人民出版社 2002 年版，第 520 页。

马克思、恩格斯理论创造的整个过程。在中国共产党成立百年之际，面对新的时代形势、历史发展趋势和党百年丰厚的历史经验，习近平总书记创造性地提出了历史自信问题，"当今世界，要说哪个政党、哪个国家、哪个民族能够自信的话，那中国共产党、中华人民共和国、中华民族是最有理由自信的"①。党的十九届六中全会通过《中共中央关于党的百年奋斗重大成就和历史经验的决议》，充分显示了中国共产党高度的历史自信，向党内外、国内外展示了一个百年大党的清醒和成熟。习近平总书记指出："中国共产党人的历史自信，既是对奋斗成就的自信，也是对奋斗精神的自信。"② 中国共产党在人民支持下，依靠自己的力量战胜困难、修正错误、走向光明，可以说是几度绝处逢生、几度柳暗花明。党正是在这样的千锤百炼中，愈益强大和成熟起来。这是中国共产党历史自信的重要来源和重要体现。

二是增强历史主动。习近平总书记坚持马克思主义历史观关于历史选择性的重要论述，创造性地提出"把握历史主动""增强历史主动"。习近平总书记强调："历史发展有其规律，但人在其中不是完全消极被动的。只要把握住历史发展规律和大势，抓住历史变革时机，顺势而为，奋发有为，我们就能够更好前进。"③ 社会主义必然代替资本主义的历史规律，是人类社会发展不可逆转的总趋势，但须经历一个很长的历史过程。在这个过程中，中国共产党人要立足现实，把握好每个阶段的历史大势，增强历史主动，做好当下的事情。中国共产党善于把握历史主动，其体现为：以马克思主义基本原理分析把握历史大势，正确处理中国和世界的关系，善于抓住和用好各种历史机遇。"虽有智慧，不如乘势。"了解历史才能看得远，理解历史才能走得远。对于如何把握历史主动，习近平总书记指出，"全党胸怀中华民族伟大复兴战略全局和

---

① 《习近平谈治国理政》第二卷，外文出版社 2017 年版，第 36 页。
② 《习近平著作选读》第二卷，人民出版社 2023 年版，第 553 页。
③ 《习近平著作选读》第二卷，人民出版社 2023 年版，第 419 页。

世界百年未有之大变局，树立大历史观，从历史长河、时代大潮、全球风云中分析演变机理、探究历史规律，提出因应的战略策略，增强工作的系统性、预见性、创造性"①。同时，他也进一步阐明了马克思主义理论指导与把握历史主动之间的内在关联。"马克思主义是我们立党立国、兴党兴国的根本指导思想。实践告诉我们，中国共产党为什么能，中国特色社会主义为什么好，归根到底是马克思主义行，是中国化时代化的马克思主义行。拥有马克思主义科学理论指导是我们党坚定信仰信念、把握历史主动的根本所在。"②

（四）深刻阐明新时代的正确党史观

重视党的历史，树立正确的党史观是中国共产党的光荣传统和宝贵经验。党的十八大以来，以习近平同志为核心的党中央坚持辩证唯物主义和历史唯物主义的方法论，用具体历史的、客观全面的、联系发展的观点来看待党的历史，创新性地发展了党史观。

一是把握党的历史发展的主题和主线、主流和本质。习近平总书记强调，坚持辩证唯物主义和历史唯物主义的方法论，用具体历史的、客观全面的、联系发展的观点来看待党的历史。树立正确的党史观，要坚持以我们党关于历史问题的两个决议和党中央有关精神为依据，准确把握党的历史发展的主题主线、主流本质，正确认识和科学评价党史上的重大事件、重要会议、重要人物。习近平总书记还特别注重把正确的党史观与大历史观结合起来，准确把握党的历史发展的主题主线、主流本质。正确对待党在前进道路上经历的失误和曲折，从成功中吸取经验，从失误中吸取教训，不断开辟走向胜利的道路。

---

① 《习近平谈治国理政》第四卷，外文出版社 2022 年版，第 511 页。
② 《习近平著作选读》第一卷，人民出版社 2023 年版，第 14 页。

二是实事求是看待党史上的一些重大问题，既不能因为成就而回避失误和曲折，也不能因为探索中的失误和曲折而否定成就。"前事不忘，后事之师"。习近平总书记强调："一个马克思主义政党对自己的错误所抱的态度，是衡量这个党是否真正履行对人民群众所负责任的一个最重要最可靠的尺度。我们党对自己包括领袖人物的失误和错误历来采取郑重的态度，一是敢于承认，二是正确分析，三是坚决纠正，从而使失误和错误连同党的成功经验一起成为宝贵的历史教材。"[①]

三是旗帜鲜明反对历史虚无主义。党的十八大以来，面对历史虚无主义等错误思潮不时出现，网络舆论乱象丛生，严重影响人们思想和社会舆论环境，习近平总书记坚持马克思主义历史观，强调要旗帜鲜明反对历史虚无主义。历史虚无主义往往数典忘祖、妄自菲薄。历史是一个民族、一个国家、一个政党形成和发展及其盛衰兴亡的客观而真实的记录。中国的历史，就是中华民族形成和发展以及中国人民几千年来自强不息、艰苦奋斗的真实记录。中国共产党的历史，就是中国共产党成立以来团结带领中国人民为争取民族独立、人民解放和实现国家富强、人民富裕而不懈奋斗的真实记录。真实记录不容否定。历史虚无主义企图用历史中的偶然性因素来否定历史发展必然的趋势。对待历史虚无主义，习近平总书记强调，要旗帜鲜明地反对，加强思想引导和理论辨析，澄清对党史上一些重大历史问题的模糊认识和片面理解，更好正本清源、固本培元。

---

① 习近平：《在纪念毛泽东同志诞辰 120 周年座谈会上的讲话》，人民出版社 2013 年版，第 12 页。

第四章

马克思主义发展观

　　发展是人与社会的存在过程，是当代中国乃至当今世界的主题；发展观则是描述和评价"发展"的思想成果，是对"发展"的认识和反思。马克思主义哲学向来将"发展"作为重要范畴，其发展观是其世界观和方法论在发展问题上的集中体现，蕴藏着辩证唯物主义和历史唯物主义的根本观点和根本方法。马克思主义发展观对自然、社会和思维发展变化规律进行了全面揭示，但其最具变革和突破性意义、最突出而重要的价值，在于对人类社会发展规律的科学把握。通过对同时代哲学乃至整个哲学史的深入思考，马克思、恩格斯深刻论证并形成了马克思主义发展观。这一发展观是一个动态的、开放的理论系统，在马克思主义中国化时代化的历史进程中，又经由几代中国共产党人的守正创新不断深化拓展。

一、马克思主义发展观的历史性突破

　　发展，是一个古老的哲学命题。在哲学史上，每个历史时期、不同思想流派对时代提出的发展问题都或多或少有相应的理论追问和反思思考，也形成自身特色的关于发展的看法和观点。从发展观演变的历史来看，马克思主义发展观既是对时代提出的发展问题的理论回应和哲学反思，也是对同时代及历史上发展观批判吸收、博采众长而成的思想结晶。马克思主义哲学就其本质来说，是批判的和革命的。这一本质也体现在马克思主义的发展观上。把握马克思主义发展观的历史突破性，才能更好地理解其重大而深远的意义。

（一）冲破唯心主义和旧唯物主义发展观的迷雾

以"发展"来阐明世界图景，以"发展"来理解和解释存在，是哲学视域中发展观的重要内容。早在古希腊时期，赫拉克利特就承认宇宙是一团永不熄灭的火，并把存在的东西比作一条河，声称"人不能两次踏进同一条河"。赫拉克利特的洞见较早地触及世界作为一种变化发展的存在状态和实质。恩格斯对此有高度评价，他说："这种原始的、朴素的、但实质上正确的世界观是古希腊哲学的世界观，而且是由赫拉克利特最先明白地表述出来的：一切都存在而又不存在，因为一切都在流动，都在不断地变化，不断地生成和消逝。"[1]赫拉克利特从宏观整体上把世界上的事物看作是变化发展的过程，有着积极而重要的意义。到了近代，唯物主义则"以朴素的形式包含着全面发展的萌芽"[2]。弗朗西斯·培根很好地继承了赫拉克利特的思想，并把自然理解为能动的自然，认为运动是物质本身所固有的特性，物体处于恒常的运动之中。18世纪法国唯物主义的代表狄德罗进一步表达了运动是绝对的、而静止则是相对的思想，提出绝对的静止是一个抽象的概念，根本不存在于自然界中。可以说，从古希腊到近代，不少哲学思想都充分肯定了物质的运

---

① 《马克思恩格斯文集》第 3 卷，人民出版社 2009 年版，第 538—539 页。
② 《马克思恩格斯文集》第 1 卷，人民出版社 2009 年版，第 331 页。

动、变化和发展，蕴藏着丰富的发展观。特别是近代唯物主义的发展观，肯定了运动、变化和发展的绝对性，表明人类已经在"感觉的确实性"的层面上充分认识并承认客观世界的"发展"本质。

然而，这种发展观只是注重描述表象意识中的经验世界的发展流变，毕竟只是经验层次的、自发的、朴素的。那么，与可感世界、经验世界对应的可知世界、超感世界，或者思维领域以及社会领域的发展规律如何？可知的世界与可感的世界，超感的世界与经验的世界，思维领域、社会领域与自然领域的发展规律是否统一，主观如何去认识把握客观？一切发展变化背后的原因如何？如此种种，停留在经验层次的、朴素的发展观并没有给出很好的答案。列宁认识到这种发展观念的朴素性，并指出："问题不在于有没有运动，而在于如何用概念的逻辑来表达它"①。其实，只在"感觉的确实性"的层面上充分肯定客观世界的"发展"本质，还远远不够。如果只是以直观的反映论去把握主观与客观的关系，把主观世界的发展简单看作是客观世界发展变化的直接、消极、被动的反映，就"变得漠视人""毫无血肉"，很难科学、彻底地把握发展的本质和规律。而这恰恰是近代唯物主义发展观的局限所在。

在近代唯物主义看来，主体与客体处于永远相互独立的分离状态，主观与客观的关系是外在的直观关系。这种形而上学世界观决定了其发展观最终"只是"以直观的反映论去理解把握客观世界与主观世界的"原像—镜像"关系。虽然，它从经验层次看到了客观事物的运动、变化和发展，但却机械、被动地理解客观世界和思维的概念乃至社会领域的运动、变化和发展，没有反思思维的运动发展。有的甚至不能理解主观世界、思维运动发展的能动的"客观性"。另外，近代唯物主义的发展观往往从事物外部寻找运动发展的原因，认为发展原因不在事物内部而在于外力推动，单纯的发展的外因论就不能科学地说明事物运动和发展的

① 《列宁全集》第55卷，人民出版社2017年版，第216页。

终极原因。

德国古典哲学的集大成者黑格尔对发展问题的哲学理解创造了西方哲学的一个高峰。黑格尔认为，发展并不是一种简单的变化，而是一种进入自身的向内深入；真正的发展是深入自身：使潜在的东西成为实在的。世界历史不过是"精神"的外化，"是精神的自我意识和自由的必然发展"①。国家民族的兴衰更替，社会历史的发展变迁都不是偶然的，而是必然的。黑格尔还指出，世界历史的发展是进步的，是不断从低级到高级、从简单到复杂、从不完善到完善的曲折向上的进步。黑格尔第一次把自然的历史和精神的世界一起描写为不断运动、变化和发展的过程，而且还揭示不同领域发展的内在联系和统一。在黑格尔的发展观里，客观世界的运动发展与主观世界的运动发展是辩证地能动地"联系"起来的。"发展"一开始就是以辩证法的精神进行活动的，其发展观在考察自然、历史、精神的发展上触及了三者内在的统一。可以说，黑格尔对发展的研究无疑是独特而厚重的，在发展观的演进史上自然留下浓墨重彩的一笔。

当然，发展观往往表达了对时代呼声的呼应，黑格尔哲学中的发展观同样体现了其所处时代的精神。当时的自然科学已经从分门别类搜集不同资料而丰富发展的状态，进展到了以概念的逻辑构成不同科学理论体系的时代。身处这样的时代，黑格尔难免异常重视概念的、逻辑的力量，用"绝对理念"解释世界，阐明发展。尽管用理念、概念的发展运动去表达存在运动的本质，使两者的发展规律内在地"联系"起来，打破了发展观上的主客二分和割裂对立，但这种发展观却难以避免坠入唯心主义的窠臼。把现实的运动发展神秘化地表现为概念的自我运动，不仅带来形式上的神秘，也造成内容上的颠倒。

马克思、恩格斯看到近代唯物主义和黑格尔在发展问题上积极而丰

---

① ［德］黑格尔：《法哲学原理》，范扬、张企泰译，商务印书馆2017年版，第399页。

富的思想，也同样敏锐地意识到他们各自的局限。正是在对上述发展观的深入思考和批判吸收中，马克思、恩格斯深刻地论证了发展特别是人类社会发展的秘密。一方面，肯定了世界普遍发展和联系的必然性，指出"世界不是既成事物的集合体，而是过程的集合体，其中各个似乎稳定的事物同它们在我们头脑中的思想映象即概念一样都处在生成和灭亡的不断变化中"[①]。另一方面，马克思、恩格斯重视从实践特别是物质生产实践出发来阐明和理解"发展"，认为思维与存在、主体与客体、人与自然的发展运动正是在作为"感性活动"的人类实践中获得具体的、历史的统一。实践为基础的能动的反映论打通了以往旧唯物主义发展观上的主客二分和割裂对立，社会的发展、思维的发展都得到了历史唯物主义的解释。马克思主义从哲学阐明的发展观把发展提到了宇宙观的高度，也进一步贯彻了发展的彻底性，是"最完备最深刻最无片面性的关于发展的学说"[②]。马克思主义发展观的诞生，意味着黑格尔发展哲学和旧唯物主义发展观的相形见绌，意味着马克思主义在发展领域成为独树一帜的新发展观。

（二）超越"欧洲中心主义"的立场局限

发展观是发展主体的观念活动，无不带有一定的立场和价值背景。在历史向世界历史转变之前，人类不同文明隔绝孤立地在相对狭小的范围内各自发展。不同文明可以各自独立地展开相同的发明，甚至产生类似的技术，但他们缺乏深入广泛的交往交流。各种文明的发展观念更多地只是从自身视角观察世界的理论结果，往往带有从自身立场出发的局限。古希腊哲学就有对异邦文明排斥的倾向，中国古代哲学的"天

---

① 《马克思恩格斯文集》第 4 卷，人民出版社 2009 年版，第 298 页。
② 《列宁专题文集　论马克思主义》，人民出版社 2009 年版，第 68 页。

下"也主要代表中国人已知的世界范围。而进入近代，随着新航路开辟、"新大陆"被发现以及英国工业革命的发展，资本主义凭借其经济、政治优势向全球扩张。西方发达国家依靠雄厚的经济实力和强大的军事实力奠定自身的霸主地位后，渐渐也形成以西方为中心的发展理念和观点，并在世界范围内广泛推广其影响。

自 18 世纪中后期起，"西方中心主义""欧洲中心主义"演变成为影响发展观的一种理论话语体系。不少发展观念认为西方文明特别是欧洲文明是先进的，代表着理性、民主、自由等；非西方文明则是落后的，难以摆脱独裁、愚昧、奴性等。黑格尔就在《历史哲学》论述了"助成民族精神产生"的地理自然因素对世界历史各民族发展的作用。他提出："地中海是地球上四分之三面积结合的因素，也是世界历史的中心……没有地中海，'世界历史'便无从设想了"[1]。世界历史虽是从东方为发展起点，但地处欧洲的日耳曼民族则被黑格尔看作为最优秀的民族，是世界精神的体现。无独有偶，德国历史学家弗兰克在撰写多卷本的《世界史》时，也表达出世界历史发展就只是西方历史发展的观念，人类的思想只是在西欧各国这些伟大的民族历史地产生，东方国家则被他排斥在世界历史发展研究的视野之外。马克斯·韦伯尽管掌握不少东方国家的资料，但其研究却傲慢地认为西方国家才能产生"理性的"资本主义的企业和制度，中国、印度等东方国家不存在资本主义产生的条件。弗兰克因此称韦伯是"最精心致力于欧洲中心论的集大成者"[2]。孔德则认为，历史研究几乎应该"以人类的精华或先锋队为对象"，并把包括白色种族的大部分即欧洲诸民族看作人类的精华或先锋队。这种将非欧洲民族排除在外的研究态度，是一段时间以来西方历史观和发展观中典型的西方中心主义特别是欧洲中心主义

---

① [德] 黑格尔：《历史哲学》，王造时译，上海书店出版社 2006 年版，第 81 页。
② [德] 贡德·弗兰克：《白银资本》，刘北成译，中央编译出版社 2008 年版，第 32 页。

立场的重要体现。

随着全球化的深入推进，立足西方立场、以西方为中心来审视各国各民族发展的思想在世界范围内赢得广泛"信众"，成为影响广泛的全球主要思潮。西方中心主义实际上是一种观察和看待世界发展问题的选择性立场和机制。在其主导下，西方国家的发展观明显呈现出几种"选择性"倾向。一是认为西方特别是欧洲国家是进步与发展的代表，非西方国家则是愚昧与落后的代表，西方有义务去拯救和帮助非西方国家。二是西方发达国家展现了世界历史发展前进的方向，西方的发展观念具有普遍性的价值，是评价世界各国发展的标准。三是西方的发展模式是现代化的标杆，世界不同民族和国家迈向现代化都要经历与遵循这种模式。如此一来，欧洲中心主义支撑下的发展观则认为文明发展的意义与价值都由欧洲界定，只有西方的发展是既具有独特性，又具有"普世性"。这种以西方国家为标杆的发展观，明显地暴露出忽视其他文明的偏见与谬误，为西方资本主义的全球政治与经济扩张和霸权建立提供了理论基础，论证了西方统治世界的"合理性"。不仅如此，受这种观念的支配，国际舆论场也产生诸如"东方专制主义""东方发展停滞论""非西方国家本身不能产生现代文明论"等带有偏颇或缺陷的理论观点。西方学者在研究非西方国家的发展问题时很容易简单化或想当然，以西方的发展理念假定非西方国家和地区的发展问题。A. 戈登曾坦言："无论给发展和现代化下什么样的定义，它们实际上显然都是为西方化伪装。"①

在创建历史唯物主义的过程中，马克思、恩格斯对发展问题的关注显然超越了"西方中心主义""欧洲中心主义"的狭隘与偏见。这种超越主要体现在其发展观的理论视野、价值追求、研究范围和科学方法等方面。首先，马克思主义是关于全人类解放的科学理论，其发展观的理

---

① [美] A. 戈登：《现代化和发展的神话》，黄育馥译，《国外社会科学》1990 年第 5 期。

论视野绝不仅仅囿于欧洲几国，而是体现出世界视野、全球眼光。《共产党宣言》作为马克思主义诞生的"出生证"，鲜明地提出："过去的一切运动都是少数人的，或者为少数人谋利益的运动。无产阶级的运动是绝大多数人的，为绝大多数人谋利益的独立的运动。"①《宣言》结尾那句"全世界无产者，联合起来"②昭示了马克思主义胸怀天下的世界视野与开阔胸襟。这种视野和追求贯穿马克思主义发展观发展始终。其次，马克思主义揭示了人类社会发展的一般规律和资本主义发展的规律，其研究并不只是对西欧资本主义国家发展问题的一般归纳。尽管马克思、恩格斯在创建自身理论的初期以西欧国家的发展为蓝本并聚焦欧洲革命，但马克思、恩格斯也十分关注俄国、印度和中国等东方国家的发展问题。1840 年之后，西方就出现普遍贬损中国文化的现象，但马克思仍然对中国文明特别是火药、指南针、印刷术等发明的贡献给予充分肯定和高度评价。19 世纪五六十年代，马克思、恩格斯关注中国与印度的时局发展，指责第二次鸦片战争是英国发动的一场"海盗式"的侵略战争，谴责英国殖民者"非法的鸦片贸易年年靠摧残人命和败坏道德来填满英国国库"③。他们对受压迫民族的广大人民的悲惨命运抱以极大的同情，并阐明东方国家社会发展的不同之处，体现着马克思主义对"西方中心主义"拒斥的全面性。第三，马克思主义旨在探索人的解放的现实路径，并不认为西欧资本主义起源的发展道路可以"照搬"或完全适用到俄国等东方国家。在马克思、恩格斯看来，不同国家由于自身特殊的自然和人文条件，会走出具有自身特色的发展道路。当俄国自由主义民粹派代表米海洛夫斯基为了论证农奴制改革后的俄国必须先发展资本主义而后才能向社会主义过渡时，马克思就明确自己有关生产方式依次更替的论断仅是从西欧历史发展道路归纳出的结论，它只适用于西欧。在

---

① 《马克思恩格斯文集》第 2 卷，人民出版社 2009 年版，第 42 页。
② 《马克思恩格斯文集》第 2 卷，人民出版社 2009 年版，第 66 页。
③ 《马克思恩格斯文集》第 2 卷，人民出版社 2009 年版，第 621 页。

回复查苏利奇的信中，他也阐明了俄国在当时的历史环境下有可能不通过资本主义制度的卡夫丁峡谷，而占有资本主义制度所创造的一切积极的成果。可以说，马克思主义后来在世界范围的广泛传播引起了一场改变现代世界历史进程的世界革命浪潮，也引领了东方世界突破西方资本主义及其帝国主义局限的艰苦卓绝和波澜壮阔的民族解放与自主发展道路的积极探索。

（三）突破资本主义发展的限度

马克思主义发展观的形成，不仅基于对以往哲学史上发展观的思想批判，更依赖于对现实的社会发展实践的重要批判。恩格斯在马克思墓前总结革命领袖一生的重大贡献时指出："正像达尔文发现有机界的发展规律一样，马克思发现了人类历史的发展规律"，"还发现了现代资本主义生产方式和它所产生的资产阶级社会的特殊的运动规律"①。同样，马克思主义发展观不仅包含着人类社会发展规律的一般，还具体分析了资本主义社会发展规律的特殊特别是其发展限度。

一是肯定资本主义生产方式对生产力发展的贡献，又批判了这种生产方式给人类发展带来的局限。马克思、恩格斯充分肯定了资本主义发展的积极作用。他们认为，"资产阶级在历史上曾经起过非常革命的作用"②，"在它的不到一百年的阶级统治中所创造的生产力，比过去一切世代创造的全部生产力还要多，还要大"③，资本主义相对于以往的社会形态而言是人类社会发展史上伟大的历史进步。然而，资本主义社会在变革和超越了封建主义社会陈腐的旧生产方式和生产关系的同时，也暴露出种种局限。比如，在资本主义生产方式占统治地位的条件下，全部

① 《马克思恩格斯文集》第 3 卷，人民出版社 2009 年版，第 601 页。
② 《马克思恩格斯文集》第 2 卷，人民出版社 2009 年版，第 33 页。
③ 《马克思恩格斯文集》第 2 卷，人民出版社 2009 年版，第 36 页。

物质财富都采取商品的形式，社会财富表现为庞大的商品堆积。商品是资本主义经济的细胞，商品交换成了资本主义经济中最常见、最普遍、最基本的现象。资本主义发展起来后，不仅一切劳动产品成为商品，连工人的劳动力都变成了商品，商品关系已经渗透到社会生活的各个领域，商品买卖原则占据统治地位。"人和人之间除了赤裸裸的利害关系，除了冷酷无情的'现金交易'，就再也没有任何别的联系了。"① 在这种"金钱拜物教""商品拜物教"的影响下，资本主义的发展更重视物质财富的积累，偏执于物质主义的追求，而忽视人的精神存在的价值。消费主义、享乐主义、拜金主义、物质主义影响着人类社会的生产和生活方式，造成人与自然界关系的紧张，甚至带来了社会发展的深刻危机。马克思就深刻批判了资本主义的弊病，认为："在我们这个时代，每一种事物好像都包含有自己的反面。我们看到，机器具有减少人类劳动和使劳动更有成效的神奇力量，然而却引起了饥饿和过度的疲劳。财富的新源泉，由于某种奇怪的、不可思议的魔力而变成贫困的源泉。技术的胜利，似乎是以道德的败坏为代价换来的。"②

二是阐述了资本主义产生、发展的规律，揭露了资本主义内在矛盾，论证了资本主义必然被共产主义取代的发展命运。马克思、恩格斯科学论证了资本主义生产方式社会化大生产的特点，科学研究了资本的生产过程、流通过程乃至资本主义生产的总过程。在此基础上，他们还深入探讨了资本积累即剩余价值转化为资本的问题，揭示了资本主义积累的一般规律，指出资本积累的发展必然导致资本主义内在矛盾加深与无产阶级和资产阶级之间矛盾激化，最后导致资本主义制度走向灭亡。在生产方面，资本主义的特点是机器大工业为物质技术基础的社会化大生产。这是以机器体系为基础，在企业内部以及各企业、各部门之间进

① 《马克思恩格斯文集》第 2 卷，人民出版社 2009 年版，第 34 页。
② 《马克思恩格斯选集》第 1 卷，人民出版社 2012 年版，第 776 页。

行严密的分工协作和相互配合的生产组织形式。但在生产关系方面，资本主义又是生产资料的私人占有制。生产资料归私人占有，用以剥削雇佣工人；无产阶级则一无所有，只能靠出卖劳动力过活。资本家是人格化的资本，雇用工人则是雇佣劳动的体现者。资本与雇佣劳动的关系决定着资本主义生产方式的全部性质。随着资本主义进入帝国主义阶段，生产集中和垄断发展到很高的程度。一方面，生产资料日益集中在少数垄断资本家的手中；另一方面，生产的社会化程度不断提高。"生产资料的集中和劳动的社会化，达到了同它们的资本主义外壳不能相容的地步。这个外壳就要炸毁了。资本主义私有制的丧钟就要响了。剥夺者就要被剥夺了。"①已经发展起来的生产力，要求建立一种与社会化大生产相适应的新的生产关系，这是生产关系一定要适合生产力性质和状况这一客观规律的作用所决定的。同时，资本主义社会化大生产的发展，也为这种变革准备了必要的物质条件。

三是关注资本主义社会无产阶级生存境遇和发展命运，基于对资本主义生产方式的批判科学论证了未来社会发展的基本特点。致力于人的解放的崇高使命是马克思主义的根本价值追求。其发展观在探讨资本主义发展局限时特别关注广大无产阶级的发展境遇。马克思主义认为，资产阶级的政治革命把市民从封建主义桎梏下解放出来，消除封建等级制和封建特权，这是历史的进步，但是这种政治解放实现的只是资产阶级的民主自由，还远远未达到人的彻底解放。与资本主义的经济基础相适应的资产阶级专政的国家政权、法律制度和资产阶级的思想体系。资本主义国家废除了封建主义的等级制度和教会的神权统治，实行了资产阶级的民主制和选举制，这比之封建社会的政治制度是一个进步。但资本主义制度使得整个社会划分为两大阶级，即资产阶级和无产阶级。工人无产阶级的生存境遇处于悲惨的境地，工人的生存状态处于异化状态。

① 《马克思恩格斯文集》第5卷，人民出版社2009年版，第874页。

无产阶级不仅在经济上处于异化和悲惨的境地，在政治上和人格上也是不平等的。资产阶级在政治解放中所标榜的普遍的人权，归根结底不过是享用和处理私有财产的权利，这种自私自利的权利同人的解放的要求是背道而驰的。针对无产阶级经济上的悲惨处境以及政治上和人格上的不平等现象，马克思剖析了造成工人阶级异化处境的根本原因，即私有制和分工。由此，提出通过无产阶级革命，消灭私有制、消灭分工，把工人阶级从异化的生存境遇中解放出来，从而实现全人类解放的历史任务。要实现人的解放，就必须突破资产阶级政治解放的历史局限性，对社会进行革命改造，消灭私有制，消除人的生活本身的异化。马克思在这里实际上阐明了无产阶级革命同资产阶级革命的区别。未来的新社会是"一个自由人联合体"；生产资料为社会所有；社会生产由计划来调节和控制；阶级差别、城乡差别、脑体劳动差别将消失；个人将获得全面自由的发展；等等。

　　在人类思想史上，一种理论的生命力和时代价值往往是被理论与现实、思想与实际的"碰撞"激活的。马克思主义发展观亦是如此。它不仅在马克思主义创立、发展中表现出重要而独特的意义，而且在和现当代西方发展观的对话交流中，在与当代发展的现实难题和困境的互动碰撞中，彰显其当代性和重要的理论价值，开辟了科学理解发展问题的新进路。

二、马克思主义发展观的丰富内涵

　　马克思主义关于发展的总体性、规律性、价值性的认识构成了其发展观，并对发展实践具有指导性。马克思主义发展观是以辩证唯物主义和历史唯物主义为基础，包含对人类社会发展的基本内涵、本质、形式、过程、机制的理论概括，以及对发展合理性的追求。

（一）社会发展是一个"自然史过程"

马克思主义发展观视域中的"发展"在不同的语境和领域有不尽相同的含义。在辩证法的理论中，发展是指自然界和社会历史领域存在的普遍性质和发生的普遍现象，表示的是事物从简单到复杂、从低级到高级、从萌芽到成熟的趋势和过程。就历史观的领域而言，发展特指人类社会的发展。人类社会的发展既遵循着和物质世界的发展共同的规律，又有着自己特殊的表现形式和实现规律。在《德意志意识形态》中，马克思、恩格斯指出："我们仅仅知道一门唯一的科学，即历史科学。历史可以从两方面来考察，可以把它划分为自然史和人类史"①。马克思在《资本论》第一卷第一版的序言中又提出："我的观点是把经济的社会形态的发展理解为一种自然史的过程。"②可见，马克思主义认为社会形态的发展同自然历史过程有"相似"，其发展观赋予人类社会同自然界一样的内在变化和发展的含义。这就不同于形而上学的唯物主义、包括费尔巴哈的直观唯物主义那种将"人类历史过程"排除的"抽象的"发展观点。同时，在肯定社会历史过程同自然历史过程有"相似"发展过程的同时，马克思还谈到社会发展规律与自然发展规律一样具有必然性。

当然，马克思主义发展观理解"社会发展是一个'自然史过程'"时，并没有将其绝对化。在马克思主义发展观这里，社会发展具有特殊性，社会发展规律比如经济规律具有永恒性、客观性，但它体现了人与自然之间的"物质交换"过程。这一过程不是以纯粹的"自然规律"形式出现。马克思在致格库曼的信中还专门批判了朗格把社会规律自然化的方式，认为朗格的问题就是将"全部历史纳入一个唯一的伟大的自然

---

① 《马克思恩格斯文集》第1卷，人民出版社2009年版，第516页。
② 《马克思恩格斯文集》第5卷，人民出版社2009年版，第10页。

规律"，而不去分析规律如何在不同的社会形态中历史地表现出来。由此可见，马克思主义发展观关注社会发展规律的客观性、必然性，更关心发展规律在不同的具体的社会形态中如何历史地表现出来。马克思主义决不认为经济规律是预成的、绝对先在的。在其发展观视域中，包括经济规律在内的社会发展规律是在人们的物质实践活动中生成的，是在历史中生成的。人类社会绝没有一个现存的、一成不变的发展规律，社会发展规律具有历史性、生成性。马克思主义所说的几个经济社会形态的时代，包括亚细亚的、古希腊罗马的、封建的和现代资产阶级的，但并不是所有的民族都要必须经历共同的发展道路。

总之，马克思主义发展观认为社会发展与自然发展有"相似"，是一个"自然史"过程，但社会发展也不是自然界发展在社会领域的简单延伸，而是具有价值内涵的前进、上升运动，是人类在创造、实现自身价值的实践中所引起的社会生活各方面的进步进程。

（二）生产力是社会发展的根本动力和现实的物质基础

科学地把握社会发展的根本动力的"秘密"，是马克思主义发展观的重要内容。在马克思主义哲学产生之前，中国哲学和西方哲学的思想家们都没能科学地理解实践，也没有将人类社会发展同实践特别是物质生产实践之间的本质联系真正地揭示出来。马克思在哲学史上第一次把物质生产看作首要的实践形式，并把实践提升到人特有的存在方式的高度，从实践中探寻人类社会发展的根本动力和现实基础。黑格尔把自我意识理解为人的本质，认为劳动则主要是抽象的精神劳动，把社会历史发展看作是"绝对理念"的运动和发展。青年黑格尔派承接黑格尔的衣钵，其代表人物布鲁诺·鲍威尔认为，任何历史时代都是由威严的"笔"决定的，也就是说由思想家的观念（自我意识）决定的。马克思、恩格斯在《神圣家族》中批判了鲍威尔的这种观点，指出："'思想'一旦离开'利益',就一定会使自己出丑。"①他们以法国大革命为例,充分肯定了物质利益在唤起群众热情、推动历史发展中的作用。在《德意志意识形态》中,马克思、恩格斯又彻底地批判了青年黑格尔派离开实践来理解人类历史发展,批判其否定任何历史发展的物质基础的观点。马克思、恩格斯则从现实的个人出发考察社会历史发展,认为满足人们物质生活资料的生产活动是人类发展的基本条件。

从物质生产实践出发揭示人类社会发展,马克思、恩格斯还进一步看到了社会发展的根本动力所在——生产力。马克思主义发展观提出,在进行物质生产活动中,人们形成了改造自然并使之适应人的需要的物质力量。这种物质力量就是生产力,它标志着人类改造自然的实际能力和水平。人们除了进行物质生产,还进行着人口的生产和繁衍,这是人类发展的必要条件。物质生产和人自身的人口生产不仅发生人与自然的关系,而且发生人与人的社会交往关系。思想观念则是以物质生产为基础生产并随之发展起来的。生产力、分工和人们的社会交往等都是物质生产的条件,这些物质生产条件又同物质交往关系基础上形成的政治的、精神的交往关系等,共同构成了社会的基本结构。在社会基本结构中,生产力与生产关系、经济基础与上层建筑之间的矛盾运动发展构成了人类社会发展的基本规律。生产力则是人类社会发展中具有决定作用的要素。其一,在生产力与生产关系的相互作用中,生产力决定生产关系,有什么样的生产力就会有什么样的生产关系。其二,生产力和生产关系的统一构成生产方式,生产方式构成了人类社会得以存在和发展的基础。正如马克思在《〈政治经济学批判〉序言》中所言:"物质生活的生产方式制约着整个社会生活、政治生活和精神生活的过程"②,有什么样的生产方式,就有什么样的生活结构。社会有机体的政治、文化等机

① 《马克思恩格斯文集》第1卷,人民出版社2009年版,第286页。
② 《马克思恩格斯文集》第2卷,人民出版社2009年版,第597页。

构都根源于生产方式，并直接或间接为生产方式所制约。

总之，马克思主义发展观把生产力的高度发展看作建设共产主义绝对必须的实际前提，视其为真正铲除旧社会遗留下来的全部陈腐东西的经济基础。马克思、恩格斯认为，如果没有生产力的巨大进步和普遍交往的发展，"那就只会有贫穷、极端贫困的普遍化；而在极端贫困的情况下，必须重新开始争取必需品的斗争，全部陈腐污浊的东西又要死灰复燃"①。同时，重视科学技术在人类社会发展中的重要作用，以科学技术为第一生产力是马克思主义发展观的重要方面。马克思把科学看成是"历史的有力的杠杆""最高意义上的革命力量"②。随着现代科学技术革命的深入推进，科学技术在生产力中的地位和作用日益突出，对社会发展的推动作用也日益突出。邓小平就明确指出："马克思讲过科学技术是生产力，这是非常正确的，现在看来这样说可能不够，恐怕是第一生产力。"③马克思主义发展观认为，科学技术成为决定生产力总体水平高低的首要因素，加快社会发展的关键是要通过科技创新加快生产力发展。

（三）人的全面发展是社会发展的最高目的

重视人的地位和价值，是马克思主义发展观的内在要求和重要原则，也是其人民性的重要体现。马克思主义视域中的社会发展并不是"无人身"的纯粹客体运动过程，而是人的自我创造过程，是人的活动的结果。社会发展的结果也不是纯粹外在于人的，不能仅仅以社会客体发展的程度来界定，而是以发展的结果对主体的价值关系来确定的。马克思、恩格斯究其一生将人类解放、实现人的自由全面发展作为社会理

---

① 《马克思恩格斯文集》第1卷，人民出版社2009年版，第538页。
② 《马克思恩格斯全集》第19卷，人民出版社1963年版，第372页。
③ 《邓小平文选》第三卷，人民出版社1993年版，第275页。

想。马克思主义对社会发展的研究也始终同对人类命运的深切关怀联系在一起。从现实的人出发，对人的现实及其现实境遇给予高度关注；探寻社会发展的内在矛盾及其运动规律，实际上就是在寻求人的解放的途径；人的改造世界的活动，既丰富发展自身并实现自身价值，又形成了社会发展；在社会实践中，人的发展与生产力的发展具有内在的统一性；人是发展的主体，又是发展的目的等。社会发展突出人的发展，并最终体现于人的发展。可以说，马克思主义发展观明确了社会发展的实质是人的发展，人的发展状况是社会发展的重要标志。

人的发展程度与人类的解放程度直接相关，社会发展最终的目的就是人的全面而自由的发展。马克思、恩格斯在描述未来社会时就明确指出："代替那存在着阶级和阶级对立的资产阶级旧社会的，将是这样一个联合体，在那里，每个人的自由发展是一切人的自由发展的条件。"①人的全面发展表现在多方面，其中最主要的就是人的素质的全面提高。人是自然存在物、社会存在物和精神存在物的有机统一，故而人的素质也包括自然素质、社会素质、精神素质。人的全面发展就是全面地发展人自身的一切能力，即体力和智力、先天和后天能力、劳动活动和社会关系等。当然，马克思主义发展观也关注人的全面发展的实现，并主要从摆脱和摒弃不合理的生活关系对人的限制以及旧式分工对人的强制角度来探索人的全面发展的实现。实现人的全面发展不能脱离社会的全面发展，社会生产力的巨大增长、社会关系的合理构建、社会交往的普遍发展、教育的充分发展等是实现人的全面发展的重要途径和条件。人的全面发展是一种社会理想，更是一个逐步实现的历史过程。无论是原始社会、封建社会，还是资本主义社会，在客观上都从一定程度上促进了人的发展，但只有从社会主义社会开始才真正自觉地把人的全面发展作为追求目标和行动纲领。

① 《共产党宣言》，人民出版社 2014 年版，第 51 页。

（四）社会发展是多样性与统一性的辩证结合

发展是人类社会从自发到自觉的运动，是人类自组织的过程，也是共性与个性的统一。马克思主义发展观认为，人类社会发展要经过大致相同的发展阶段，自然面临大致相同的问题，不同民族和国家发展实践有共同之处、共通之道。当然，各个民族和国家经历不同社会形态的时间长短不一，又有不同的地理资源禀赋、文化传统等，就有各自独特的发展实现形式，产生不同的发展道路、发展模式等。马克思在考察人类社会发展历史时，并不是采用单线的方式。在给俄国《祖国纪事》编辑部的信中，马克思就明确："一定要把我关于西欧资本主义起源的历史概述彻底变成一般发展道路的历史哲学理论，一切民族，不管它们所处的历史环境如何，都注定要走这条道路"，只"会给我过多的荣誉"，"同时也会给我过多的侮辱"。[①] 马克思主义所说的亚细亚的、古希腊罗马的、封建的、现代资产阶级的几个时代并不是所有民族的共同的发展道路。这只是以欧洲为坐标系，并不一定适用于东方等。他认为人类社会发展不仅有"典型的""原生的"生产关系，还有"第二级的和第三级的东西"，即"派生的、转移来的、非原生的生产关系"[②]。雇佣劳动的产生是资本主义生产发展必不可少的环节。马克思根据雇佣劳动产生方式的不同，推演出资本主义产生的三条道路。一是从奴隶制和农奴制的解体中产生；二是从原始公社的"崩溃"中产生；三是从封建制度的"衰亡"中产生。[③] 简言之，从人类社会发展的时间长河看，不同民族和国家的发展确实存在一条由低级到高级的有序的发展过程。这是人类社会发展的统一性所在，但不同国家进入更高级社会形态的道路呈现多样化的特点，这正是人类社会发展的多样性所在。

---

① 《马克思恩格斯文集》第 3 卷，人民出版社 2009 年版，第 466 页。

② 《马克思恩格斯文集》第 8 卷，人民出版社 2009 年版，第 33—34 页。

③ 参见《马克思恩格斯全集》第 46 卷（上），人民出版社 1979 年版，第 14 页。

在研究社会发展的过程中，马克思考察了不同发展因素对社会发展模式的不同影响。他认为根据影响发展的内外部因素的作用不同，社会形态的更替有三种不同的情况，即自然形态式的发展、派生形态式的发展和超越形态式的发展三种不同类型。一个民族、国家发展进步的模式往往由该民族、国家内部生产力和交往形式（或生产关系）发展的态势决定。自然形态式的发展主要属于内源性发展。世界历史形成以前，古中国、古印度、两河流域、古希腊、古雅典、古埃及等文明的发展，大都是在彼此隔离、互不干扰的情况下完成的，大都是自然形态式的发展。社会的各种要素和关系的发展是在各自独立的地缘区域内"自然发生"的过程，不同民族文明彼此之间相对独立，互不影响，社会发展完全依赖内部因素，来自民族之外的外族的第二级、第三级的东西很少对该民族内部发展进步等产生决定性的影响。而随着生产力的不断发展，分工进一步发展，交往不断扩大，社会发展样态也发生相应变化，一种派生形态就产生了。比如，一个民族对另外一个民族的武力征服。如果征服者和被征服者处于不同的文明程度和发展水平，那么征服者与被征服者之间都会给对方带来不同于自身"内生性"发展的"派生的""转移来的"的形式。历史向世界历史转变后，各个民族或国家在世界历史发展的进程中，面对的都是以全球为单位、由其他民族或国家组成的整体，交往的主体展现出全面性，交往中介也具有普遍性。落后民族、地区不再局限于过去孤立的"内源性"发展，而是在世界性交往中学习先进，实现"跳跃式"发展。通过学习发达民族、地区的领先科学技术和文明成果，落后民族、地区的发展就站在新的起点上。他们可以将外来的先进技术和文化与本民族独特的发展积淀结合起来创造更新的东西。人类社会发展主要以自然形态和派生形态为主；历史向世界历史转变之后，跨越形态成为社会发展的常规现象和常规形态，以自然形态为主的发展类型逐渐被扬弃了。

（五）社会主义社会发展阶段的科学预测

马克思、恩格斯生前从"最顽强的事实出发"对社会发展阶段特别是资本主义被共产主义代替的发展过程进行科学预测，形成了关于社会主义社会发展阶段的科学认识。马克思主义认为，任何一个旧社会转变为新社会，都需要经历一个漫长的历史过程。在阐明未来社会发展的时候，马克思强调共产主义是扬弃私有财产的革命运动，必将经历更为漫长、更为复杂的历史过程。早在《1844 年经济学哲学手稿》中，马克思就已经认识到"要扬弃现实的私有财产，则必须有现实的共产主义行动"，这"在现实中将经历一个极其艰难而漫长的过程"。[①] 随着研究的深入推进，到了 19 世纪 40 年代末 50 年代初，马克思认为"艰难而漫长的过程"要经过几个发展阶段才能实现。他指出，无产阶级取得政权后，首先是建立社会共和国，然后是社会—共产主义共和国，最后才是纯粹的共产主义共和国。[②] 在《资本论》中，马克思又指出，在消灭资本主义制度之后的社会将经历两个历史阶段：第一阶段是消灭了阶级剥削和阶级统治的社会；第二阶段是在第一阶段基础上发展了的"更高级的社会形态"。未来社会之所以经历不同发展阶段，主要是因为共产主义社会的分配方式等会随着社会有机体本身的"特殊方式"和生产者的历史发展程度而改变。

马克思在《哥达纲领批判》中，明确提出了共产主义社会发展的两个阶段，即"第一阶段"和"高级阶段"，并阐明了两个阶段的基本特征。在共产主义社会的第一阶段，由于在经济、道德和精神上都还带着资本主义社会的痕迹，消费品分配只能遵循商品等价交换的原则，即实行按劳分配，它在经济、道德和精神方面还带有旧社会的痕迹。在共产主义

[①] 《马克思恩格斯文集》第 1 卷，人民出版社 2009 年版，第 232 页。

[②] 社会共和国和共产主义共和国的划分是社会主义与共产主义划分的思想来源。参见张云飞主编：《马克思主义发展史》第三卷，人民出版社 2018 年版，第 103 页。

社会高级阶段，"在迫使个人奴隶般地服从分工的情形已经消失，从而脑力劳动和体力劳动的对立也随之消失之后；在劳动已经不仅仅是谋生的手段，而且本身成了生活的第一需要之后；在随着个人的全面发展，他们的生产力也增长起来，而集体财富的一切源泉都充分涌流之后"，"社会才能在自己的旗帜上写上：'各尽所能，按需分配！'"①可见，马克思主义发展观将社会主义发展的第一阶段向较高阶段发展的过程看作是社会生产力不断增长的进程。由于社会发展的成熟程度不同，以及与此相适应的生产关系、劳动性质、产品多少和分配方式的不同，社会发展又展现出不同的发展阶段。

三、马克思主义发展观的理论升华

发展观不是固定、封闭的，而是变化、开放的。马克思主义发展观是发展实践的理论自觉和思想自觉，发展实践达到什么程度，发展观才能达到什么程度。新中国成立 70 多年特别是改革开放 40 多年来，社会主义中国在发展上取得的巨大成就支撑中国共产党人在社会发展认识上不断取得新突破。同时，在与当代各种发展观的交流碰撞中，当代中国共产党人切实地深化了当代中国乃至世界发展的重大课题研究，使马克思主义发展观在新时代实现新的理论升华。

（一）彰显对发展目的与价值的历史自觉

发展是人类社会追求和满足自身利益的活动，发展观首先要回答发展了为什么的问题。人民性是马克思主义的本质属性，人民立场是马克

---

① 《马克思恩格斯文集》第 3 卷，人民出版社 2009 年版，第 435—436 页。

思主义发展观的根本立场。马克思恩格斯认为，共产党人"没有任何同整个无产阶级的利益不同的利益"①，共产主义运动是绝大多数人的，为绝大多数人谋利益的独立的运动。社会发展的主体在人民，目的是为了人民，最终也依靠人民。中国共产党根基在人民、血脉在人民，始终将人民立场贯穿对发展问题的思考反思中，形成了中国特色的马克思主义发展观。从"全心全意为人民服务的宗旨"到"从群众中来，到群众中去"的群众路线，从"三个有利于"中"是否有利于提高人民的生活水平"到"三个代表"中"代表中国最广大人民的根本利益"，再到"以人为本"为核心的科学发展观，人民立场贯穿中国共产党推进中国社会发展伟大历史进程的始终。进入新时代，以习近平同志为核心的党中央继承和发展马克思主义发展观的根本立场，创造性地提出以人民为中心的发展思想。以人民为中心的发展思想是对马克思主义发展观根本立场的历史传承和创造发展，体现了当代中国共产党人对发展目的与价值的历史自觉，开辟了马克思主义发展观的新境界。

发展目的是发展价值的集中体现，是判断不同性质发展观的重要标准。"以人民为中心的发展思想"彰显了人民至上的发展价值取向，体现了马克思主义发展观人民性的根本属性，赋予马克思主义发展目的以更丰富的内涵。首先，人民是发展的目的。2012 年 11 月 15 日，习近平总书记在十八届中央政治局常委同中外记者见面时，鲜明地宣示："人民对美好生活的向往，就是我们的奋斗目标。"新时代中国共产党人基于社会主要矛盾的新变化，认识到当前广大人民群众最大的利益诉求集中体现在对美好生活的需要上，自觉把人民对美好生活的向往作为对发展问题谋篇布局的根本出发点。同时，也倡导"把世界各国人民对美好生活的向往变成现实"。其次，人民是发展的根本依靠力量。人民参与社会发展的全部过程，是社会发展的主体力量。以习近平同志为

---

① 《马克思恩格斯文集》第 2 卷，人民出版社 2009 年版，第 44 页。

核心的党中央强调"人民是推动发展的根本力量",必须紧紧依靠人民群众把发展蓝图变为现实。不仅尊重并切实保障人民主体地位,而且注重发挥人民首创精神,激发人民群众的智慧和创造力。第三,人民共享发展成果。"检验我们一切工作的成效,最终都要看人民是否真正得到了实惠,人民生活是否真正得到了改善,人民权益是否真正得到了保障。"① 这是我们党作出任何发展决策所依据和坚守的根本原则。习近平总书记所强调的是,全体人民共同参与建设所取得的成果,要由全体人民共享,而不是少数人受益。"我们追求的发展是造福人民的发展,我们追求的富裕是全体人民共同富裕。"② 这些重要思想把为人民而发展的目的和价值观体现得更加彻底、深刻。在当代中国,只有坚持以人民为中心的发展思想,坚持发展为了人民、发展依靠人民、发展成果由人民共享,才会有正确的发展观、现代化观。

(二)实现发展理念的重大创新

发展观是在世界观和方法论层面上的发展理论,发展理念是发展观的精华和集中体现。中国共产党人把理念作为行动的先导,认为一定的发展实践都是由一定的发展理念来引领的。发展理念是否对头,从根本上决定着发展成效乃至成败。中国的发展实践也告诉我们,发展是一个不断变化的进程,发展环境不会一成不变,发展条件不会一成不变,发展理念自然也不会一成不变。中国特色社会主义进入新时代,中国共产党成功驾驭了中国经济发展大局,并根据社会主要矛盾的变化、发展进入的新阶段,从推动经济社会健康发展的迫切需要出发,提出了创新、协调、绿色、开放、共享的发展理念,形成了以新发展理念为主要内容

---

① 《十八大以来重要文献选编》(上),中央文献出版社 2014 年版,第 698 页。
② 《习近平关于社会主义社会建设论述摘编》,中央文献出版社 2017 年版,第 35 页。

的发展观。习近平总书记指出："党的十八大以来我们对经济社会发展提出了许多重大理论和理念，其中新发展理念是最重要、最主要的。"①新发展理念，是当前乃至更长时期我国发展思路、发展方向、发展着力点的集中体现，也是改革开放 40 多年来我国发展经验的集中体现，反映出中国共产党对社会主义中国发展规律的新认识。

新发展理念体现了当代中国马克思主义发展观的理论升华。一是对国内外发展大势的分析把握更加主动而长远。发展大势是一定发展时期社会生产力、生产关系等要素综合作用形成的发展趋势，发展理念是对发展大势科学理性把握的思想结晶。21 世纪第二个十年，世界百年未有之大变局加速演进，复杂多变的国际环境给各国发展带来的新矛盾新挑战；中华民族伟大复兴进入关键时期，我国社会主要矛盾已经转化为人民日益增长的美好生活需要和不平衡不充分的发展之间的矛盾，我国经济发展已由高速增长阶段转向高质量发展阶段。新发展理念正是适应这些全局性转变、历史性跨越而提出的。不能把新发展理念看小了、看低了、看窄了、看短了，要从大局和大趋势上看。我们必须完整、准确、全面贯彻新发展理念，从根本宗旨把握新发展理念，从问题导向把握新发展理念，从忧患意识把握新发展理念。新发展理念是一个整体，提出的要求是全方位的、多层面的，绝不是只有经济指标这一项，这是我国发展进入新阶段、我国社会主要矛盾发生变化的必然要求。

二是对国内外发展经验教训的反思更加自觉。当代中国发展观包含着对以往发展实践的总结、反思乃至超越，新发展理念是深刻总结国内外发展实践经验教训的理论结晶。从国际看，西方资本主义发展局限在 20 世纪以后更多地暴露出来，不少发达国家经历了不同程度的动荡与转型。其发展的成功与代价引起了国际社会对西方社会发展观的反思与

① 习近平：《论把握新发展阶段、贯彻新发展理念、构建新发展格局》，中央文献出版社 2021 年版，第 479 页。

调整。以《增长的极限》为代表，西方思想界也逐渐意识到破解社会发展问题之道涉及发展观念的变革，社会体制、发展模式的深刻转变。20世纪中后期，拉美国家普遍受进口替代型发展理念以及新自由主义思想的影响产生了发展"陷阱"，引起了国际社会对拉美国家这种依附型发展模式的反思。从国内看，一段时间以来，由于一些地方和部门存在片面追求速度规模、发展方式粗放等问题，加上国际金融危机后世界经济持续低迷影响，经济结构性体制性矛盾不断积累，发展不平衡、不协调、不可持续问题十分突出。在谈到新发展理念的落实时，习近平总书记指出："新发展理念的提出，是对辩证法的运用；新发展理念的实施，离不开辩证法的指导。"①要坚持系统的观点，依照新发展理念的整体性和关联性进行系统设计，做到相互促进、齐头并进，不能单打独斗、顾此失彼，不能偏执一方、畸轻畸重。要坚持"两点论"和"重点论"的统一，善于厘清主要矛盾和次要矛盾、矛盾的主要方面和次要方面，区分轻重缓急，在兼顾一般的同时紧紧抓住主要矛盾和矛盾的主要方面，以重点突破带动整体推进，在整体推进中实现重点突破。要遵循对立统一规律、质量互变规律、否定之否定规律，善于把握发展的普遍性和特殊性、渐进性和飞跃性、前进性和曲折性，坚持继承和创新相统一，既求真务实、稳扎稳打，又与时俱进、敢闯敢拼。要坚持具体问题具体分析，"入山问樵、入水问渔"，一切以时间、地点、条件为转移，善于进行交换比较反复，善于把握工作的时度效。

三是对经济社会发展规律的认识更加具体深化。新发展理念从五个维度阐明并规范了发展涉及的问题，表明当代中国共产党人对发展要素的认识越来越全面，对发展机制联动性的探索越来越精准。比如，强调"这五大发展理念相互贯通、相互促进，是具有内在联系的集合体，要

① 习近平：《论把握新发展阶段、贯彻新发展理念、构建新发展格局》，中央文献出版社2021年版，第105页。

统一贯彻，不能顾此失彼，也不能相互替代。哪一个发展理念贯彻不到位，发展进程都会受到影响"①。详细阐明了五个方面各自的地位和作用，"创新是引领发展的第一动力，协调是持续健康发展的内在要求，绿色是永续发展的必要条件和人民对美好生活追求的重要体现，开放是国家繁荣发展的必由之路，共享是中国特色社会主义的本质要求"；从理念与行动的深度互动与作用角度，强调"坚持创新发展、协调发展、绿色发展、开放发展、共享发展"是关系我国发展全局的一场深刻变革，"全党全国要统一思想、协调行动、开拓前进"②，等等。发展是一个社会系统的运动，是一个复杂的社会过程，发展观就是要从整体上把握发展的系统结构及其联系，解决怎样发展的问题，从而科学地推进发展。新发展理念标志着新时代中国共产党人对发展机制复杂性的探索更加深入、科学。

（三）科学回答社会主义发展阶段问题

发展阶段标志发展方位，是谋划发展大政方针的重要出发点。马克思恩格斯对未来社会经历的不同发展阶段进行科学分析，邓小平在1987 会见意大利共产党领导人约蒂和赞盖里时的谈话中指出："社会主义本身是共产主义的初级阶段，而我们中国又处在社会主义的初级阶段，就是不发达的阶段。一切要从这个实际出发，根据这个实际来制定规划。"③党的十八大以来，我们党不断深化对社会主义初级阶段的认识，丰富和发展了社会主义发展阶段的学说以及发展道路的问题。

---

① 习近平：《论把握新发展阶段、贯彻新发展理念、构建新发展格局》，中央文献出版社 2021 年版，第 42—43 页。

② 习近平：《论把握新发展阶段、贯彻新发展理念、构建新发展格局》，中央文献出版社 2021 年版，第 500 页。

③ 《邓小平年谱》第五卷，中央文献出版社 2020 年版，第 501 页。

一是科学剖析了社会主义初级阶段不断变化的鲜明特点。习近平总书记指出："社会主义初级阶段不是一个静态、一成不变、停滞不前的阶段，也不是一个自发、被动、不用费多大气力自然而然就可以跨过的阶段，而是一个动态、积极有为、始终洋溢着蓬勃生机活力的过程，是一个阶梯式递进、不断发展进步、日益接近质的飞跃的量的积累和发展变化的过程。"①我国正处于并将长期处于社会主义初级阶段，我们不能做超越阶段的事情，但也不是说就无所作为，而是要根据现有条件把能做的事情尽量做起来，积小胜为大胜，不断朝着长远目标前进。

二是创造性地提出了新发展阶段思想。党的十九届五中全会提出，全面建成小康社会、实现第一个百年奋斗目标之后，我们要乘势而上开启全面建设社会主义现代化国家新征程、向第二个百年奋斗目标进军，这标志着我国进入了一个新发展阶段。习近平总书记还从理论和实际、历史和现实、国内和国际相结合的高度，分析了进入新发展阶段的理论依据、历史依据、现实依据，作出"新发展阶段是社会主义初级阶段中的一个阶段，同时是其中经过几十年积累、站到了新的起点上的一个阶段"的重大论断。②新发展阶段也是社会主义初级阶段向更高阶段迈进的最后阶段。全面建设社会主义现代化国家、基本实现社会主义现代化，既是社会主义初级阶段我国发展的要求，也是我国社会主义从初级阶段向更高阶段迈进的要求。

（四）创造性阐明发展格局与发展道路的思想

如果说发展阶段侧重于发展重大问题的时间研判与布势，那么，发

---

① 习近平:《论把握新发展阶段、贯彻新发展理念、构建新发展格局》，中央文献出版社 2021 年版，第 474—475 页。

② 习近平:《论把握新发展阶段、贯彻新发展理念、构建新发展格局》，中央文献出版社 2021 年版，第 471 页。

展格局则重在发展重大问题的空间拓展与布局。进入新发展阶段明确了我国发展的历史方位，贯彻新发展理念明确了我国现代化建设的指导原则，那么，构建新发展格局则明确了我国经济现代化的路径选择。自2020 年 5 月以来，习近平总书记在不同场合反复提到"构建新发展格局"这一新战略部署。从国际国内发展相互联动的大视野提出"逐步形成以国内大循环为主体、国内国际双循环相互促进的新发展格局"；强调新发展格局决不是封闭的国内循环，而是开放的国内国际双循环；指出构建新发展格局，加快科技创新是关键，认为"我们更要大力提升自主创新能力，尽快突破关键核心技术。这是关系我国发展全局的重大问题，也是形成以国内大循环为主体的关键"[1]，"构建新发展格局最本质的特征是实现高水平的自立自强"[2]；强调构建新发展格局，要继续用足用好改革这个关键一招等。构建新发展格局，是立足中国自身发展阶段和发展条件，充分考虑经济全球化和外部环境变化所作出的战略抉择，顺应了中国经济结构调整、推动高质量发展的内在需要。新发展格局思想的提出体现了问题意识与前瞻思维，在解决国内发展不平衡不充分问题、应对传统国际经济循环弱化挑战的同时，也创造发展新空间、提供发展新机遇。

提出以中国式现代化推进中华民族伟大复兴，丰富了党对社会主义发展道路的科学认识。党的十八大以来，以习近平同志为核心的党中央立足"两个大局"，统筹推进"五位一体"总体布局、协调推进"四个全面"战略布局，推动党和国家事业取得历史性成就、发生历史性变革，不仅对中国式现代化道路的认识越来越深化，中国式现代化新道路也越走越宽广。深刻认识到中国式现代化是中国共产党领导的社会主义现代化，

---

① 习近平:《论把握新发展阶段、贯彻新发展理念、构建新发展格局》，中央文献出版社 2021 年版，第 373 页。

② 习近平:《论把握新发展阶段、贯彻新发展理念、构建新发展格局》，中央文献出版社 2021 年版，第 485 页。

既有各国现代化的共同特征，更有基于自己国情的中国特色。中国式现代化是人口规模巨大的现代化，是全体人民共同富裕的现代化，是物质文明和精神文明相协调的现代化，是人与自然和谐共生的现代化，是走和平发展道路的现代化。关于中国式现代化的重要论述，蕴含丰富而深刻的科学化、体系化发展思想，集中反映了我们党一百多年来特别是党的十八大以来探索和推进现代化建设的伟大成果，充分体现了对世界现代化建设有益经验的辨析借鉴，广泛汲取了中华优秀传统文化的丰厚滋养，具有重大的理论意义、实践意义和世界意义。

第 五 章

马克思主义群众观

　　马克思主义群众观是历史唯物主义的理论基石，是马克思主义政党先进性的重要标志。马克思主义群众观作为马克思主义根本立场的集中体现，反映了马克思主义认识和改造人类社会的基本立场、观点和方法，反映了马克思主义政党科学把握人民群众地位作用、正确处理与群众关系的根本原则。坚持和发展马克思主义群众观，自觉践行党的群众路线、加强党的群众工作，是党和国家事业发展进步的根本保证，是中国共产党迎接挑战、开创未来的重要法宝。

一、马克思主义群众观的伟大变革

　　马克思主义群众观，客观反映了人民群众在历史发展中的巨大推动作用，鲜明指出人民是历史的剧中人，更是历史的创造者，深刻揭示了无产阶级政党的历史责任和历史使命。

（一）突破了英雄史观的思想藩篱

人类历史从深层逻辑上看，表现为生产力和生产关系辩证发展的过程，但从表面上看却往往表现为朝代更替、政权更迭的现象。这就造成在马克思主义群众史观诞生前，人们往往采取英雄史观，即把历史的发展看成是帝王将相、英雄豪杰不断崛起更替的过程。因此，无论是在东方还是西方，人们常以帝王将相、英雄人物的名字或年号作为历史分期的标准，例如康熙王朝、波旁王朝、开元盛世、拿破仑时代等。英雄史观得以流行的主要原因还在于其符合帝王将相的统治需要。统治者为了彰显自己统治的权威性，总是竭力把自己鼓吹为英雄，为自己歌功颂德，借以威慑人民群众；统治者为了标明自己统治的合法性，还会把自己封为"天"或世界主宰力量的代理人，为自己戴冠加冕，借以蒙蔽人民群众。为此目的，统治阶级总是尽力宣扬和维护英雄史观。尽管英雄史观的产生和存在有其客观的历史土壤和环境，但作为一种唯心主义历史观，其谬误明显，危害巨大。

首先，英雄史观只看到历史发展的表面情形和偶然情节，忽视了历史进步的深层原因和必然规律。历史活动往往表现为各种纷繁复杂的现象，那些给历史事件情节打上较深印记的代表人物往往彰明昭著，成为前台表演的主角，而作为促进生产力发展的根本力量和体现历史发展样貌的人民群众则往往处于幕后。英雄史观只关注表面现象，容易夸大个别英雄人物的历史作用，认为是这些历史人物凭借其超凡的思想、意志、才能等个人因素创造或改变了历史，而人民群众在历史中的作用则微不足道。梁启超就认为，"历史者，英雄之舞台也，舍英雄几无历史"[①]；青年黑格尔派鲍威尔等人甚至认为，天才才是历史的创造者，至于群众，则不过是精神空虚的、被动的、无生气的、惰性的物质，是

[①] 《新史学·中国之旧史》，《饮冰室合集·文集》之九，中华书局1936年版，第3页。

"群氓"，他们不仅不是历史发展的动力，甚至是历史发展的阻碍。这种肤浅的唯心主义英雄史观，无疑是非常荒谬的。

其次，英雄史观只代表了统治阶级的利益、愿望和要求，其价值立场是狭隘的。作为剥削阶级的少数统治者的利益和广大人民群众的利益是根本对立的，他们害怕人民群众意识到自己的力量和作用，把劳动群众的觉醒看作是对自己统治的最大威胁。为此，剥削阶级不惜采用蒙蔽、愚民的手段竭力贬低、否认人民群众在历史中的作用，大肆宣扬、鼓吹英雄史观。即使偶尔承认人民群众具有作用，也多是出于利用、笼络人心的投机心理。由此来看，英雄史观是为剥削阶级的统治服务的，是出于狭隘的阶级立场，对于人民群众具有很大危害。

再次，英雄史观是社会生产力不发达的表现，其存在空间将随着现代社会生产力的日益发达而不断萎缩。英雄史观的产生同社会生产力水平较低，大多数人从事物质资料的生产活动，少数人从事政治统治、垄断精神文化生活有关。统治者一般都宣扬"劳心者治人，劳力者治于人"的观点，贬低物质生活资料生产在历史发展中的作用，进而贬低从事物质生活资料生产的广大人民群众的作用。广大劳动群众在私有制社会处于无权的地位，受剥削，受压迫，其积极性备受压抑，其历史创造性得不到充分发挥和社会应有的承认。

其实从广义上说，英雄人物也属于人民群众的范畴。由于英雄人物作为个人对历史的较大作用，人们才把英雄人物从人民群众中突出出来。但从其在历史中所起的作用，以及从其利益要求和思想意识所反映的社会关系的整体性上来看，人民群众与英雄人物又是完全统一的，共同形成一个整体，因此不能把人民群众与英雄人物对立或并列起来。

英雄人物不是独立于人民群众，而恰恰是由人民群众所"创造"的。唯物史观认为，时势造英雄，但时势只能通过人民群众这个中介，通过人民群众的民心所向来造就英雄人物。如果英雄人物不是从群众中孕育而来，不是通过反映、代表、体现民心所向而来，那么这样的英雄人物只能是外在于群众的，本质上是自封的，无法通过动员、宣传、组织群众去创造历史，最终也不会成为真正的英雄人物。从这一意义上说，英雄人物这个概念自身的本质就蕴含着人民群众，二者是不可分割的两面一体关系。所谓"两面"是说个体层面（英雄人物）和作为整体的主体层面（人民群众），所谓"一体"是说英雄人物和人民群众是统一的历史主体，二者是辩证统一关系。

群众的意愿、要求和利益在本质上代表历史前进的方向，一个时代长期孕育形成的民心所向，代表着历史发展的客观必然趋势。因为社会历史从本质上说就是社会主体所创造的历史，这一主体的基本部分、本质部分就是人民群众。社会历史发展有客观规律，这一客观规律也同样必须通过人民群众的意愿、要求和利益才能得到体现。相反，英雄人物若是离开了人民群众，其创造的历史一定是主观的、臆造的、不构成历史的基本和决定部分，必然导致其成为孤家寡人，甚至走到人民群众的对立面，这不仅不会创造历史，还会阻碍历史的发展。

（二）奠定了人类解放的理论基础

群众在当前英文中对应词汇为"the masses"。根据英国的文化学者雷蒙·威廉斯的考察，群众概念在古代英文里曾表达为 plebeian（下层人、贫民）、villein（农奴）、boor（农民）、the common people（普通人）。16、17 世纪时，群众概念表达为 multitude（很多人），后被 mob（群聚的人，17 世纪开始使用）取代。19 世纪，开始用 the masses 表示群众。该词有两种态度指向：地位、品性、能力低下的众人或作为正面的社会动力的众人。[①] 奥尔特加·加塞特定义群众为："不是劳动阶级或工人阶

---

① [英] 雷蒙·威廉斯：《关键词———文化与社会的词汇》，刘建基译，生活·读书·新知三联书店 2005 年版，第 281 页。

级，而是那些不具特殊资质的普通人的聚集。"①莫斯科维奇则认为群众是"为了行动的目的而聚集成一个群体"，"群体并不是与平民、公众、穷人、无知者、无产者或乌合之众同义的，也不是与社会精英或贵族相对的"。②可见，在马克思主义群众观产生之前，历史上的学者往往把群众视为一个略带贬义的词汇，他们站在剥削阶级立场上看待群众，从自然意义而不是从政治意义上理解群众，不承认群众应有的历史地位。与之不同，马克思主义群众观则深刻认识到人民群众所蕴含的巨大伟力，认识到这种力量对历史发展所起到的巨大推动作用。

　　由于受传统观念特别是几千年形形色色英雄史观的影响，大多数人民群众包括无产阶级自身不可能意识到自己的历史主体地位。面对这一现实，马克思恩格斯深刻揭露了资本主义剥削的秘密，使广大人民群众真正地觉醒并掌握了革命的武器。早在青年时期，马克思就在《关于林木盗窃法的辩论》中，坚定捍卫农民的利益，严厉指责资本主义的所谓法律只是为了满足某些人的一己私欲，并积极呼吁要"为穷人要求习惯权利"③。1842年恩格斯在《国内危机》中深刻揭示了无产阶级的历史使命，指出无产阶级"已经成为英国最强大的一个阶级，当他们意识到这一点的时候，英国富翁们就该倒霉了"④。与空想社会主义相反，马克思恩格斯反对任何所谓的救世主。他们认为，历史活动是群众的事业，私有制的消灭和无产阶级的解放归根结底还要靠无产阶级自己来斗争。无产阶级不仅创造了物质财富和精神财富，也为推翻资本主义制度和实现社会主义积累并创造出物质力量。从这个意义上说，无产阶级和广大人

　　①　[西]奥尔特加·加塞特：《大众的反叛》，刘训练、佟德志译，吉林人民出版社2004年版，第105页。
　　②　[法]塞奇·莫斯科维奇：《群氓的时代》，许列民等译，江苏人民出版社2006年版，第99页。
　　③　《马克思恩格斯全集》第1卷，人民出版社1956年版，第142页。
　　④　《马克思恩格斯全集》第3卷，人民出版社2002年版，第410页。

民群众是社会的真正主人。

马克思恩格斯反复强调，无产阶级只有依靠自己的力量才能赢得真正的解放。社会主义的本质在一定意义上实际是从经济和政治制度上保证人民群众真正成为社会的主人。可以说，正是因为有了马克思主义群众观，才真正唤醒无产阶级的阶级自觉和革命意识，推动了无产阶级运动的发展。在马克思主义群众观的教育和指导下，无产阶级逐渐认识到社会历史发展的规律，认识到无产阶级自身蕴含的强大力量，他们拿起武器，投入轰轰烈烈的革命事业之中。他们中的先进分子组成马克思主义政党，成为人类解放事业的先锋队和领导者。

在这一历史进程中，马克思主义群众观始终是马克思主义政党行动的指南，借助这一思想武器，马克思主义政党团结全体人民，凝聚起改变世界的巨大力量，推动了世界历史的新跃迁。从巴黎公社到十月革命，从中国共产党成立到世界民族独立运动浪潮兴起，马克思主义群众观对世界历史进程产生了难以估量的深远影响。在马克思主义群众观的指导下，社会主义革命开辟了民族解放运动的新天地，推动了世界被压迫人民和民族的解放斗争，第二次世界大战后亚非拉大批殖民地、半殖民地国家和地区的人民掀起了一浪高于一浪的反殖反帝反霸的革命斗争，直至取得完全解放。目前，世界上有 120 多个共产党或坚持马克思主义性质的政党，分布在 100 多个国家，持续为世界和平和人类进步事业贡献着自己的力量。

（三）明确了马克思主义政党的根本性质

相信谁、依靠谁、为了谁，是否始终站在最广大人民的立场上，是区分唯物史观和唯心史观的分水岭，也是判断真假马克思主义政党的试金石。如果不能站稳人民立场，就难以体现出加强和规范党内政治生活的根本要求。为人民执政是马克思主义政党的本质特征。人民性是马克思主义最鲜明的理论品格，人民立场是马克思主义政党最根本的政治立场。早在马克思主义政党创立之时，马克思恩格斯就在《共产党宣言》中强调，"过去的一切运动都是少数人的或者为少数人谋利益的运动。无产阶级的运动是绝大多数人的、为绝大多数人谋利益的独立的运动"，揭示出马克思主义政党与其他政党最根本的区别，就是为无产阶级和广大人民群众谋利益。

在国际共产主义运动史上，真正的马克思主义政党都把马克思主义群众观确立为自己的根本宗旨。一方面，马克思主义群众观指明了马克思主义政党的历史地位和历史作用，只有坚持群众史观，马克思主义政党才能始终保持先进性和纯洁性，真正成为推动历史前进的无产阶级的先锋队；另一方面，马克思主义群众观阐明了马克思主义政党发展的基本规律，只有坚持群众史观的这一基本原理，马克思主义政党才能顺应历史大势，不断发展壮大，成为实现伟大变革、推动人类社会发展的中流砥柱。

坚持为人民执政、靠人民执政，是马克思主义政党初心使命的集中体现，是对为谁执政、靠谁执政以及怎样执政、靠什么执政的根本问题的科学回答。坚持为人民执政和依靠人民执政的有机统一，是马克思主义政党性质的内在要求。一是从马克思主义政党的服务对象来看，马克思主义群众观既有明确的"量"的规定，又有明确的"质"的要求。在数量上，马克思主义政党的服务对象是占人口多数的"人民"，而不是社会上的少数人。在"质量"上，这里的"人民"即"人民群众"，是指一切对社会进步起着推动作用的人们，而不包括那些阻碍社会进步的人群。二是从马克思主义政党的目的来看，马克思主义群众观就是要代表最广大人民的根本利益。马克思主义从不讳谈"利益"，马克思恩格斯在《神圣家庭》中指出："'思想'一旦离开'利益'，就一定会使自己出丑。"① 马克思主义政党始终从人民的利益出发，把人民的利益放在

---

① 《马克思恩格斯全集》第 2 卷，人民出版社 1957 年版，第 103 页。

第一位，坚持为人民谋利益。三是从对马克思主义政党自身的党性要求来看，马克思主义群众观坚决反对对人民群众虚情假意、三心二意，而是必须完全、彻底和毫无保留地为人民服务，时时处处为人民着想。

马克思主义的群众观意味着，马克思主义政党必须要尊重人民群众的历史主体地位，相信人民群众在社会发展、社会变革中的根本作用，必须要顺应社会历史发展大趋势和人民群众心意所向来确定自己的行动，要代表人民群众的利益，集中群众的智慧和经验，获得人民群众的支持。在国家、集体、个人利益一致的基础上，调整好整体利益与局部利益的关系，长远利益与目前利益的关系，进一步实现好、维护好和发展好最广大人民的根本利益，这正是我们党员干部树立正确的工作目的，不断提高执政能力和工作水平的指导思想。

正是在马克思主义群众观的指导下，中国共产党结合中国革命的具体实际，在长期实践中总结出了党的群众路线，它是马克思主义群众观在制度层面和操作层面的具体运用。从行政工作决策的层面看，群众路线要求管理者在进行决策的过程中，必须充分运用好民主协商制度，强化协调统一，约束行政权力，扩大监督权力，从制度和机制上做好设计和监督管理。行政决策必须做到从群众中来，到群众中去。具体说来，就是不仅要充分满足广大群众日益增长的多元化需求，充分尊重群众的意见和建议，从群众中汲取智慧和经验，以确保决策的可行性和正确性，同时还要求决策者在做出决策以后，必须再次回到群众中去，以群众的支持与否作为检验政策成效的试金石，确保政策真正符合群众利益，表达群众心声。

二、马克思主义群众观的丰富内涵

群众观点是马克思主义政党对待人民群众的根本立场和基本观念。

马克思主义认为，人民群众是历史的创造者，人民群众不仅是物质财富和精神财富的创造者，而且是社会变革的决定性力量。

（一）人民群众是人类社会物质财富和精神财富的创造者

马克思恩格斯在自己的理论和实践生涯中一再强调"人"在历史发展中的积极作用。马克思指出，"人们自己创造自己的历史"[①]。恩格斯强调："人们总是通过每一个人追求他自己的、自觉预期的目的来创造他们的历史，而这许多按不同方向活动的愿望及其对外部世界的各种各样作用的合力，就是历史。"[②]

人民群众是社会财富的创造者，是社会实践的主体。人民群众的生产生活实践是人类智慧的源泉。从广度上讲，人民群众活动于社会生活的各个方面、各个领域，三百六十行无所不在；而一个人无论生活经历多么丰富、多样、复杂，与广大人民群众的社会生活相比都显得十分狭窄和逊色。从深度上讲，世世代代积淀于人民群众之中的认识是非常接近真理的，一个人要想洞察事物的真相，把握时代发展的趋势，必须努力掌握前人积累的丰富的社会财富，这些社会财富可以分为两部分：一部分是人民群众生活中所需要的物质资料财富，另一部分则是人民群众在发挥主观能动性的前提下，所生产出的精神财富。唯心史观总是停留在现象，只看到人民群众日复一日的单调劳作，从而错误地批判人民群众缺乏创造力。对此马克思尖锐地批评道："批判的批判什么都没有创造，工人才创造一切，甚至就以他们的精神创造来说，也会使得整个批判感到羞愧。"[③] 因此，人民群众是物质资料生产活动的主体，是先进生产力的代表，也是实现自身利益的根本力量。

[①] 《马克思恩格斯全集》第 11 卷，人民出版社 1995 年版，第 131 页。

[②] 《马克思恩格斯文集》第 4 卷，人民出版社 2009 年版，第 302 页。

[③] 《马克思恩格斯全集》第 2 卷，人民出版社 1957 年版，第 22 页。

　　物质资料的生产活动是人类最基本的实践，决定着其他一切，承担这一活动的主体则是亿万普通劳动群众。在自然界中，人是高级别的生命体，人类实现生存发展的前提是为获取自身所需要的物质生活资料，只有在人类能够自我创造物质生活资料的基础上，我们整个人类社会才能继续往前发展。"任何一个民族，如果停止劳动，不用说一年，就是几个星期，也要灭亡，这是每一个小孩子都知道的。"[1] 人们的生活是离不开劳动的，人类区别于其他动物的本质，在于人类能够劳动。脱离了劳动人类将失去存在的意义，更谈不上发展和进步。人民群众是社会实践的主体，在不断运用智慧和力量，推动劳动的工具的升级，不断提升劳动生产速度和劳动生产效率，不断推动社会生产力的发展。生产力的提高带来生产关系的变化，社会形态呈现出从奴隶社会到封建社会，再到资本主义社会、社会主义社会不断发展演变的过程。正因如此，马克思指出："无论不从事生产的社会上层发生什么变化，没有一个生产者阶级，社会就不能生存。"[2] 这就生动指出人民群众的劳动对于社会发展的重要意义，正是靠着人民群众的辛勤劳动，社会的财富得以积累，人类文明得以延续并持续发展。

　　人民群众还创造了丰富的精神财富。马克思指出："劳动创造了宫殿……劳动创造了美"[3]。"宫殿"是物质实体，但是宫殿所反映出的"宏伟壮丽之美"却是只有人类才有的独特的审美体验，这种审美属于社会上层建筑，是人类社会特有的社会关系的生动写照，反映了人民群众内心丰富的精神世界。恩格斯在《自然辩证法》中指出："由于劳动……人的手才达到这样高度的完善，以致像施魔法一样产生了拉斐尔的绘画、托瓦森的雕刻和帕格尼尼的音乐。"[4] 人民群众在物质财富生产过程

---

① 《马克思恩格斯文集》第 10 卷，人民出版社 2009 年版，第 289 页。
② 《马克思恩格斯全集》第 19 卷，人民出版社 1963 年版，第 315 页。
③ 《马克思恩格斯全集》第 42 卷，人民出版社 1979 年版，第 93 页。
④ 《马克思恩格斯全集》第 26 卷，人民出版社 2014 年版，第 761 页。

中，为了交流沟通，创造了语言文字；为了鼓舞精神，创造了文学艺术；为了认识和改造世界，创造了科学和技术；为了寻找价值和意义，创造了哲学和宗教。而所有这些创作，一旦离开人民群众的劳动，也就沦为空谈。同时一切精神财富都必须通过人民群众的实践活动实现、检验和发展。科学的理论文化知识，只有掌握人民群众，应用于人民群众的实践活动，才能获得丰富的物质成果；科学技术只有在人民群众的生产实践活动中，才能转化为现实的生产力；党的路线方针政策，只有被人民群众理解、掌握和实施，才能变成强大的物质力量。

（二）人民群众是历史发展的推动和决定力量

马克思主义群众观认为，人民群众是社会变革和历史发展的决定力量。恩格斯指出："人们总是通过每一个人追求他自己的、自觉预期的目的来创造他们的历史，而这许多按不同方向活动的愿望及其对外部世界的各种各样作用的合力，就是历史。"① 在马克思看来，人民群众在创造物质财富和精神财富的同时，也创造并改造着社会关系，最终推动生产关系的变革、社会制度的更替。

社会变革从根本上看，是社会生产力与生产关系的矛盾运动。随着生产力的不断发展，旧的生产关系已经不能容纳新的生产力，新的生产力不得不打破这种生产力与生产关系不相适应的局面，建立符合自身发展的新的生产关系。按照马克思主义的观点，在人类发展过程中，随着生产力和生产关系的矛盾运动，人类社会要经历原始社会、奴隶社会、封建社会、资本主义社会、社会主义社会五种不同的社会形态。在此过程中，人民群众是生产实践的主体，是新的生产力的创造者，是社会变革的推动者和承担者，没有人民群众就不可能有社会的发展进步。

---

① 《马克思恩格斯文集》第 4 卷，人民出版社 2012 年版，第 302 页。

然而历史上在马克思主义群众观出现以前，人们往往无视人民群众在历史推动中所起的巨大作用，要么把历史看作必然发生的宿命，要么认为历史是由英雄人物所塑造，而人民群众在其中只是可有可无的点缀。这里面既有机械唯物主义的历史观，也有唯心主义历史观。机械唯物主义和唯心主义在自然观的回答中是对立的两派，然而在历史观上，它们却走到了一起。因为他们所看到的历史的主体性只是少数人的主体性，大人物的主体性，权力者的主体性，思想家理论家的主体性，而大多数的特别是直接从事物质生产实践活动的劳动者、被剥削被压迫者却从来没有主体性。他们在大人物和权力者面前，永远是被动的受支配者和受宰割者。

英雄史观的基本逻辑是这样的，他们认为绝大多数的人只能受环境的支配，改变了的人是改变了的环境的产物，而改变环境的人只能是少数人。由此形成"少数人→环境→多数人"的单向关系的公式。马克思主义认为，这种观点有两个要害错误：一是它们忘记了环境正是由大多数人改变的；二是这种学说把人分为两部分，其中少数人居于多数人之上。也就是说这种学说的实质是少数人创造历史的思想。马克思主义则坚持用实践的观点理解世界，而实践的主体主要就是直接进行物质生产实践活动的绝大多数的劳动者，他们不仅能够改造自然环境，也能够改造社会环境。所以马克思主张的是大多数人改变环境，创造历史。大多数人也就是我们今天所讲的人民群众，他们是历史的主体和创造者。

应该承认历史杰出人物在社会发展过程中确实起着特殊作用甚至重大作用，对历史事件有深刻影响，甚至决定个别历史事件，加快或延缓了历史进程。但是，我们必须看到，任何历史杰出人物都不可能最终决定和改变社会发展的总进程和总方向。同时，任何杰出人物，如果不发动组织群众，不依靠人民群众，离开人民群众的直接参与和拥护支持，终将是孤家寡人，一事无成。

在社会形态的更替中，人民群众才是直接构成摧毁旧的腐朽制度、建立新的先进制度的物质力量。在同一社会形态的量变过程中，人民群众作为生产力诸要素的唯一能动性因素，它的变化必将引起生产力构成的变化，必然导致生产关系及其决定的上层建筑的变化，从而推动人类社会不断向前发展；他们在充当"每一个孕育着新社会的旧社会的助产婆"的角色方面，发挥了巨大作用。

（三）为人民群众谋幸福是马克思主义政党的历史使命

如何对待人民群众是人类历史上任何政治团体都必须认真面对和解决的问题。从普通人到杰出人物、从小团体到大的政党，他们的作用不可避免地受到个人与群众、个人与社会、少数与大多数、人的活动与历史规律关系的制约。只有与人民一道，积极推动社会历史发展，他们才能求得自身的发展。他们所代表的群众越广泛，取得群众的支持越大，在历史上所起的作用也就越大。如果他们脱离群众，只是把民心、民力当成夺取政权的工具，必然被人民群众和历史抛弃，最终难逃人亡政息的结局。

马克思主义群众观是马克思主义政党对待群众、处理干群关系的根本出发点和立足点。《共产党宣言》指出："共产党人不是同其他工人政党相对立的特殊政党。"《中国共产党章程》规定："中国共产党是中国工人阶级的先锋队，同时是中国人民和中华民族的先锋队。"我国《宪法》规定："中华人民共和国的一切权力属于人民。"中国共产党由广大人民群众中的先进分子组成，是最广大人民群众的有机组成部分；他们的职责和使命是：掌握科学的世界观，把握世界发展规律，集中和反映代表进步方向、有共同利益的最大多数群众的智慧及愿望，制定正确的路线方针政策，通过实施由人民群众按照一定民主制度和法律程序授予的权力，指引、组织和领导广大人民群众，并与人民群众共同奋斗，创造最广大人民群众的幸福生活。

在领导人民群众进行革命、建设、改革的进程中，中国共产党不断践行发展马克思主义群众观，形成了"群众路线"。《中国共产党章程》规定："党在自己的工作中实行群众路线，一切为了群众，一切依靠群众，从群众中来，到群众中去，把党的正确主张变为群众的自觉行动。""一切为了群众，一切依靠群众"，阐述的是党的群众观点，也就是马克思主义对待群众的态度，是党的群众路线的核心内容。"从群众中来，到群众中去"是马克思主义群众观的具体化，反映的是群众工作的方法论。历史经验和社会实践证明，人民群众蕴含着丰富的智慧和无限的创造力。

中国共产党的历史，就是一部不断坚持、丰富、发展马克思主义群众观的历史。毛泽东把马克思主义群众观与中国革命和建设的实际相结合，提出依靠人民群众是开展党政工作的原则。他指出，"共产党基本的一条，就是直接依靠广大革命人民群众"[1]，明确了人民群众是评价中国革命和建设的真正主体。邓小平极其重视在实际工作中开展群众路线，他认为，"党的组织、党员和党的干部，必须同群众打成一片，绝对不能同群众相对立"[2]。江泽民通过"三个代表"重要思想，发展了开展工作要以人民群众为中心的观点。他说，"我们党要始终代表中国最广大人民的根本利益"[3]，不仅发展了党的群众理论，还再次诠释了党的性质宗旨，指出了全党工作的着力点和落脚点。胡锦涛把党的工作与以人为本相联系，提出"坚持以人为本，就是要以实现人的全面发展为目标，从人民群众根本利益出发谋发展、促发展，不断满足人民群众日益增长的物质文化需要，切实保障人民群众经济、政治、文化权益，让发

---

① 《毛泽东年谱》第六卷，中央文献出版社 2013 年版，第 208 页。

② 《邓小平文选》第二卷，人民出版社 1994 年版，第 368 页。

③ 江泽民：《论"三个代表"》，中央文献出版社 2001 年版，第 160 页。

展成果惠及全体人民"①。党的十八大以来，中国特色社会主义进入新时代，习近平总书记提出了"为中国人民谋幸福、为中华民族谋复兴"②的重大论断，展现出马克思主义群众史观与时俱进的理论品质。由此可见，是否站在人民群众的立场上，以人民为中心，是检验马克思主义政党的试金石，无论是胜利夺取政权，还是牢牢掌握政权，马克思主义政党都离不开人民群众发自内心的拥护和支持。正如《中国共产党章程》所指出的那样："我们党的最大政治优势是密切联系群众，党执政后的最大危险是脱离群众。党风问题、党同人民群众联系问题是关系党生死存亡的问题。"

从根本上说，密切联系群众这个最大政治优势，维系着我们党的生命和事业。长期以来，正是倚重于它、践行着它，我们党才不断发展壮大，取得了中国革命、建设和改革的辉煌胜利。作为共产党员必须准确把握这些基本内涵，真正明白党是谁、为了谁、相信谁、依靠谁；真正用马克思主义群众观点武装头脑，内化于心、外化于行，转化为个人的价值追求和行为指南；真正增强践行党的群众路线的思想自觉和行动自觉，时时刻刻、所思所干都做到敬畏人民群众、尊重人民群众、学习人民群众、依靠人民群众，全心全意为人民群众服务、为人民群众谋利益。

三、马克思主义群众观在新时代的创新发展

坚持和发展马克思主义群众观点，是新时代建设中国特色社会主义的根本保证，是我们迎接挑战、开创未来的法宝。面对新时代新的要

---

① 《胡锦涛文选》第二卷，人民出版社 2016 年版，第 166—167 页。
② 《习近平谈治国理政》第三卷，外文出版社 2020 年版，第 530 页。

求、机遇、考验、任务、目标，习近平总书记准确地把握时代脉搏和改革发展的正确方向，针对新时代坚持党的群众观点、群众路线、群众工作方法、密切党同人民群众的血肉联系等方面进行了一系列深入论述。这些重要论述紧扣党同人民群众、同中国特色社会主义伟大事业的关系，以人民为中心，紧紧围绕"始终把人民群众放在心中最高的位置，始终全心全意为人民服务，始终为人民利益和幸福而努力奋斗"的主题主线展开，形成了具有新的时代特点和丰富内涵的当代马克思主义群众观。

（一）执政根基论：党的根基在人民

为何建党？党是从哪里来的？将要向哪里去？这是中国共产党建党之初就认真思考过并形成共识的根本问题。依照马克思主义的建党学说，将党的基础建立在最广泛的人民群众基础上，将党的根基深扎于人民群众之中，这是马克思主义政党与其他政党的根本区别，也是中国共产党枝繁叶茂、永葆活力的秘密所在。一百多年来，中国共产党牢记初心，恪守使命，一直紧紧依靠人民，不管在任何情况下都始终与人民群众紧密团结在一起。在党成立之初，面对着恶劣的国内外政治环境，中国共产党依靠广大人民群众在艰难困苦中玉汝于成，取得了新民主主义革命的胜利，建立了新中国，实现了人民当家作主的政治目标。毛泽东曾形象地把党和人民的关系比喻为种子和土地的关系："我们共产党人好比种子，人民好比土地。我们到了一个地方，就要同那里的人民结合起来，在人民中间生根、开花。"①党的十一届三中全会以来，中国的改革开放能够循序渐进，得益于广大人民群众的支持。在改革开放之初，邓小平就强调指出："群众是我们力量的源泉，群众路线和群众观点是

① 《毛泽东选集》第四卷，人民出版社1991年版，第1162页。

我们的传家宝。"① 党的十八大以来，在以习近平同志为核心的党中央领导下，中国人民意气风发走进中国特色社会主义新时代。在新时代，中国共产党紧紧依靠人民群众，取得了脱贫攻坚的伟大胜利，全面建成了惠及 14 亿多人民的小康社会，已经顺利实现了第一个百年奋斗目标。随着时代发展、社会进步，中国共产党统筹中华民族伟大复兴战略全局和世界百年未有之大变局，机遇与挑战并存，怎样实现第二个百年奋斗目标？依靠谁取得中华民族复兴大业的成功？习近平总书记掷地有声地说："江山就是人民、人民就是江山，打江山、守江山，守的是人民的心。中国共产党根基在人民、血脉在人民、力量在人民。"② 人民群众是党的力量源泉，人民群众是党长期执政的政治基础，人民群众是党领导中国特色社会主义取得胜利的根本保证。坚持这一条，就坚守了马克思主义唯物史观的基本原理，就坚持了立党之本、兴国之魂的关键因素。

（二）政治立场论：党的根本政治立场是人民立场

立场问题，是根本的政治问题，是一个政党最鲜明的印记。习近平总书记明确指出："人民立场是中国共产党的根本政治立场，是马克思主义政党区别于其他政党的显著标志。"③ 中国共产党是为了中国人民求翻身、得解放、过上幸福生活的政党，她的一切出发点和落脚点是为了中国人民的幸福安康和中华民族的伟大复兴。一切为了人民，全心全意为人民服务，体现了马克思主义政党最鲜明的政治立场；始终站在人民大众的立场上，一切相信人民，一切依靠人民，诚心诚意为人民谋利

---

①　《邓小平文选》第二卷，人民出版社 1994 年版，第 368 页。

②　习近平：《在庆祝中国共产党成立 100 周年大会上的讲话》，人民出版社 2021 年版，第 11 页。

③　《习近平谈治国理政》第二卷，外文出版社 2017 年版，第 40 页。

益，这是马克思主义政党的根本出发点和落脚点。2020 年面对新冠疫情，习近平总书记特别指出，"我们党没有自己特殊的利益，党在任何时候都把群众利益放在第一位。这是我们党作为马克思主义政党区别于其他政党的显著标志。……人民至上、生命至上，保护人民生命安全和身体健康可以不惜一切代价"①。群众在党的心中分量有多重，党在群众的心中分量就有多重。一个政党，一个政权，它的前途和命运最终取决于民心向背。党始终站在人民群众的立场上说话办事，就能赢得人民群众，不断取得事业的成功。

（三）初心使命论：为人民谋幸福，为民族谋复兴

习近平总书记在就任党的总书记伊始，曾严肃而深刻地指出："人民群众对美好生活的向往，就是我们的奋斗目标。"② 初心即本心，即怀揣理想的执着坚守。中国共产党从成立那天开始，就将为人民谋幸福镌刻在党的旗帜上。这个初心激励一代又一代的共产党人抛头颅、洒热血，向着胜利不断前进。习近平总书记在党的十九大报告中开宗明义论述了党的初心使命，"中国共产党人的初心和使命，就是为中国人民谋幸福，为中华民族谋复兴"③。党的初心使命关系国家民族最根本的长远利益，关系人民群众最根本的现实利益。党的初心使命把党的全部工作、党的伟大事业与人民群众的理想追求、生存状态和生活样式紧密联系在一起。习近平总书记从长期的基层工作经验中，深刻认识到党的群众工作的极端重要性，没有党的群众工作，便没有党的一切。"我们党作为百年大党，要始终得到人民拥护和支持，书写中华民族千秋伟

---

① 《习近平谈治国理政》第四卷，外文出版社 2022 年版，第 53—54 页。

② 《习近平谈治国理政》第一卷，外文出版社 2018 年版，第 424 页。

③ 《十九大以来重要文献选编》（上），中央文献出版社 2019 年版，第 1 页。

业，必须始终牢记初心和使命。"① 只有不忘初心，方能赢得民心、赢得时代，实现历史赋予我们的伟大使命。

（四）人民中心论：坚持以人民为中心的价值取向

党领导人民革命，党代表人民执政，在革命和执政上的价值取向，是最根本的取向，因而也是最重要的取向。中国共产党从建党开始，就是和人民在一起的政党，就是为中华民族复兴和中国人民谋幸福的政党。因此，党的价值取向只有一个，就是以人民为中心。在党的十八届五中全会上，习近平总书记首次提出了以人民为中心的发展思想，这是在新时代对马克思主义群众观的重大创新，是中国共产党群众思想的最新时代表达，具有深刻的思想内涵和政治意蕴。在庆祝中国共产党成立 100 周年大会上的讲话中，习近平总书记进一步指出，"新的征程上，我们必须紧紧依靠人民创造历史，坚持全心全意为人民服务的根本宗旨，站稳人民立场，贯彻党的群众路线，尊重人民首创精神，践行以人民为中心的发展思想"②。以人民为中心的发展思想和价值取向，在党的指导思想和政治实践上，有鲜明的社会指向，就是必须以改善民生为发展目标，切实满足人民群众的内在需求；必须发展各项社会事业，尤其是教育和医疗卫生保障事业，实现教育公平和社会服务均等化；必须加大收入分配调节力度，努力实现分配公平，缓解城乡贫富差距，让人民群众切实享受改革发展的成果。人民群众既是中国式现代化伟大事业的建设主体，是伟大事业的维护者、奋斗者和推进者；也是享受发展成果的主体。公平分配、正义衡量等社会价值尺度，由人民群众说了算。只有让

---

① 习近平：《在"不忘初心、牢记使命"主题教育总结大会上的讲话》，人民出版社 2020 年版，第 10 页。

② 习近平：《在庆祝中国共产党成立 100 周年大会上的讲话》，人民出版社 2021 年版，第 12 页。

全体人民群众真正共享改革发展成果，才能检验党是否始终坚持了以人民为中心的发展思想和价值原则，才能在改革发展中夯实全心全意为人民服务根本宗旨的社会基础。

（五）工作方法论：坚持党的群众工作路线

工作方法千万条，党的群众工作方法是最关键最重要的一条：从群众中来，到群众中去，密切联系群众，紧紧依靠群众，把群众智慧带到党的政策中来，把党的政策放到群众中检验。在新民主主义革命时期，毛泽东指出，"因为革命战争是群众的战争，只有动员群众才能进行战争，只有依靠群众才能进行战争"[1]。在改革开放之初，邓小平指出，"凡是符合最大多数人的根本利益，受到广大人民拥护的事情，不论前进的道路上还有多少困难，一定会得到成功"[2]。中国共产党在革命、建设和改革各个历史时期的工作经验表明，党的群众工作方法，是党领导人民夺取一个又一个胜利、不断取得新胜利的法宝。在长期的基层工作实践中，习近平总书记成功运用群众工作方法，深刻认识到群众工作方法的巨大力量。党的十八大以来，习近平总书记多次论述并强调坚持群众工作方法，创新群众工作方法，用群众满意、赞成、拥护的标准检验党的一切工作。习近平总书记指出："贯彻党的群众路线，尊重人民主体地位，尊重人民群众在实践活动中所表达的意愿、所创造的经验、所拥有的权利、所发挥的作用，充分激发蕴藏在人民群众中的创造伟力。"[3] 一切为了群众，一切依靠群众，从群众中来、到群众中去的群众路线，是马克思主义历史唯物主义基本原理在实践工作中的具体体现，也是党必须始终坚持的根本工作路线和根本工作方法。

---

① 《毛泽东选集》第一卷，人民出版社 1991 年版，第 136 页。

② 《邓小平文选》第三卷，人民出版社 1993 年版，第 142 页。

③ 《习近平谈治国理政》第三卷，外文出版社 2020 年版，第 183 页。

　　当代马克思主义群众观，是马克思主义群众观在新时代的科学运用和创新发展，是习近平总书记在长期工作实践中，心里装着群众、工作依靠群众、发展为了群众实践经验的理论升华。新时代践行马克思主义群众观，就是要站稳群众立场，坚持群众观点，紧紧依靠群众，放手发动群众，团结带领群众"办好中国的事情"，为逐梦圆梦不断凝聚群众力量、激活群众智慧、聚合群众向心力，把党的宗旨和群众愿望有机结合起来，创造无负于时代的伟大业绩。

第六章

马克思主义价值观

马克思主义不仅有科学的世界观，还有崇高的人生观和价值观。马克思主义价值观是马克思主义哲学的重要组成部分，在实践基础上揭示了主体与客体、个人价值与社会价值、真理与价值、价值评价与价值选择等的内在统一关系。由马克思、恩格斯创立，历经列宁在领导俄国无产阶级和社会主义革命实践的发展，传入中国，实现了马克思主义价值观的中国化。中国特色社会主义进入新时代，马克思主义价值观进一步得到丰富和发展。

一、马克思主义价值观的伟大变革

"价值"一词，并非神秘莫测，因为它与每一个人的生命息息相关；价值观问题，并不深奥难懂，因为它关系着每一个人每时每刻的言行选择；价值观哲学，并不玄虚空洞，因为它研究的是与每一个主体相关的价值以及价值评价等基本问题。马克思主义价值观是建立在对价值以及价值评价等概念和理论的科学分析，以及对近代以来多种价值观理论批判基础上的科学理论体系。

（一）对传统价值学说的突破与超越

价值的概念，在被引入哲学和人文社会科学之前，一直被用于经济学领域，是指某物的有用性以及与其他物的交换比价关系。关于价值的问题，都是渗透在善恶、利益、幸福等伦理学问题中进行研究的。一直到 19 世纪中期，"价值"一词才被引入哲学领域。此时，价值的概念宽泛而缺乏统一性。有"实体说"，把价值同外在客体等同起来；有"人本说"，认为衡量价值的唯一标准是人的兴趣、需要、情感等；有"效用说"，把价值看作客体对主体的有用性或者是效用；有"关系说"，认为价值是客体对于主体或者是主体需要的一种肯定或者是否定的关系。这些关于价值以及价值观的主张，尽管都有其合理之处，但是都不同程度存在着将价值、价值主体、价值客体、价值实体、价值关系、价值评价、价值取向等相混淆的问题，包含着不全面和不科学的因素。而马克思主义价值观则克服了上述问题，对价值以及价值观做出了全面而科学的规范与阐述。

第一，价值及其规定性。马克思主义认为，价值存在于客体对主体的关系之中，它是某一客体(物质或精神的)同人的需要、利益、兴趣、愿望、追求和喜好等联系在一起的，是主体和客体的一定关系的体现。马克思主义对"价值"一词的考证，也源自经济学中的"有用性"。在《资本论》第 4 卷《剩余价值理论》中，马克思讲到"'value，valeur'"这两个词，最初无非是表示物对于人的使用价值，表示物的对人有用或使人愉快等等的属性。[①] 但是，马克思仅仅认为，价值与"物的对人有用或使人愉快等等的属性"有关，它与仅仅表示物的"社会存在"的"交换价值"是两个不同的概念。马克思主义认为，全面而科学地理解价值概念，需要澄清以下几个问题。一是一般"价值"是对个别"有价值"

① 《马克思恩格斯全集》第 26 卷（第三册），人民出版社 1974 年版，第 326 页。

的抽象。马克思主义关于价值的一般含义是千千万万个"有价值的"个别评价的抽象，它所揭示、描述和反映的是这些众多的具体的、个别认识的共性和本质。二是价值不同于价值实体及其属性。马克思主义认为，价值的存在必须依托一定的载体，离开这个载体，价值一词将无意义。但是，不能简单将价值实体等同于价值本身。价值是对实践过程中主体需要与客体属性之间满足关系的一种抽象和概括，所以，价值不是价值实体。同时，也不能把价值等同于价值属性。离开主体人的能动的实践活动，客体的价值属性将无从把握。三是价值不同于主体的价值需要。马克思主义认为，对价值的评价离不开人的需要、愿望、情感、喜好等主观因素，但是如果仅仅把价值等同于主体的价值需要，就往往会在价值评价上失去客观标准，陷入唯心主义，也必然会把最关键的要素——实践，排除在价值评价之外，把价值概念抽象化、机械化了。四是必须从主体与客体的关系中把握价值含义。马克思主义认为，把握价值一般含义的时候，必须把主体和客体统一起来，从主客体之间的关系中去分析和认识价值的科学内涵。而且主体与客体的关系是随着实践的变化而变化的，因此，对价值的理解也应随实践的变化而变化，这才是符合辩证唯物主义和历史唯物主义基本立场的。

第二，价值标准与价值评价。价值标准，是指衡量客体对主体有无价值和价值大小的准则和依据。它所要解决的是客体对主体"是否有用的问题"。客体是否有价值以及其价值的大小，并不能由客体本身来自证，必须由主体依照一定的标准来衡量和认定。马克思主义认为，因为对价值及其规定性的理解不同，所以不同的人的价值评价标准也具有差异性。价值评价，是主体依据一定的尺度和标准对客体属性满足主体需要之间的价值关系的反映和评判。在价值评价中，不但深深地打着主体需要的烙印，而且不可避免地包含着评价主体的态度和情感。价值评价既有对客体有无价值的"质的"评价，也有对客体在多大程度上能够满足主体需要的"量的"评价。科学合理的价值评价才能体现真、善、美的统一。如果使主体对客体的价值评价是科学的、合理的，那么它不但要建立在对客体属性和主体需要正确认知基础上，而且以此满足人类需要还应当是合理的，同时，这个评价所采用的尺度本身还必须是能够经得起社会历史发展检验的。因此，科学合理的价值评价，必须体现出真、善、美的统一。

第三，人的社会价值和自我价值。马克思主义认为，在人的价值关系中，人既是主体，又是客体。人不仅要意识到自己的存在、需要和利益，而且必须处理自己与自己、自己对他人和社会的关系。因此，人的价值必然地表现出社会价值与自我价值的双重性。人的社会价值，是个人或群体对于社会的意义和作用，是"人对社会的价值"的简称。它涉及的是个人或群体与社会的关系。在这里，价值关系的主体是社会，价值关系的客体则是个人或群体。就个人来说，其价值表明的是个人的活动对于社会存在和发展所起的作用，因此，一个人的社会价值大小取决于个人对社会所作贡献的多少。人的自我价值，是指人对于自身的意义和作用，是人对于自己需要的自我满足。这里的人，可以指个人、群体以至人类。个人的自我价值是相对于个人的社会价值而言的，是个人对于自身需要的满足。这种满足是在个人对社会作出贡献的基础上，然后通过社会对个人的生存、发展提供物质保证和精神保证实现的。换言之，人的自我价值既是个人的自我观照，也是社会对个人的尊重和满足。人的社会价值和自我价值是辩证统一的，二者互为基础、互为目的、不可分割。一方面，自我价值是社会价值的必要前提。个人需要享有一定的社会权利，对自我价值的压抑和损害，也必然会导致人们的热情、活力、创造力的扼杀和丧失，从而社会价值也必然会受到损害。而对自我价值的尊重和保障，则会激活人们的生命热情和创造力，使杰出者更加杰出，使平庸者不再甘于平庸，造就人才辈出、各显其能的局面，社会价值也会因此获得极大发展。另一方面，社会价值是自我价值的基础。任何人的生存发展都依赖于一定的社会条件，人们应当努力创造社会价值，也就是在为社会作贡献的过程中实现自我价值。个人的社会价值和自我价值是可以相互转化、相互促进的。一个人的主体性、创造才能发展得越充分，为他人和社会的贡献越大，社会的物质财富和精神财富就越多，社会的文明程度就越高；而社会财富越多，文明程度越高，就越能满足人们日益增长的美好生活的需要，从而就能最大程度地保障社会每个成员的自我价值的充分实现。

第四，价值观。价值观是主体对客体有无价值和价值大小的立场与态度的总和，是对价值及其相关内容的基本观点和看法。从哲学意义上讲，价值观就是人们对周围世界的意义和价值的反映和判断，是对世界、社会、他人以及与自己的关系的一种具有系统性、综合性和稳定性的观点。价值观的主体与价值主体不同。价值观的主体是特指有某种价值观念的人，可以是个体的人，也可以是特定的群体。马克思主义价值观认为，一个人和一个群体的价值观的形成和发展，总是与其社会地位、经济状况、文化传统等密切相关。一个人的价值观一旦形成，就会对其行动以及态度、情感等产生潜移默化的影响和指引作用。价值观中蕴含着主体的目标和理想。由于价值观是主体对周围世界意义和价值的反映和判断，所以，价值观属于主体的意识和观念范畴，其中必然蕴含着主体的人的信仰和理想目标。一旦主体的人确立起了正确且进步的价值观，其理想目标对价值观将起到巩固和激励作用。

（二）对前现代哲学价值观的反思与超越

对"主体论"价值观的反思与超越。古希腊时期普罗泰戈拉提出了"人是万物的尺度"这一著名命题。这一思想，把人的主体性提高到了前所未有的高度，反映了当时雅典公民在价值问题上的主体意识。后来的苏格拉底所讲的"未经审察的生活是没有价值的生活"这种"美德即知识"的价值标准，仍然把价值标准限定于主观领域，难以摆脱唯心主义价值观的局限。而马克思主义认为，这些价值标准带有过重的主观色彩，极易走向相对主义的歧途。马克思主义把价值看作"主体与客体需求与效用关系"，批判和超越了古代哲学这种仅仅局限于"主体"角度的价值观。马克思指出："如果我们想……根据效用原则来评价人的一切行为、运动和关系等等，就首先要研究人的一般本性，然后要研究在每个时代历史地发生了变化的人的本性。"① 因为，只有使主体自身的主观与客观统一起来，才能确立起自己客观、可靠的价值评价标准。

对神秘主义价值标准的反思与超越。中世纪，各种神秘主义的价值观理论是基督教神学价值观的主要表现。宗教神秘主义价值观认为，宇宙间的一切存在物都是上帝创造的，因此上帝是一切价值的源泉。他们还认为，"天堂的幸福"是最高幸福，这种幸福在于分享了上帝的德性。尘世幸福只是达到天堂幸福的手段，只有天堂幸福才是人生价值的最终目标。这种价值观，把人追求幸福的途径和目标都引向了"上帝""天堂"等神秘的方向，不仅从观念上陷入唯心主义，更为重要的是让人把努力的目标、奋斗的价值建立在虚无主义基础上，对历史的发展必然起到阻碍作用。马克思指出："人应该在实践中证明自己思维的真理性，即自己思维的现实性和力量，自己思维的此岸性。关于离开实践的思维的现实性或非现实性的争论，是一个纯粹经院哲学的问题。"②

对人文主义价值观的反思与超越。在文艺复兴运动中，人文主义思想家们提出了以"人"的价值为中心的人道主义价值观，强调人应该追求现世的、感性的幸福，一种观点就是"我自己是凡人，我只要求凡人的幸福"③。人文主义价值观强调自由意志，极力主张个人自由和个性解放，认为人应该根据自己的个性和意志进行价值选择。尽管这种价值观

---

① 《马克思恩格斯文集》第 5 卷，人民出版社 2009 年版，第 704 页。

② 《马克思恩格斯文集》第 1 卷，人民出版社 2009 年版，第 504 页。

③ 北京大学西语系资料组：《从文艺复兴到十九世纪资产阶级文学家、艺术家有关人道主义人性论言论选辑》，商务印书馆 1971 年版，第 11 页。

对批判宗教神学神秘主义价值观有非常重要的积极意义，但是仍然有明显的局限性。马克思主义对其进行了深刻的批判，认为没有抽象的个人，抽象的个人的自由和幸福也是不存在的，在《关于费尔巴哈的提纲》中马克思提出了著名论断："人的本质不是单个人所固有的抽象物，在其现实性上，它是一切社会关系的总和。"①

（三）对资本主义"普世价值"的批判与超越

一是提出资本主义制度下资产阶级价值观直接派生于资产阶级的利益要求。在马克思恩格斯看来，资本主义制度下的异化劳动造成了价值问题上的扭曲，人与人之间、人与物之间主客体关系被颠倒，人成为物的奴隶。结果是，生产越发展，给劳动者带来的贫困、奴役和折磨越严重。在《资本论》中，马克思指出，"在资本主义制度内部，一切提高社会劳动生产力的方法都是靠牺牲工人个人来实现的；一切发展生产的手段都转变为统治和剥削生产者的手段，都使工人畸形发展，成为局部的人，把工人贬低为机器的附属品，使工人受劳动的折磨，从而使劳动失去内容"②。资产阶级为了个人财富的积累，无止境地追逐剩余价值，使生产变成了这样的过程："在一极是财富的积累，同时在另一极，即在把自己的产品作为资本来生产的阶级方面，是贫困、劳动折磨、受奴役、无知、粗野和道德堕落的积累。"③

二是提出在自由竞争中自由的不是个人，而是资本。马克思主义认为，在资本主义制度下，对于资产阶级所标榜的人的自由价值存在，仅仅是指工人从"人的依赖关系"中走向"物的依赖关系"过程中，出卖劳动力时所具有的单纯主体性而已。即，资本主义制度下的所谓自由，

---

① 《马克思恩格斯文集》第1卷，人民出版社2009年版，第501页。

② 《马克思恩格斯文集》第5卷，人民出版社2009年版，第743页。

③ 《马克思恩格斯文集》第5卷，人民出版社2009年版，第743—744页。

仅仅体现为资本的自由，而不是人自身的自由。因为，"在自由竞争中自由的并不是个人，而是资本。只要以资本为基础的生产还是发展社会生产力所必需的、因而是最适当的形式，个人在资本的纯粹条件范围内的运动，就表现为个人的自由，然而，人们又通过不断回顾被自由竞争所摧毁的那些限制来把这种自由教条地宣扬为自由"①。

三是提出平等不是抽象的，而是同一定的物质生产关系联系在一起的。在批判封建专制的人对人的奴役关系时，资产阶级宣称个人的平等价值与自由一样是永恒的、是绝对的。马克思主义价值观认为，在资本主义私有制、劳动力和资本对立为特征的资本主义制度下，不但不可能有真正的平等，反而造成了人与人之间尖锐的对立。马克思指出，在异化劳动中，"劳动为富人生产了奇迹般的东西，但是为工人生产了赤贫。劳动生产了宫殿，但是给工人生产了棚舍。劳动生产了美，但是使工人变成畸形。劳动用机器代替了手工劳动，但是使一部分工人回到野蛮的劳动，并使另一部分工人变成机器。劳动生产了智慧，但是给工人生产了愚钝和痴呆"②。因此，在资本主义制度下，资产阶级占有了所有有价值的东西、美好的东西，而作为不占有生产资料的劳动者，其自身的价值和生产出的价值，都被资产阶级无偿地夺取了，不可能存在真正的平等。

四是提出资产阶级的博爱是用来麻痹劳动阶级意识的。在马克思恩格斯看来，资产阶级所鼓吹的"博爱"是虚伪的。因为，只有当自己同无产阶级有着同样的利益要求，需要无产阶级为自己去冲锋陷阵时，资产阶级才会高高举起"博爱"的旗帜，而一旦无产阶级的利益要求和自己的利益发生冲突时，他们便会撕下这层伪善的面具，"把共和国的'自由，平等，博爱'这句格言代以毫不含糊的'步兵，骑兵，炮兵'"③。

---

① 《马克思恩格斯文集》第 8 卷，人民出版社 2009 年版，第 179 页。
② 《马克思恩格斯文集》第 1 卷，人民出版社 2009 年版，第 158—159 页。
③ 《马克思恩格斯选集》第 1 卷，人民出版社 2012 年版，第 706 页。

因此，马克思主义认为，脱离开现实的社会实践对这样的所谓"普世价值"进行抽象理解，不但在认识上是荒谬的，对于实践来说也是根本行不通的。

二、马克思主义价值观的基本问题

价值观的基本问题，就是指作为一个思想体系的价值观，所要研究和解决的最为基础的理论问题。马克思主义价值观的基本问题，就是马克思主义价值观理论体系要面对和解决的基础理论问题。

（一）关于价值主体与客体的关系问题

价值就是主体与客体之间的需要与满足需要的关系。马克思主义价值观认为，价值的产生，首先是相对于价值主体而言的。其次，客观世界、外部客体是价值的载体和承担者，价值的形成也离不开客体及其属性。同一个客体及其属性可以和不同的主体发生不同的、甚至相反的价值关系，这主要是由主体的不同需要造成的。因此，不同性质的价值关系虽然离不开客体因素的制约，但更重要的是取决于不同性质的主体需要。客观事物及其属性在尚未同主体人的特定需求发生价值关系，人们还未认识和利用它的用途之前，就不具有现实的价值，而只能是一种"潜在的价值"。同样，当主体的需求尚未同客体的一定用途发生价值关系之前，也不是现实的价值需求，而只能是一种可能的"价值需求"。

任何一个价值观都是价值主体对价值及其利益和需要的满足状况的反映。价值立场问题是价值观的首要的和核心的问题，是价值观的灵魂。有什么样的价值主体，就有什么样的价值观。不同个人的价值观具有个体性，不同阶级的价值观具有阶级性；自觉性强、认识水平高的主体能确立全面的、长远的价值观，水平低、认识片面的主体只能确立片面的、急功近利的价值观。马克思主义政党的价值观，从一开始就把最大多数人民的自由解放和全面发展作为根本目标，因此，一切纲领和实践的出发点，都始终站在人民群众这个价值主体的立场之上。在现实的主客体价值认识和反映的关系中，价值主体必然是具体的、明确的，一事物的好与坏、优与劣，就必定是对谁来说是好还是坏、是优还是劣。

（二）关于真理与价值的关系问题

任何实践活动都是在两种尺度共同制约下进行的，是合规律性与合目的性的统一。马克思主义认为，人类的社会生活中，真理与价值，不仅经常发生种种对立与冲突，而且又是紧密联系、不可分割的，二者的对立统一是保证人类进步发展的深刻基础。

真理原则与价值原则有着不同的功能。首先，真理原则是一种侧重于客体性的原则，价值原则是一种侧重于主体性的原则。真理原则要求人们的思想和行动高度地符合客观对象的内容和规律，即按照客体的尺度来规定主体的活动。价值原则要求人们的思想和行动最大限度地保证人的社会需要和利益，即按照人的内在价值尺度尽可能使客体为人服务，使客体为主体服务。其次，真理原则是人的活动中的条件性原则，价值原则是人的活动中的目的性原则。真理所包含的一切对象和环境的客观内容及其规律，不仅是主体活动的对象，也是主体活动的前提条件，不尊重和服从这种前提条件，人的任何有目的的活动都不会成功。与此相反，价值原则恰恰是一种目的性原则，目的性是价值原则的核心。人们的一切活动都以获得一定价值为目的，为了这个目的，人们才会把自己的物质力量和精神力量调动起来，去认识客体和改造客体。

离开价值原则，对于人们为什么要去活动、去追求和创造、去反思和改造自己，都是无法解释的。再次，真理原则是社会历史活动中的同一性原则，价值原则是社会历史活动中的多样化原则。马克思主义认为，真理就是对客观事物及其本质规律的正确反映，真理的作用就在于使不同人、具有不同目的的活动都服从统一的客观规律。在社会历史发展中，只有符合真理的认识才能成立，只有符合真理的行动才能成功，这样就使多种多样不同的目的、动机和活动最终有一个统一的结果和结论。而价值的主体性是通过主体的多元化表现出来的，不同的具体主体有不同的价值关系和价值原则。价值原则的作用是同社会生活中的利益、追求的多样化相联系的，是同主体的个性、党性、阶级性等联系在一起的。价值原则也是人们处理社会关系，进行经济、政治、社会、文化、生态等各个领域里的社会选择的原则。

真理与价值是具体的历史的统一。首先，作为同一人类活动两个方面的基本内容，真理原则和价值原则是相互补充的。真理与价值都不是存在于人类的活动之外，而是形成于人类的活动之中，是人的生存和发展不可或缺的内容。它们各自的规定性和要求之间包含着内在的一致性联系，并通过相互补充、相互结合而构成完整的、有效的人类活动内容整体。其次，真理和价值都是人类活动所追求的目标。人类必然需要也能够通过一定的自我调节来解决真理与价值之间的冲突，使它们以某种方式达到一定程度上的统一。每当具体的价值与具体的真理彼此冲突时，就要由主体来调节自己的活动，进行重大的抉择——或者总结经验教训，认识真理，根据科学真理来调整自己的需要和计划；或者根据自己的需要，去认识新的真理，寻找新的可能性，利用客观规律创造新的条件等等。再次，真理与价值相互贯通。一方面，真理与价值在人们的活动中互为前提。另一方面，真理与价值又是互相适用的。真理原则在价值生活中也成立，对于任何价值特别是评价认识，人们总是要解决"它是真是假"的问题，以便在价值生活中去伪存真，弃虚求实；同样，价值原则也适用于真理问题，对于每一真理，人们也要解决它"有什么价值"的问题，以便在实践和认识中充分依据、利用真理来发展人和社会自身。真理和价值相互的贯通，使人们可以进一步理解二者之间的具体一致性和深刻联系。

（三）关于价值观与利益观的关系问题

价值观与利益观既相互区别又辩证统一。价值观是指人们对于事物有无价值和价值大小的一种尺度、评价标准和总的认识。利益观是人们对利益的根本立场和态度。由于人们所进行的一切价值追求都同他们的利益有关，在人类社会的发展进程中，一切价值关系的产生都来源于利益关系，所以马克思主义价值观认为，价值观与利益观总是密不可分的。利益观是形成价值观的基础和前提，价值观形成后又能对利益观产生重大影响。马克思主义价值观和利益观都统一于马克思主义哲学，即辩证唯物主义与历史唯物主义的世界观。这种世界观是对社会、自然和人与人之间关系的正确的、根本的看法，是历史上唯一科学的世界观。在这一世界观指导下，马克思主义利益观和价值观都坦率地主张物质利益决定着人们最基本的价值取向和价值目标，坚决反对离开人的具体的社会关系抽象地谈论人的物质和精神的利益需要，并特别注重自觉地在实践中将个人利益与阶级利益、社会利益、整个人类的根本利益统一起来。

为最大多数人民谋利益是马克思主义利益观的价值目标。早在19世纪30年代，马克思就非常重视对人生价值问题的研究。1835年，马克思在《青年在选择职业时的考虑》中写道："如果我们选择了最能为人类而工作的职业，那么，重担就不能把我们压倒，因为这是为大家作出的牺牲；那时我们所享受的就不是可怜的、有限的、自私的乐趣，我们的幸福将属于千百万人，我们的事业将悄然无声地存在下去，但是它会永远发挥作用，而面对我们的骨灰，高尚的人们将洒下热泪。"① 马克思早在中学时代就树立起为人类而工作的基本价值。马克思主义价值观强调物质经济利益对于价值取向与价值追求的重要性，但一方面它不是狭隘的功利主义的利益观与价值观。它在肯定物质利益是价值取向的基础并对价值取向和价值目标起决定作用的同时，也重视理性和精神的价值，主张为了人类正义和进步事业，可以牺牲个人的、眼前的功利，直至牺牲宝贵的生命。另一方面它也不是极端个人利己主义利益观和价值观。集体主义原则是马克思主义价值观的核心内容。马克思主义从来都承认个人利益的重要性，且充分肯定个人利益的合理满足对人类社会发展的重要意义。他们指出："私人利益本身已经是社会所决定的利益，而且只有在社会所设定的条件下并使用社会所提供的手段，才能达到；也就是说，私人利益是与这些条件和手段的再生产相联系的。"② 列宁指出："社会发展的利益高于无产阶级的利益；整个工人运动的利益高于工人个别阶层或运动个别阶段的利益"③。因而把社会利益自觉地置于自己的利益之上，主张一切无产阶级的先进分子为了人民大众的利益和社会发展的利益，必要时都应当放弃或牺牲自己的利益，自觉树立以人民利益（社会利益或集体利益）为重、为人民谋利益的思想。

（四）关于马克思主义的价值原则

一是坚持人民利益至高无上。马克思主义价值观以无产阶级的根本利益和全人类的解放为出发点和至高无上的价值追求。马克思主义坚持历史唯物主义立场，把人民群众看作历史的主体和社会发展的动力，认为，历史是人民群众创造的，所以，马克思主义政党，确立全心全意为

---

① 《马克思恩格斯全集》第 1 卷，人民出版社 1995 年版，第 459—460 页。
② 《马克思恩格斯文集》第 8 卷，人民出版社 2009 年版，第 50 页。
③ 《列宁全集》第 4 卷，人民出版社 1984 年版，第 192 页。

人民服务的宗旨，就是把无产阶级和全人类的解放确立为自己的根本价值目标。人民利益的最高表现就是全体人的全面发展。马克思主义认为，人的全面发展就是指人类及其所有社会成员，全面而自由地发展他们的全部力量和全部才能。马克思恩格斯认为，通过无产阶级革命建立起来的共产主义社会，是"一个以各个人的自由发展为一切人自由发展的条件的联合体"①，是经济上消灭剥削、政治上人民当家作主、文化上高度繁荣，人对物质文明、政治文明、精神文明共同创造和共同享有的社会，只有在这一社会条件下，人的全面发展才能变为现实。

二是坚持个人利益服从集体利益。马克思主义所说的集体，就是指无产阶级和其他劳动者的共同体。马克思主义价值观一向重视集体的力量，并要求个人利益要服从集体利益。马克思恩格斯指出："个人力量（关系）由于分工而转化为物的力量这一现象，不能靠人们头脑里抛开关于这一现象的一般观念的办法来消灭，而只能靠个人重新驾驭这些物的力量，靠消灭分工的办法来消灭。没有共同体，这是不可能实现的。只有在共同体中，个人才能获得全面发展其才能的手段，也就是说，只有在共同体中才可能有个人自由。"②他们还指出："既然正确理解的利益是全部道德的原则，那就必须使人们的私人利益符合于人类的利益。"③虽然马克思恩格斯没有直接提出"集体主义"概念，但是他们在这些论述中阐发的，其实就是集体主义的价值原则。

三、马克思主义价值观的当代发展

马克思主义是我们立党立国、兴党强国的根本指导思想。中国共产

---

①　《马克思恩格斯文集》第 1 卷，人民出版社 2009 年版，第 573 页。

②　《马克思恩格斯文集》第 1 卷，人民出版社 2009 年版，第 570—571 页。

③　《马克思恩格斯文集》第 1 卷，人民出版社 2009 年版，第 335 页。

党是用马克思主义武装起来的政党，马克思主义是中国共产党人理想信念的灵魂。马克思主义价值观哲学，始终是中国共产党确立自己价值理念、价值选择、价值标准、价值目标、价值评价的根本遵循。

（一）以社会主义核心价值观丰富发展马克思主义价值观

党的十八大首次明确提出社会主义核心价值观。这一价值观作为马克思主义价值观与中国特色社会主义实践、与中华优秀传统文化相结合的成果，是新时代创新国家治理体系和治理能力的人文精神内核和价值保证。

第一，社会主义核心价值观是马克思主义价值观在当代中国的集中体现。核心价值观是一个社会中居统治地位、起支配作用的核心理念，也是一个社会必须长期普遍遵循的基本价值准则。"富强、民主、文明、和谐，自由、平等、公正、法治，爱国、敬业、诚信、友善"，这 24 个字社会主义核心价值观的提出，是对马克思主义价值观的创新性发展。"富强民主文明和谐"是国家层面的核心价值观、"自由平等公正法治"是社会层面的核心价值观、"爱岗敬业诚信友善"是公民个人层面的核心价值观，都无不彰显了马克思主义价值观对"最大多数人"根本利益的实现这一价值目标的关注。社会主义核心价值观的培育和弘扬，正是对马克思主义和马克思主义价值观的科学坚持、创新发展和正确运用。

第二，倡导社会主义核心价值观以彰显马克思主义价值观的现实意义。马克思主义价值观对社会主义核心价值观建设具有指导意义。价值关系是一切社会关系的重要内容，价值观则是一个社会的核心观念。培育和弘扬社会主义核心价值观是我国意识形态领域的重要任务。培育和弘扬社会主义核心价值观，对于引领当今社会各种思潮，应对意识形态领域存在的问题具有重要的作用；对于坚定社会主义的理想信念，增强社会主义意识形态的吸引力和凝聚力，重塑理想、凝聚人心、增强认同，意义重大。马克思主义价值观是培育和弘扬社会主义核心价值观的思想基础与理论来源。马克思关于价值观的具体内涵、价值本质、价值取向的论述，关于价值实现的制约因素、途径以及未来理想价值的实现，为培育和弘扬社会主义核心价值观指明了方向和路径。正因如此，我们必须以马克思主义价值观来引导社会主义核心价值观的培育和弘扬。

（二）以党的初心使命作为价值目标

习近平总书记指出："党的百年历史，就是一部践行党的初心使命的历史。"[①] 因为，"中国共产党一经诞生，就把为中国人民谋幸福、为中华民族谋复兴确立为自己的初心使命。一百年来，中国共产党团结带领中国人民进行的一切奋斗、一切牺牲、一切创造，归结起来就是一个主题：实现中华民族伟大复兴"[②]。中国共产党是马克思主义政党，一成立就将全心全意为人民服务作为自己的根本宗旨。走社会主义道路，在社会主义道路上为人民谋幸福、为民族谋复兴，这是中国共产党成立时就明确的初心和使命。因为初心契合，马克思主义价值观理论成为我们确立自己价值目标的理论基础。中国共产党一百多年艰苦卓绝的斗争，带领中华民族迎来了由站起来、富起来到强起来的飞跃；改革开放40 多年的努力，成功开创和发展了中国特色社会主义道路；党的十八大以来在 16 个方面取得的创新性历史成就，实现中华民族伟大复兴进入了不可逆转的历史进程，科学社会主义在二十一世纪的中国焕发出新的蓬勃生机，中国式现代化为人类实现现代化提供了新的选择。新时代中国共产党提出的"三个务必"中的第一个就是"不忘初心、牢记使命"。

---

① 习近平：《在党史学习教育动员大会上的讲话》，人民出版社 2021 年版，第 5 页。
② 习近平：《在庆祝中国共产党成立 100 周年大会上的讲话》，人民出版社 2021 年版，第 3 页。

今天，在全面建设社会主义现代化国家、向第二个百年奋斗目标进军的新征程上，全党正在高举中国特色社会主义伟大旗帜，坚持以马克思主义中国化时代化最新成果为指导，坚定中国特色社会主义道路自信、理论自信、制度自信、文化自信，坚定不移推进中华民族伟大复兴历史进程。历史和现实充分证明，中国共产党团结带领中国人民所经历的一切艰难困苦，所取得的一切历史成就，无一不是为着人民幸福、民族复兴这一初心使命而奋斗的。

（三）以全体人民作为价值主体

人民性是马克思主义的本质属性，坚持人民至上，是马克思主义价值观的根本立场，也是中国化时代化马克思主义的根本价值立场。中国共产党从创立那天起，在其价值观念里，始终有一个坚持的价值主体，就是人民。中国共产党认为，自己来自人民，为人民而生，因人民而兴，党的根基在人民、血脉在人民、力量在人民，人民是党执政兴国的最大底气。一百多年来，中国共产党始终秉持一切为了人民，一切依靠人民的根本观念，始终与人民想在一起干在一起。马克思主义唯物史观认为，人民才是创造历史的主体力量。党的十八大以来，以习近平同志为核心的党中央坚持"新发展理念"，统筹推进"五位一体"总体布局，协调推进"四个全面"战略布局，无不是依靠人民的力量，与广大人民想在一起干在一起推进的。习近平总书记意味深长地指出："人民是历史的创造者，人民是真正的英雄"，"江山就是人民、人民就是江山，中国共产党领导人民打江山、守江山，守的是人民的心"。曾经，中国共产党在中国执政地位的赢得，源自全心全意为人民之初心的确立；如今，中国共产党前所未有之自信与信心的升腾，更源自始终与人民想在一起干在一起之初心永固。未来，依靠具有伟大创造精神、伟大奋斗精神、伟大团结精神、伟大梦想精神的中国人民，中华民族一定能够创造出属于新时代的光辉伟业，伟大复兴的中国梦一定能够梦想成真。

（四）以人民对美好生活的需要作为价值标准

早在 170 多年前，马克思就指出："由于人类自然发展的规律，一旦满足了某一范围的需要，又会游离出、创造出新的需要。"[①] 随着国家的发展，社会的进步，随着全面决胜小康的最后完成，中国人民对美好生活的需要层次逐渐提升。党的十八大以来，我们党也清醒地认识到，我国还存在发展不平衡不充分、发展质量和效益不高、创新能力不够强、实体经济水平有待提高、生态环境有待保护和修复、乡村振兴任务艰巨、区域发展和收入分配差距较大、社会文明水平尚需提高、社会矛盾突出等问题。与此对应，人民群众在就业、教育、医疗、居住、养老、环境保护、食药品安全、精神文化等方面的需求层次在不断提高。面对这些问题，以习近平同志为核心的党中央，以伟大的历史主动精神、巨大的政治勇气、强烈的责任担当，始终秉持"凡是群众反映强烈的问题都要严肃认真对待，凡是损害群众利益的行为都要坚决纠正"的基本原则，解决了许多长期想解决而没有解决的难题，办成了许多长期想办而没有办成的大事，推动党和国家事业取得历史性成就、发生历史性变革。这都有力说明了一条真理：中国共产党，是真正的马克思主义政党，它自始至终都把人民的全面发展、不断满足人民对美好生活的需要，确立为自己矢志不渝的价值标准。

（五）以构建人类命运共同体作为共同价值追求

"人类命运共同体"理念与"全人类共同价值"的提出，形成了当

---

① 《马克思恩格斯全集》第 47 卷，人民出版社 1979 年版，第 260 页。

代马克思主义价值观的世界向度。马克思主义认为，大工业"首次开创了世界历史，因为它使每个文明国家以及这些国家中的每一个人的需要的满足都依赖于整个世界，因为它消灭了各国以往自然形成的闭关自守的状态"①，在大工业的基础上，世界各个国家在经济上、政治上、文化上才真正有了密切的联系，人类历史才真正成为世界历史。正是以马克思主义世界历史理论为指导，习近平总书记创造性地提出了在百年未有之大变局背景下进行全球治理的价值理念：构建"人类命运共同体"。他指出："要学习和实践马克思主义关于世界历史的思想"，"要站在世界历史的高度审视当今世界发展趋势和面临的重大问题"。②"人类命运共同体"的提出，正是我们党站在世界历史的高度来思考人类未来与前途取得的重要成果。既是符合人类社会发展客观规律的，同时也是符合人的发展目的的，是合规律性与合目的性的统一，不仅是对马克思主义世界历史思想的丰富和发展，也是马克思主义"自由人联合体"思想在新时代的具体表现形式。党的二十大报告中，习近平总书记又对"和平、发展、公平、正义、民主、自由"的全人类共同价值进行了重申，表明了中国共产党对马克思主义人类自由解放与全面发展价值观的秉持与坚守。

---

① 《马克思恩格斯选集》第 1 卷，人民出版社 2012 年版，第 194 页。

② 习近平：《在纪念马克思诞辰 200 周年大会上的讲话》，人民出版社 2018 年版，第 22 页。

第七章

马克思主义国家观

国家是人类历史上极为重要的社会现象和政治现象，列宁指出："国家问题，现在无论在理论方面或在政治实践方面，都具有特别重大的意义。"① 自国家产生以来，国家是什么、有什么作用、会走向何处等这些问题一直众说纷纭。概括起来，这就是国家观问题。马克思主义国家观是以唯物史观为指导，集中反映了马克思主义对国家的起源、本质、职能、消亡等问题的基本认识观点和根本看法，科学揭示了国家的本质及其发展规律，是马克思主义哲学、马克思主义政治经济学以及科学社会主义等理论相结合的产物，是马克思主义的重要组成部分。

一、马克思主义国家观的形成

马克思主义国家观的形成并不是一蹴而就的，是在吸收古典传统国家观、借鉴近代自由主义国家思想、扬弃空想社会主义和批判黑格尔理

---

① 《列宁全集》第 31 卷，人民出版社 2017 年版，第 1 页。

性国家观的基础上，随着马克思恩格斯所处的时代变化和思想变迁而逐步演进形成并不断丰富发展的。

（一）马克思主义国家观的萌芽

从 16 世纪开始，欧洲出现了具备主权的现代国家的雏形。进入近代以后，欧洲在启蒙主义盛行之下，封建势力受到严重打压，民主政治走上了历史的舞台，国家治理学说超越了以往国家治理学说，把科学的、理性的精神作为国家治理的基本精神，但由于它服务于资本主义的扩张，导致了各种生态危机。

马克思初入社会之时，由于受到黑格尔理性主义国家观的影响，认为国家是普遍利益的代表，是自由理性的实现，是合乎伦理的理性共同体，但现实社会生活和火热的社会斗争，使马克思的思想产生了对黑格尔理性主义国家观的"反叛"，陷入苦恼，国家是不是理性与实在的统一？能否克服普遍伦理与客观现实之间的对立？1842 年，马克思写了《评普鲁士最近的书报检查令》《关于新闻出版自由和公布省等级会议辩论情况的辩论》两篇文章，抨击了普鲁士的书报检查制度和对新闻自由的干涉。他认为"国家应该是政治理性和法的理性的实现"[1]，不应该把国家建立在宗教的基础上，而应该建立在自由理性的基础上。同年，马克思第一次遭遇了涉及现实利益的问题，写下了《关于林木盗窃法的辩论》，对普鲁士国家和法律制度进行了激烈抨击，认识到国家不是普遍利益的代表，而是官僚机构谋取私利的工具，表达了对理性主义国家观的质疑，但并没有从根本上超越理性主义国家观，其理论基础仍然是黑格尔的唯心主义哲学。

社会生活对马克思思想的影响是直接的。1843 年初，由于他所任

---

[1] 《马克思恩格斯全集》第 1 卷，人民出版社 1995 年版，第 118 页。

职的《莱茵报》因激进的政治立场而被普鲁士政府查封，马克思来到莱茵省的小镇克罗茨那赫，进一步深入了对国家理论的反思和探索。马克思深入研究历史和黑格尔法哲学，完成了《黑格尔法哲学批判》和《论犹太人问题》两部著作。他批判了黑格尔国家决定市民社会的观点，揭露了黑格尔理性国家观中唯心主义的主客颠倒的逻辑错误，提出了市民社会决定国家的观点，而不是相反。1843 年秋，马克思迁居巴黎之后，与他人一起创办了《德法年鉴》。随着对政治经济学的研究，马克思重新思考国家的本质问题，发表了《黑格尔法哲学批判导言》，认识到私有财产是政治国家和市民社会之间对立的根源，实现人类解放首先必须消灭私有制，从而提出了无产阶级才是人的解放的历史使命的承担者，明确阐述了无产阶级的历史地位和历史使命。

这一时期，马克思虽然没有完全摆脱但已经大大突破了黑格尔理性国家观，并开始从市民社会——经济基础的角度来研究国家问题，产生了马克思主义国家观的萌芽。

（二）马克思主义国家观的创立

1844 年上半年，马克思完成了著名的《1844 年经济学哲学手稿》，提出了异化劳动理论，揭示了阶级对立的根本原因就是财产私有制，阐明了私有制与异化劳动互为因果的辩证关系，而要想消灭国家和社会的对立，只有消灭私有财产。

1845 年 2 月，马克思被法国政府驱逐至比利时的布鲁塞尔。此后三年多的时间里，他撰写了《关于费尔巴哈的提纲》《哲学的贫困》《道德化的批评和批评化的道德》等著作，还和恩格斯合著了《德意志意识形态》。在《关于费尔巴哈的提纲》中，马克思论述了国家与生产力、交往形式、分工和私有制、利益、市民社会之间的关系。在《德意志意识形态》中，马克思和恩格斯系统阐述了唯物史观，"这种历史观就在于：从直接生活的物质生产出发阐述现实的生产过程，把同这种生产方式相联系的、它所产生的交往形式即各个不同阶段上的市民社会理解为整个历史的基础，从市民社会作为国家的活动描述市民社会，同时从市民社会出发阐明意识的所有各种不同的理论产物和形式，如宗教、哲学、道德等等，而且追溯它们产生的过程"①。唯物史观的创建使马克思恩格斯的思想发生质的飞跃，也为马克思主义国家观奠定了坚实的理论基础。

马克思和恩格斯以唯物史观为基础，论述了物质资料的重要性，通过揭示国家理论中市民社会（经济基础）和上层建筑的辩证关系，提出一切历史时期社会生产关系与交往形式是构成国家的基础和任何观念的基础。他们摒弃了黑格尔理性国家观，斥其为"虚幻的共同体"，戳穿了资本主义国家的虚幻本质，深入分析了国家的起源和本质，认为国家是社会经济发展到一定程度的表现，在本质上，国家是统治者维护其统治阶级利益的工具。由此，马克思和恩格斯从唯物主义出发，从个体、市民社会和国家三个层面，提出了马克思主义国家观，实现了理性主义国家观向唯物主义国家观的转变。

1847 年 11 月，受共产主义者同盟的委托，马克思和恩格斯共同起草了国际共产主义运动的第一个纲领性文献《共产党宣言》。在《共产党宣言》中，马克思和恩格斯分析了生产力与生产关系、经济基础与上层建筑的矛盾以及阶级和阶级斗争，并指出无产阶级在夺取政权后，必须在发展生产力的基础上，逐步进行社会改造，达到消灭阶级对立和阶级本身的存在条件。《共产党宣言》第一次较为系统和完整地阐明了马克思主义的基本原理，它标志着马克思主义的诞生，也标志着马克思主义国家观的创立。

---

① 《马克思恩格斯选集》第 1 卷，人民出版社 2012 年版，第 171 页。

（三）马克思主义国家观的丰富

1848 年欧洲各国爆发了一系列武装革命，这次革命是欧洲社会经济和政治发展的必然结果。在革命失败后，马克思撰写了《1848 年至 1850 年法兰西阶级斗争》《路易·波拿巴的雾月十八日》。在《1848 年至 1850 年法兰西阶级斗争》中，马克思第一次直接使用"无产阶级专政"的概念来说明无产阶级国家的性质，并认为它是达到向无产阶级社会的过渡阶段。在《路易·波拿巴的雾月十八日》中，马克思分析了社会意识和社会存在的关系，总结出阶级斗争是历史发展动力的理论，着重阐述了无产阶级革命与无产阶级专政的理论，提出无产阶级必须用暴力打碎资产阶级国家机器的著名论断，为无产阶级提供了强有力的思想武器。

1871 年 3 月，法国巴黎工人举行起义，推翻了资产阶级反动统治，建立了工人阶级的国家政权——巴黎公社，这是人类历史上第一次无产阶级政权的伟大尝试，但在资产阶级的残酷镇压下以失败告终。马克思在撰写的《法兰西内战》一文中，概括了巴黎公社的原则、经验、教训和实质，指出公社"实质上是工人阶级的政府，是生产者阶级同占有者阶级斗争的结果，是终于发现的可以使劳动在经济上获得解放的政治形式"[①]。提出了一系列关于无产阶级国家政权建设的思想，发展了马克思主义关于无产阶级革命与无产阶级专政的学说。

1875 年，马克思为反对德国社会主义工人党内的机会主义派别而写的对德国社会主义工人党在哥达会议上提出的党的纲领草案，撰写了《哥达纲领批判》。文中批判了拉萨尔"自由国家"的观点，批评了那种不顾其生产关系和社会基础的变革以争取所谓"自由国家"基础的论调完全是不切实际的空想，阐述了历史唯物主义关于国家的基本

[①] 《马克思主义经典著作选读》，人民出版社 1999 年版，第 158 页。

观点，强调了国家的阶级性，指出国家是在现代资产阶级社会的基础上建立的，任何国家都是阶级统治的工具，绝没有什么超阶级的国家。他还基于历史唯物主义，对未来社会进行了科学预测，阐述了未来"国家"——共产主义社会发展阶段的学说，并认为在未来社会的每一个发展阶段，其国家形式或职能也是不同的。这是马克思主义国家观质的飞跃。

马克思去世后，恩格斯对马克思主义的国家观进行了系统总结，撰写了《家庭、私有制和国家的起源》一书。这部著作基本上包括了马克思主义国家观的全部内容，是马克思主义国家观学说史上一部极其重要的著作。在这部著作中，恩格斯继承和发展了马克思主义的国家观，明确、系统地论证和阐述了国家产生、发展和消亡的一般规律，认为国家起源于私有制和阶级的产生与发展，是阶级矛盾不可调和的产物，国家不是从来就有的，而是随着生产力的发展而产生的，是一个历史范畴，深刻揭露了国家的历史性和阶级性，使得马克思主义国家观的内容更加丰富具体。

（四）马克思主义国家观的发展

19世纪末20世纪初，资本主义发展到帝国主义新阶段。1904年爆发了日俄战争，1914年爆发了第一次世界大战，资本主义大国展开了综合国力的较量。战争使得俄国等资本主义尚未成熟的国家产生了巨大危机，彻底激化了其国内矛盾，充分暴露了资本主义国家的腐朽与堕落。在这个时代，国家问题成为战争和革命的核心问题。当时的俄国国内经济脆弱、民众频频起义反抗，政权动荡。1917年，俄国爆发二月革命，推翻了罗曼诺夫王朝，结束了君主专制统治，出现了苏维埃政权和资产阶级临时政府两个政权并立的局面。在马克思主义政党内部，在俄国是否应该建立议会制和如何走议会制道路、要不要无产阶级专政这两个问题上产生了巨大分歧。这个时候，各种机会主义者纷纷登场，鼓吹他们的论调，歪曲马克思主义的国家和革命理论。列宁曾批判社会民主党人对马克思主义国家观的引用"好像是对神像鞠一下躬"。

列宁在系统研究马克思主义国家观的基础上，结合俄国革命的实践反思，撰写了《帝国主义论》《国家与革命》等著作以及"蓝皮笔记"《马克思主义论国家》，还撰写了《四月提纲初稿》《论无产阶级在这次革命中的任务》《论策略书》等文章。特别是在《国家与革命》一书中，列宁系统阐释了马克思主义国家观，包括国家的起源、本质、职能和消亡等根本问题。

在国家的起源上，列宁认为国家是阶级矛盾不可调和的产物，在一定的时间、空间和历史条件下，当阶级矛盾不可调和时，国家就会产生，国家起源同时也是国家权力形成的过程，同时批判了资产阶级特别是小资产阶级思想家提出的"阶级调和论"。列宁的这一观点是建立在恩格斯《家庭、私有制和国家的起源》中重要观点基础之上的。在国家的本质上，列宁认为国家是剥削被压迫阶级的工具，剥削阶级国家必然是在经济上占统治地位的阶级用来镇压被压迫阶级的工具。他深入分析了资产阶级民主的实质，论证了资产阶级民主共和国是资产阶级剥削无产阶级和广大人民的更可靠的政治形式，批判了第二国际修正主义者的谬论，分析了无产阶级民主的优越性、无产阶级专政和民主的辩证关系。在国家的职能上，列宁认为国家既然作为统治阶级剥削被压迫阶级的工具，必须承担相应的经济职能和政治职能，提出要用武装的人民来代替资产阶级的反动军队，用议行一致的工作机关代替资产阶级的议会制，用无产阶级民主集中制的统一的全国政权代替资产阶级官僚集中制的国家。在国家的消亡上，列宁系统阐述了马克思主义的国家消亡理论，同时批驳了无政府主义者和机会主义者对马克思主义的歪曲，深刻论述了过渡时期实行无产阶级专政的必然性和必要性、共产主义社会两个阶段的特征，论述了国家消亡与未来共产主义是紧密联系在一起的。

二、马克思主义国家观的思想内容

虽然马克思恩格斯没有专门论述国家观的著作，但在他们众多著作中，可以看出马克思主义国家观有着丰富的理论内容和完整的理论体系。

（一）国家的起源：阶级矛盾不可调和的产物

国家的起源是马克思主义国家观的一个基本问题。对于国家起源的问题，有契约说、冲突说、战争说、贸易说、圣人造福说等很多假设或观点。唯心主义国家观总是以各种神秘的论调，把国家说成是一种神奇的东西，超自然的事物。近代西方政治学中把社会契约作为其"天然合理"的理论基础，认为民众需要让渡一部分权力给少数人来管理才能维持社会生活，这实际上不符合历史的发展进程。马克思主义国家观深刻揭示了社会契约论的唯心主义性质，认为国家的起源与阶级的起源是紧密联系在一起的。

马克思主义认为，国家产生于原始社会末期，它是在社会最强大、占有最多财产的那个阶级意志的产物。在原始社会生产力水平极度低下的条件下，人们的物质产品极度匮乏，人们共同劳动，平等分享劳动产品，没有产生国家的条件。随着生产力的进步和分工的发展，社会生产率不断提高，剩余产品开始产生，人类社会出现了分化，产生了利益冲突，原始社会制度必然解体，从而进入私有制社会，人类社会分裂为不同的阶级。随着生产力的进一步发展和社会进一步分化，社会关系需要有专门的人员和机关来进行调整，国家作为阶级矛盾不可调和的产物也就产生了。随着社会职能的进一步细化，产生了专门的暴力机构——官吏、警察和法庭。在人类历史发展过程当中，曾经存在过无国家的社会状态，国家的产生根源于生产力发展以及由此导致的劳动分工和阶级划分。恩格斯曾说："国家并不是从来就有的。曾经有过不需要国家，而且根本不知国家和国家权力为何物的社会。在经济发展到一定阶段而必然使社会分裂为阶级时，国家就由于这种分裂而成为必要了。"①

马克思和恩格斯在《德意志意识形态》中，明确阐述了国家的起源思想："社会结构和国家总是从一定的个人的生活过程中产生的。……现实中的个人，也就是说，这些个人是从事活动的，进行物质生产的，因而是在一定的物质的、不受他们任意支配的界限、前提和条件下活动着的。"②恩格斯批判总结了自然主义的契约论国家观和以黑格尔为代表的理性主义国家观这两种代表性的国家起源理论，以历史唯物主义为理论基础，从生产方式决定生产关系的角度，认为国家既不是"从外部强加于社会的一种力量"，也不是"理性的形象和现实"，"国家是社会在一定发展阶段上的产物；国家是承认：这个社会陷入了不可解决的自我矛盾，分裂为不可调和的对立面而又无力摆脱这些对立面。……这种从社会中产生但又自居于社会之上并且日益同社会相异化的力量，就是国家"。③

由此可以看出，国家的产生不仅是一个历史范畴，同时也是一个阶级范畴，它是社会内部发展的结果，是伴随着阶级的产生和阶级对抗的出现而出现的，是阶级矛盾不可调和的产物。

---

① 《马克思恩格斯选集》第 4 卷，人民出版社 2012 年版，第 190 页。

② 《马克思恩格斯选集》第 1 卷，人民出版社 2012 年版，第 151 页。

③ 《马克思恩格斯选集》第 4 卷，人民出版社 2012 年版，第 186—187 页。

180 | 把马克思主义哲学作为看家本领

（二）国家的本质：阶级统治的工具

国家的本质是由社会各阶级在国家中所处的地位所反映出来的国家的根本属性，并且决定着国家政权组织形式。非马克思主义的国家观认为，国家的本质属性是中立性，只有中立的国家才是真正的国家，主张给予人们更多的平等和自由。古典政治观念和形而上学的国家论以国家为至善的伦理物，认为国家的本质是贯通个人、社会与国家自身的公共意志，国家的原旨是让人过上高尚而完满的道德生活。英国哲学家鲍桑葵曾说："国家的目的就是社会的目的和个人的目的——由意志的基本逻辑所决定的最美好的生活。"①自由主义的国家论以自然法、社会契约论、人性说和功利主义为根据，认为国家是保护个人权利和代表公共利益的中立性设施、打理社会事务的公共性机关。英国古典政治经济学的代表人物亚当·斯密在《国富论》中研究了现代意义上的国家，认为国家是一个暴力机器，其存在的根本条件是人的利益博弈。20世纪以来的实证主义政治学和行为主义政治学则以经验主义的方法，力图从历史和现实中的国家现象和国家行为中提取国家的本质。可以看出，非马克思主义的国家观在论及国家本质问题上，总是"屏蔽"国家的阶级性。

马克思主义认为，国家是阶级社会的产物，超阶级的国家是不存在的，它是从控制阶级对立的需要和阶级冲突中产生的，并把冲突保持在正常的"秩序"范围内，那么国家就是经济上占统治地位的阶级的国家，在政治上也必然占统治地位的国家。这就从唯物史观的角度论证了国家在本质上就是阶级统治的工具，是统治阶级用于对被统治阶级进行暴力统治的工具。正如恩格斯指出的："国家是文明社会的概括，它在一切典型的时期毫无例外地都是统治阶级的国家，并且在一切场合在本质上

---

① 鲍桑葵：《关于国家的哲学理论》，商务印书馆1996年版，第191页。

都是镇压被压迫被剥削阶级的机器。"① 马克思和恩格斯在《德意志意识形态》中明确阐明了国家本质:"与这种分工同时出现的还有分配,而且是劳动及其产品的不平等的分配(无论在数量上或质量上);因而产生了所有制"②。因此,国家是分工和私有制的产物,是统治阶级实现共同利益的形式,是阶级统治的工具。

马克思认为,国家的本质自其起源之时就已给定,国家社会性和国家阶级性都是国家与生俱来的本质属性,国家本质的二重性建立在国家起源的二重性之上。马克思还从与市民社会相对应的角度论述了国家的本质,"国家是统治阶级的各个人借以实现其共同利益的形式,是该时代的整个市民社会获得集中表现的形式"③。这既是马克思和恩格斯对国家本质的经典表述,也蕴含了国家的阶级性质和社会关系属性两个方面的基本特点,同时对市民社会的国家形式作了一般规定。资本主义国家在经济上要求自由竞争、等价交换,在政治上要求形式上的自由、民主、平等,这些特征与奴隶制国家、封建制国家相比,显然是前进了一大步,但这种进步没有改变资本主义国家的剥削本质,没有改变其作为剥削阶级进行阶级统治和压迫的工具的性质,并没有消除人们在政治生活方面实际上的不自由、不民主、不平等的现象。所以,说到底资本主义国家还是一种"虚幻的共同体",无产阶级要想获得解放,必须用暴力推翻资产阶级的统治,建立无产阶级专政的国家。

毛泽东把马克思主义国家学说一般原理创造性地运用于中国革命和建设的具体实际,丰富和发展了马克思主义关于国家问题的具体理论。在新民主主义革命时期,毛泽东在他的新民主主义理论中分析了国家本质,指出:"中国现时社会的性质,既然是殖民地、半殖民地、半封建的性质,它就决定了中国革命必须分为两个步骤。第一步,改变这个殖

---

① 《马克思恩格斯选集》第 4 卷,人民出版社 2012 年版,第 193 页。
② 《马克思恩格斯选集》第 1 卷,人民出版社 2012 年版,第 163 页。
③ 《马克思恩格斯选集》第 1 卷,人民出版社 2012 年版,第 212 页。

民地、半殖民地、半封建的社会形态，使之变成一个独立的民主主义的社会。第二步，使革命向前发展，建立一个社会主义的社会。"① 在《新民主主义论》中，他正式提出要建立一个"新民主主义共和国"的主张，指出这种国体有其显著特点。新民主主义国家学说的提出，奠定了新中国的政治基础，极大地丰富和发展了马克思主义国家观，从理论上和实践上解决了落后国家如何向社会主义转变的重大问题。随着新民主主义向社会主义的转变，毛泽东指出人民民主专政所担负的革命任务，由新民主主义性质的国家政权转变为社会主义性质的国家政权。我国的宪法明确，我国是以工人阶级领导的、以工农联盟为基础的人民民主专政的社会主义国家，表明了社会主义制度是我国的根本制度，人民民主专政是我国国家性质的具体体现。

（三）国家的职能：对内和对外

国家如何进行统治，决定了国家职能的内容和界限。国家的职能体现了国家的本质和统治阶级的利益、意志和要求，反映了国家活动的基本方向、根本任务和主要作用。国家的职能分对内和对外职能，以对内职能为主，不同性质的国家其职能也不同。

国家的对内职能是对本阶级实行民主，对敌对阶级实行专政，并管理和调节社会生产及社会生活。马克思从国家本质和国家与市民社会的关系出发，认为国家作为统治工具和社会组织形式，具有政治统治和社会管理的双重特征。马克思在《资本论》中指出，国家的职能"既包括由一切社会的性质产生的各种公共事务的执行，又包括由政府同人民大众相对立而产生的各种特有的职能"②。前者是国家的政治统治职能，后

---

① 《毛泽东选集》第二卷，人民出版社 1991 年版，第 666 页。
② 《马克思恩格斯选集》第 2 卷，人民出版社 2012 年版，第 560 页。

者则是国家的公共事务管理职能。恩格斯在《家庭、私有制和国家的起源》中，分析了雅典国家的产生过程，认为国家具有凌驾于全体固定成员之上的一种特殊的公共权力。政治统治职能必须以执行社会管理职能为前提和基础，社会管理职能的执行和实现需要依靠政治统治来实现，它们在实现方式上具有本质区别，这二者是无法分割的辩证统一的关系。随着人类社会的发展，国家政治统治功能将逐渐缩小，社会管理功能将逐步增强，即便到了共产主义社会，政治统治功能将随着国家的消失而消失，但社会管理功能仍有必要。马克思恩格斯深刻批判了资本主义民主的虚假性，揭示其理论的资产阶级本质，认为"现代的国家政权不过是管理整个资产阶级的共同事务的委员会罢了"[1]，无产阶级要想实现真实的民主，就必须"建立民主的国家制度，从而直接或间接地建立无产阶级的政治统治"[2]，揭示了无产阶级民主的实现方式。换言之，资本主义民主只不过是资产阶级掩盖其剥削无产者的谎言。

国家的对外职能主要是调整与其他国家之间的交往关系，并承担保卫本国领土和主权完整、抵御外来侵略的任务，剥削阶级国家的统治阶级和统治集团对外实施侵略和扩张，它是国家对内政治统治功能的延伸，是服从或服务于其政治统治的。

（四）国家的消亡："两个必然"与"两个决不会"

国家消亡学说是马克思主义国家观的一个重要思想，也是科学社会主义理论的一个重要内容。正确理解马克思主义的国家消亡学说，对于我们继续深化认识"什么是社会主义，如何建设社会主义"这个理论命题无疑具有重大意义。

---

[1] 《马克思恩格斯选集》第 1 卷，人民出版社 2012 年版，第 402 页。
[2] 《马克思恩格斯选集》第 1 卷，人民出版社 2012 年版，第 304 页。

马克思立足唯物辩证法，"消解"了黑格尔国家永恒的神话，认为阶级和国家只是一个历史范畴，它并不是从来就有的，是一定历史阶段的产物和人类社会形态发展的一个环节，也不是永恒存在的，国家的消亡是一个"客观的自然的历史过程"，它既有产生和发展，也不可避免地要走向衰落直至最终消亡。恩格斯指出："阶级不可避免地要消失，正如它们从前不可避免地产生一样。随着阶级的消失，国家也不可避免地要消失。在生产者自由平等的联合体的基础上按新方式来组织生产的社会，将把全部国家机器放到它应该去的地方，即放到古物陈列馆去，同纺车和青铜斧陈列在一起。"① 到共产主义社会，这时由于建立了生产资料公有制，消灭了阶级对立的存在基础，无产阶级专政或者国家性质将会发生变化，作为阶级统治工具的国家消失了，作为阶级压迫工具的军队、警察和监狱等也将失去作用，而作为社会管理机关的国家仍然存在，这时它具有人们自我管理的性质，而不再具有政治压迫和暴力镇压的功能。毛泽东曾说："消灭阶级，消灭国家权力，消灭党，全人类都要走这一条路的，问题只是时间和条件。"② 对于马克思国家消亡学说，很多学者有着不同的理解，有人认为国家消亡论科学地揭示了人类社会历史发展"铁的"必然规律，也有人认为马克思的国家消亡论与他的国家观自相矛盾，是"马克思反对马克思"，更有人认为马克思的国家消亡论就是一个乌托邦的神话。实际上，当很多思想家、政治家把目光停留于政治解放的层面、锁定在政治国家的领域的时候，马克思却发出了"为消灭国家和市民社会而斗争"的宣言，他提出用"自由人联合体"代替"虚幻共同体"、用"人类解放"超越"政治解放"、用"人类社会"克服"市民社会"的社会理想，充分表达了对无产阶级生存境遇的关照和对人类政治命运的深切关怀，从而实现了对西方全部政治思想

---

① 《马克思恩格斯选集》第 4 卷，人民出版社 2012 年版，第 190 页。
② 《毛泽东选集》第四卷，人民出版社 1991 年版，第 1468 页。

史的超越。

马克思和恩格斯在分析人类社会发展规律和资本主义基本矛盾时，对国家未来趋向问题提出了"两个必然"的理论，即资本主义的必然灭亡和社会主义的必然胜利。《共产党宣言》通过描述资产阶级形成和发展过程，深刻揭示了资本主义社会的内在矛盾和发展趋势，提出"资产阶级的灭亡和无产阶级的胜利是同样不可避免的"。随着社会生产力的极大发展，社会物质财富不断丰富，工业与农业、城市与乡村、脑力劳动与体力劳动"三大差别"的消失，国家政权对社会关系的干预在各个领域中将先后成为多余的事情。随着阶级统治的消失，政治意义上的国家将不复存在，国家的职能也逐渐转移给社会，取代国家的未来社会将是一个新的真正的而非虚幻的共同体，即"自由人联合体"。马克思恩格斯并没有把对无产阶级解放斗争的前景和社会发展的总趋势的结论绝对化，而是不断丰富和发展原有的结论。在《〈政治经济学批判〉序言》中，马克思科学地表达了他们的看法，提出了"两个决不会"，即"无论哪一个社会形态，在它所能容纳的全部生产力发挥出来以前，是决不会灭亡的；而新的更高的生产关系，在它的物质存在条件在旧社会的胎胞里成熟以前，是决不会出现的"[①]。马克思没有局限于历史发展的必然性和历史条件的可能性来分析国家的消亡，而是把国家消亡的历史使命赋予了无产阶级社会革命，认为无产阶级专政的国家只有通过生产资料公有制的形式消除阶级对立和阶级压迫，才能最终使国家逐渐失去阶级统治的性质而自行消亡，只有通过革命使自己成为统治阶级，并以统治阶级的资格用暴力消灭旧的生产关系，才能在它消灭这种生产关系的同时，从而消灭它自己这个阶级的统治，而这将是一个十分漫长而且充满艰难曲折的历史过程。

---

① 《马克思恩格斯选集》第 2 卷，人民出版社 2012 年版，第 3 页。

三、马克思主义国家观的当代发展

中国共产党坚持把马克思主义国家观与中国革命、建设和改革实践相结合，不断推进马克思主义国家观的中国化，丰富和发展了马克思主义国家理论。党的十八大以来，我们党坚持把马克思主义国家观的基本原理同中国具体实际相结合、同中华优秀传统文化相结合，推进马克思主义国家观中国化时代化，实现了马克思主义国家观的新发展，正确回答和实践提出的重大问题，为党团结带领全国各族人民全面建成社会主义现代化强国提供科学指引。

（一）坚持爱国和爱党、爱社会主义相统一

如何认识国家及其相关问题是马克思主义国家观其中的一个重大理论与现实问题。只有深刻理解和把握国家的起源和本质，又深刻理解本国历史、基本国情与发展前景，才能更加主动地把握国家命运，更好地掌握人类社会发展规律。历史是现实的根源，任何一个国家的今天都来自昨天。只有了解一个国家从哪里来，才能弄懂这个国家未来会往哪里去和不会往哪里去。

爱国是人世间最深层、最持久的情感。五千多年来，中华民族之所以能够经受住无数难以想象的风险和考验，始终保持旺盛生命力，生生不息，薪火相传，同中华民族有深厚持久的爱国主义传统是密不可分的。历史深刻表明，爱国主义自古以来就流淌在中华民族血脉之中，去不掉，打不破，灭不了，是中国人民和中华民族维护民族独立和民族尊严的强大精神动力。

在经济全球化大背景下，一些人主张"爱国过时论"，认为民族国家应该被历史潮流所抛弃，抛开国家利益去谈全人类利益。还有人谈论

爱国但不爱社会主义,这种论调实质上是对中国共产党领导和社会主义制度的否定,以西方国家观念和国家模式为标准来否定社会主义国家存在的历史必然性。当代中国,爱国主义的本质就是坚持爱国和爱党、爱社会主义的高度统一。我国爱国主义始终围绕着实现民族富强、人民幸福而发展,最终汇流于中国特色社会主义,祖国的命运和党的命运、社会主义的命运是密不可分的。只有坚持爱国和爱党、爱社会主义相统一,爱国主义才是鲜活的、真实的,这是当代中国爱国主义精神最重要的体现。当代中国爱国主义的鲜明主题是实现中华民族伟大复兴的中国梦。今天,我们比历史上任何时期都更接近、更有信心和能力实现中华民族伟大复兴的目标。只要高举爱国主义的伟大旗帜,中国人民和中华民族就能在改造中国、改造世界的拼搏中迸发出排山倒海的历史伟力!

(二)坚持中国特色社会主义发展道路

中国人民和中华民族从近代以后的深重苦难走向伟大复兴的光明前景,从来就没有教科书,更没有现成答案。社会主义国家建立后,怎样建设社会主义,如何发展社会主义,马克思主义经典作家并没有明确论述。"社会主义并没有定于一尊、一成不变的套路,只有把科学社会主义基本原则和本国具体实际、历史文化传统、时代要求紧密结合起来,在实践中不断探索总结,才能把蓝图变为美好现实。"[①]

中国特色社会主义进入了新时代,这是我国发展新的历史方位。党的十八大以来,党系统回答了新时代坚持和发展什么样的中国特色社会主义、怎样坚持和发展中国特色社会主义的重大时代课题。"中国特色

---

① 习近平:《在纪念马克思诞辰 200 周年大会上的讲话》,人民出版社 2018 年版,第 27 页。

社会主义不是从天上掉下来的，而是在改革开放 40 年的伟大实践中得来的，是在中华人民共和国成立近 70 年的持续探索中得来的，是在我们党领导人民进行伟大社会革命 97 年的实践中得来的，是在近代以来中华民族由衰到盛 170 多年的历史进程中得来的，是对中华文明 5000 多年的传承发展中得来的，是党和人民历经千辛万苦、付出各种代价取得的宝贵成果。"①

中国特色社会主义既坚持科学社会主义基本原则，又根据时代条件赋予其鲜明的中国特色。中国特色社会主义是社会主义而不是其他什么主义，科学社会主义基本原则不能丢，丢了就不是社会主义。一个国家实行什么样的主义，关键要看这个主义能不能解决这个国家面临的历史性课题。"鞋子合不合脚，自己穿了才知道。"事实雄辩地证明：中国特色社会主义是根植于中国大地、反映中国人民意愿、适应中国和时代发展进步要求的科学社会主义。当代中国的社会变革，不是简单延续我国历史文化的母版，不是简单套用马克思主义经典作家设想的模板，不是其他国家社会主义实践的再版，也不是国外现代化发展的翻版。坚持中国特色社会主义道路，就是坚持以经济建设为中心，坚持四项基本原则，坚持改革开放，坚持独立自主、自力更生，坚持道不变、志不改，既不走封闭僵化的老路，也不走改旗易帜的邪路，坚持把国家和民族发展放在自己力量的基点上，坚持把中国发展进步的命运牢牢掌握在自己手中。持自由主义国家观的一些人虚化国家本质，视资本主义国家为永恒，竭力美化资本主义国家，丑化社会主义国家，就是从根本上否定马克思主义国家观，否定社会主义国家理论。《中共中央关于党的百年奋斗重大成就和历史经验的决议》指出，必须使中国特色社会主义政治制度深深扎根于中国社会土壤，照抄照搬他国政治制度行不通，甚至会把国家前途命运葬送掉。

---

① 《习近平谈治国理政》第三卷，外文出版社 2020 年版，第 70 页。

（三）推进国家治理体系和治理能力现代化

马克思主义认为，当阶级之间的差别完全消失后，作为统治机关的国家将逐步消解，国家职能的重点也将从政治统治转向社会管理。马克思恩格斯在深刻揭示人类社会发展一般规律的基础上，深入阐发了资本主义基本矛盾和发展趋势，逐步形成了科学社会主义一般原则，有很多是预测性的，同时通过对资本主义国家治理进行批判，对于未来国家治理提出了一些设想，但他们毕竟没有遇到全面治理一个社会主义国家的实践。列宁在俄国十月革命后不久就过世了，没来得及深入探索这个问题。怎样治理社会主义这样全新的社会，在以往的世界社会主义中没有解决得很好。马克思恩格斯虽然没有明确指出"国家治理"这一概念，但是在其理论体系中蕴含着丰富的国家治理思想。

党的十八大以来，中国共产党深刻总结治国理政的伟大实践经验，丰富和发展了马克思主义国家治理思想和国家职能理论，坚持方向引领与战略前瞻相照映、坚持历史传承与时代创新相结合、坚持问题导向与改革推进相统一，不断深化对国家治理现代化的核心要义、地位作用、制度谱系、战略部署和实践路径的认识和把握，开创了"中国之治"的新篇章，为中国国家治理现代化的未来发展前路指明了方向，也为推动全球治理变革提供了中国智慧、中国方案。

国家治理现代化是中国共产党始终不懈追求的目标。坚持和完善中国特色社会主义制度、推进国家治理体系和治理能力现代化，是关系党和国家事业兴旺发达、国家长治久安、人民幸福安康的重大问题。党的十八届三中全会首次提出"推进国家治理体系和治理能力现代化"这个重大命题，并把"完善和发展中国特色社会主义制度、推进国家治理体系和治理能力现代化"确定为全面深化改革的总目标。党的十九届四中全会开创性研究和系统性解决国家制度和国家治理体系问题，全面概括中国特色社会主义制度和国家治理体系的显著优势，提出了推进国家治理体系和治理能力现代化的总体目标和时间表，从坚持和完善党的领导制度体系、人民当家作主制度体系、中国特色社会主义法治体系、政府治理体系等十三个方面明确了必须坚持和巩固的根本点、完善和发展的方向，并作出工作部署，全面回答了在我国国家制度和国家治理体系上应该坚持和巩固什么、完善和发展什么这个重大政治问题。这就从理论和实践上深化了马克思主义国家观中关于无产阶级专政的政治内涵、拓展了国家职能范围、超越了国家与社会二元对立的传统治理模式，科学回答了社会主义社会的治理问题，进一步丰富和发展了社会主义现代化理论，是对马克思主义国家观的重大突破与创新，体现了新时代党治国理政的新思想，形成了既符合我国实际又遵循一般现代国家发展规律的最新理论，开创和拓展了中国的国家治理理论。

（四）坚持全过程人民民主

马克思恩格斯认为，战斗的无产阶级的首要任务之一就是争取民主，而民主的意思就是"人民当权的"，无产阶级的运动是绝大多数人的，为绝大多数人谋利益的独立的运动，工人阶级一旦取得统治权，就不能继续运用旧的国家机器来进行管理，必须以新的真正民主的国家政权来代替。列宁也认为，没有民主，就不可能有社会主义，"胜利了的社会主义如果不实行充分的民主，就不能保持它所取得的胜利"[①]。

中国共产党的百年奋斗历程表明，保障人民民主，既是中国共产党人践行初心和使命的必然要求，也是确保党长期执政、科学执政的重要根基。十八大以来，党立足历史和时代的宽广视野，深刻把握马克思主义关于民主的重要思想，深刻洞察社会主义民主政治发展规律，提出了"全过程人民民主"的重大理念，深刻阐明了我国人民民主的本质特征

---

① 《列宁全集》第28卷，人民出版社2017年版，第168页。

和显著优势，以维护人民当家作主为出发点和落脚点，坚持党的领导、人民当家作主、依法治国有机统一，坚持人民主体地位，充分体现人民意志、保障人民权益、激发人民创造活力，把对中国特色社会主义民主的认识和实践推进到新高度，创新了马克思主义民主政治理论，丰富和发展了社会主义民主的本质内涵，开创了人类民主新形态，为世界政治现代化提供了中国方案、贡献了中国力量。

人民民主是社会主义的生命，是全面建设社会主义现代化国家的应有之义，全过程人民民主是社会主义民主政治的本质属性。我国全过程人民民主实现了过程民主和成果民主、程序民主和实质民主、直接民主和间接民主、人民民主和国家意志相统一，是全链条、全方位、全覆盖的民主，是最广泛、最真实、最管用的社会主义民主。民主不是装饰品，不是用来做摆设的，而是要用来解决人民需要解决的问题的。对于判定一个国家的政治制度是不是民主，"主要看国家领导层能否依法有序更替，全体人民能否依法管理国家事务和社会事务、管理经济和文化事业，人民群众能否畅通表达利益要求，社会各方面能否有效参与国家政治生活，国家决策能否实现科学化、民主化，各方面人才能否通过公平竞争进入国家领导和管理体系，执政党能否依照宪法法律规定实现对国家事务的领导，权力运用能否得到有效制约和监督"①。

（五）坚持"一国两制"方针，推进国家统一

国家结构形式是国家形式的基本内容之一，也是一个国家政治制度的重要内容，反映国家的整体与各个组成部分之间的关系。依据马克思主义国家理论，国家结构形式可分括单一制和复合制两种。马克思恩格斯曾设想，除少数民族问题复杂的国家可实行联邦制以外，其他社会主

---

① 习近平：《论坚持人民当家作主》，中央文献出版社 2021 年版，第 335 页。

义国家应将单一制国家结构形式作为比较理想的选择。换句话说，社会主义主权国家只能有一部宪法、一个立法机关，只能实行与社会形态相一致的社会主义制度。历史发展的进程表明，"一国两制"的国家结构形式，既坚持了单一制国家结构形式的基本原则，又使我国国家结构形式有了自己的新特点，这无论从理论上还是实践上都极大地突破了一个主权国家实行单一社会制度的传统模式，丰富和发展了马克思主义的国家结构学说。

"一国两制"是党领导人民实现祖国和平统一的一项重要制度，是中国特色社会主义的一个伟大创举，是党在解决国家统一问题上对马克思主义国家观的丰富和发展，也为国际社会解决类似问题提供了一个新思路新方案。全面准确贯彻"一国两制"、"港人治港"、"澳人治澳"、高度自治的方针，落实中央对香港、澳门特别行政区全面管治权，落实特别行政区维护国家安全的法律制度和执行机制，确保了香港、澳门的长治久安。党的十八大以来，以习近平同志为核心的党中央全面把握两岸关系时代变化，丰富和发展国家统一理论和对台方针政策，推动两岸关系朝着正确方向发展，形成了新时代中国共产党解决台湾问题的总体方略，为新时代做好对台工作提供了根本遵循和行动纲领。实现祖国完全统一，是中华民族的历史和文化所决定的，也是中华民族伟大复兴的时和势所决定的。国家统一、民族复兴的历史车轮滚滚向前，祖国完全统一一定要实现，也一定能够实现！

第八章

马克思主义文化观

马克思主义文化观是指马克思主义对文化的总的看法和根本观点，是马克思主义对文化的本质、文化的社会功能、文化发展规律及其立场观点和方法的总称。文化兴则国运兴，文化强则民族强。马克思主义文化观深刻揭示了文化产生和发展的一般规律，深刻揭示了文化所具有的民族性、阶级性、继承性和开放性，深刻揭示了文化与经济、政治的关系，为马克思主义政党认识和进行文化建设提供了科学指南。坚持马克思主义文化观在我国文化建设中的指导地位，是推进文化自信自强和铸就社会主义文化新辉煌的重要保障。

一、马克思主义文化观的产生

文化是人类认识和改造世界过程中，自觉形成的主体性感情、体验和认知。马克思恩格斯指出："一切划时代的体系的真正的内容都是由于产生这些体系的那个时期的需要而形成起来的。所有这些体系都是以本国过去的整个发展为基础的，是以阶级关系的历史形式及其政治的、道德的、哲学的以及其他的成果为基础的。"① 一种理论的产生都是社会的历史的。马克思主义文化观作为一种理论，它的产生也不例外。

（一）马克思主义文化观产生的历史背景

17、18 世纪欧美许多国家爆发了一系列资产阶级革命，英、美、法等国建立了资产阶级政权。世界历史进入到资产阶级革命时代，为资本主义的发展开辟了道路。19 世纪上半叶，资本主义正处在第一次工业革命向第二次工业革命过渡的历史时期，在科技革命的推动下，资本主义经济获得了快速的增长。随着资本主义生产方式在世界主要资本主义国家占据统治地位，资本主义各种矛盾日益凸显并尖锐化，主要表现为生产的无限扩大与劳动者购买力相对缩小之间的矛盾、个别企业生产的有组织与整个社会生产的无政府状态之间的矛盾、资产阶级与无产阶级的矛盾。资产阶级和无产阶级之间的矛盾日益严重甚至不可调和。这种矛盾和阶级关系反映在社会文化生活中，给人类的文化成果打上了深深的阶级烙印。马克思说："一个阶级是社会上占统治地位的物质力量，同时也是社会上占统治地位的精神力量。支配着物质生产资料的阶级，同时也支配着精神生产资料……占统治地位的思想不过是占统治地位的物质关系在观念上的表现，不过是以思想的形式表现出来的占统治地位的物质关系。"② 由此可以看出，在资本主义社会，资产阶级享有政治经济特权，垄断了文化话语权，支配着全部的文化生产活动及产品。而无产阶级在物质生产中处于被支配地位，同时丧失了文化权，只能过着"无文化"的生活。因此，这必然引起无产阶级与资产阶级之间在文化权利上的斗争。改变无产阶级"无文化"的生活成为马克思恩格斯的历

---

① 《马克思恩格斯全集》第 3 卷，人民出版社 1960 年版，第 544 页。
② 《马克思恩格斯选集》第 1 卷，人民出版社 2012 年版，第 178 页。

史责任和使命。马克思主义文化观正是在这样的历史背景下逐渐孕育、发展和成熟起来。

（二）马克思主义文化观产生的理论基础

一般认为，马克思主义文化观的产生主要是受到维柯哲学、康德哲学以及黑格尔文化理论的影响。

首先是维柯的理论开创。意大利的哲学家维柯，最早对"理性中心"的观点持批评态度，认为哲学的关注点应该放在人类的风俗习惯上，并且提出了重要的哲学概念，"人类本身的形而上学"，或者说是人自身的哲学，而这与流行的"科学理性的形而上学"是相对的。他指出，人类在自然界中创造出了人类社会或者说是"民政世界"，[①] 这是与自我发展联系最紧密的现实世界，人类应该首先来认识它，明确人类应该具有怎样的生存方式，如何认识人类的生存意义等。维柯在其重要的文化人类学著作《新科学》中强调人类不同民族具有从形式到内涵都迥异的制度与习惯，具有不同的民族语言和交流方式。但不可否认，不同的民族不管差异多大，比如肤色人种的差异、东方西方的差异、先进落后的差异等，在根本上都具有全人类所共同遵守的基本制度和思维方式，无一例外。这种统一的制度对所有的民族具有广泛的支配性，是对全体人类具有的历史指向。因而维柯得出了一个基本的结论：人类未来的发展如何取决于以下方面：一是对自然界规律的认识和把握；二是对自我的合理判断。从此哲学的发展不可避免地深深烙上了文化的印记。马克思主义是无产阶级的世界观与方法论，明确了无产阶级是人类历史上最革命的阶级，是解放全人类并最终实现共产主义的根本力量。这样的论述与维柯的结论不谋而合，哲学真正的意义应该在于为人类自己所用并明确人类的未来发展。

---

① ［意］维柯：《新科学》，朱光潜译，商务印书馆1989年版，第165页。

维柯所作研究的方法是溯源法，直指人类诞生之初的思维方式产生，而这恰恰客观揭示了文化产生的本源与过程，明确了文化的本质。

其次是康德哲学的引导以及良好的思辨基础。德国古典哲学是公认的马克思理论的三大来源之一，马克思正是在批判继承黑格尔唯心辩证法以及费尔巴哈主观唯物主义的基础上，创建了辩证唯物主义和历史唯物主义，进而构建了其博大精深的理论体系。德国古典哲学的代表人物康德在哲学史上具有举足轻重的地位。康德注重人自身所应有的主体性，指出文化是人类所特有的特征，是客观世界的对立物。康德认为人是具有理性的生物，是理性的主体；人可以通过理性来认识外部世界及其规律，但人类自身的理性不是天生的，自然界的存在与发展具有盲目性，其中并不具有人类所应有的理性因子，单纯依靠自然是不能产生真正含义上的"人"的。人从自然存在演变为理性主体需要一个桥梁，而文化就承担了这个桥梁的作用。但是文化对人类的发展也具有两面性：一方面，文化促进了人类智力的发展进步但与此同时又对人的天性具有遏制和摧残的负面功能，进而引出了"我们应该如何对待文化"以及"文化应该如何发展的问题"；另一方面，人是具有理性的，它具有前所未有的创造力和可塑性，可以按照自我的尺度去改造外部世界，创造"人"的生活。康德从抽象的层面对文化含义的阐述对后来马克思文化理论的形成，尤其是文化本质论、文化的功能和性质的研究具有很大的引导作用。

最后是黑格尔对文化理论的探索与阐释。黑格尔在德国古典哲学发展的历史进程中具有特殊而重要的地位，而其哲学理念与思辨方法亦对马克思的理论创作产生了直接而深远的影响。黑格尔的国家理论与哲学在政治体制层面对文化的实际功用做了精彩的解读，甚至可以说，黑格尔的国家理论的核心就是文化。在论述国家的本质时，黑格尔提出一个著名的论断，"国家乃伦理理念的现实"①。这里的伦理理念实质就是一种

---

① [德]黑格尔：《法哲学原理》，范扬、张企泰译，商务印书馆1996年版，第253页。

泛文化的代称，伦理是适用于社会群体内部的行为规范和准则，理念则是观念与看法的统称，伦理理念代表着有序健康稳定的社会本质，良性发展的社会体制。当这种理念已经完全对社会群体内部产生广泛的影响时，各种具体的社会制度、法律体制以及上层建筑会随之自然产生，以利于伦理理念在社会的引导与执行，这个过程实际就是国家的诞生，国家的存在即意味着伦理理念已经实现并成为长久的现状。可以这样说，历史文化的特性决定了国家的体制属性和政治内涵，社会文化既包含个人的主观意识与个别看法（可以称之为文化碎片），也包含群体性的文化圈与风俗，还不可避免地夹杂有异域文化因素，同时文化的发展也具有历史必然性，传统文化的影响也无处不在，这一切都可以规制于伦理理念之中并在国家体制中有所反映。合理合法的伦理理念是追求善的，这与柏拉图以及亚里士多德的国家学说有相通之处，反映到国家层面，政治现象背后都有文化的牵引与影响。在论述国家的形成过程时，黑格尔提出了著名的三阶段论，即家庭到市民社会再到国家的发展进程，而划分这三个阶段的核心标准就是各个阶段所受到的不同伦理理念的影响差异以及程度的差别。黑格尔关于文化与国家之间关系的深刻论述对马克思建立无产阶级自己的文化话语权、构建无产阶级自己的哲学体系并以之为引导建立无产阶级政权有直接的指导作用，同时也对马克思文化理论的相关内容有重要的参考意义。

二、马克思主义文化观的主要内容

马克思主义所倡导的文化是以人为本的文化、革命的进步的文化、科学的理性的文化、世界视野下的民族文化、多样丰富的和谐文化。具体说来，马克思主义文化观的内容主要包括对文化本质特性的认识、文化的构成、文化发展本质是人的发展等。

（一）对文化的本质特性的认识

文化是人类特有的生活现实，是与自然相对的范畴，是人类本质活动的对象化，是人与动物本质区别的标志，体现着人的超越性和创造性。马克思关于人的实践本性的论述，十分深刻地阐释了这一点。

马克思认为，人与动物的本质区别，就在于人是自由自觉的类存在物。"一个种的整体特性、种的类特性就在于生命活动的性质，而自由的有意识的活动恰恰就是人的类特性。"① 从这一点出发，马克思深刻地解释了人与动物的本质区别。他在《1844 年经济学哲学手稿》中曾提出人的活动的双重尺度的著名观点。也就是说，动物只能按照它所属的那个"物种的尺度"来满足自己的需要，而人却能按照"任何一个种的尺度"来满足自己的需要。

文化是人实践的产物，是人与动物本质区别的标志。它总是体现人的属性，和人联系在一起。因此，从与人的关系看，它的本质主要体现了四点：首先，它是以实现人的存在价值为目的的活动。文化的存在和变化则是人创造的，文化作为人的活动，不仅创造出人的社会，而且调节人与自然的关系。其次，它体现人的超越性和创造性。代表着人区别于动物和其他自然存在物的根本特征。再次，它是人化自然与人的生活世界。人化自然是经过人的劳动的改造，通过劳动而生成，作为劳动的结果而存在的自然。最后，它是人的理想和人的现实的统一。因为文化，人的活动成为人的存在价值的活动。追求人的存在价值，也就是哲学意义上的理想。

（二）文化的构成

英国民族学家、人类学家马林诺夫斯基在《文化论》一书中，根据

---

① 《马克思恩格斯选集》第 1 卷，人民出版社 2012 年版，第 56 页。

文化的功能，将文化分为四个方面：物质设备、精神文化、语言、社会组织。美国社会学家 W.F. 奥格本在《社会变迁》一书中，从文化功能和文化起源相结合的角度，把文化分为物质文化和非物质文化，然后将非物质文化分为宗教、艺术一类的精神文化和规范人类行为的制度、习惯一类的调适文化。马克思主义谈到的主要是物质文化、精神文化、制度文化三个领域和层面。

首先，物质文化是前提和基础，物质文化是指人类所创造的物质财富及其创造方式，是可感知的、具有物质实体的文化事物。它主要包括直接满足人的基本生存需要的那些文化产品，其基本功能是维持个体生命的再生产和社会的再生产。比如说衣、食、住、行，都包含着文化，长袍马褂与泳装，中山装与西服，哥特式建筑与圆明园，这些都是物质文化。物质文化领域典型地体现了"人化自然"的特征。它包括所有用于满足人的各种生理和生存需要的或者经过加工的自然物品和人造物品；还包括用来生产这些物品的生产工具和生产手段。可以这样讲，物质文化是人类文化的所有物化形式。

对于任何一个社会来讲，物质文化都起着十分重要的基础性作用，也可以说是处于主体地位。从人类文化大厦的外形来看，它代表着人类文化本身，全面直接地反映和体现出了人类文化的成就。从外形看，物质文化是可以看见，可以听见并且可以摸得到的，还可以为人所使用的。但这些外在的物质文化都包含且凝聚着人类精神文化、制度文化。

在一定意义上讲，不管是古代的物质文化产品还是现代的物质文化产品，都是物质文化、制度文化和精神文化的统一。不仅如此，物质文化的创造还是人类其他文化创造的基础，物质文化决定着人们的精神文化、制度文化的创造，并且制度文化、精神文化的目标又要指向物质文化，通过物质文化表现和确证，通过物质文化并同物质文化一起满足人类的需要。因此，庞大的物质文化也是人类社会生活的基础，成为人类文化发展的首要目标，成为人类社会实践的首要目标。

其次，精神文化是人类在社会实践和意识活动中长期孕育出来的文化心理以及价值观念、审美情趣、思维方式、伦理道德、文化心理、经验等意识形态的各方面的总和。它起源于人类在满足自己的最基本的生存需要时，超越这些最基本的需要而产生的新需求，这是一种创造性的和自由的需要。因此，在文化的所有层次中，精神文化位于核心地位，它是最高层的、最具有内在性、最能体现文化的超越性和创造性的本质特征，也最能体现人之所以为人所特有和所应有的需要。因为物质需要推动着人们发展出种种本质上属于物的力量形式，精神需要推动着人们发展出种种只属于人的力量形式。可以这样讲，人与动物和其他存在物的最本质区别之一就在于人具有一个精神世界，具有精神文化需要，而动物却没有。正如著名思想家帕斯卡尔所断言的那样，"思想形成人的伟大"①，他指出："我很能想象一个人没有手、没有脚、没有头（因为只是经验才教导我们说，头比脚更为必要）。然而，我不能想象人没有思想：那就成了一块顽石或者一头畜牲了。"尽管他的论述有点极端，但他说明了精神文化在文化构成中的重要性，更好地揭示了人与动物的本质差别。

最后，制度文化是中介和手段，制度文化是人类在社会实践中创造的以制度为存在形式的文化形态，一般包括体制、组织、管理等方面的制度。如社会的经济制度、政治制度、卫生保健制度、教育制度、婚姻家庭制度、环境保护制度等等，这些都体现着丰富的文化内容。人类早期以血缘关系为基础的家庭和氏族制度，农耕文明时期以宗法关系为基础的封建制度，现代工业文明以社会契约和法制为基础的社会组织制度分别体现在了不同的学院文化、自然主义文化和理性主义文化。

制度文化同具有明显外在性的物质文化相比，它在整个文化界中是

---

① [法] 帕斯卡尔：《思想录》，何兆武译，商务印书局 1985 年版，第 166 页。

更深层级的文化，它主要满足于人们更深层级的需求，也就是由于人们交往的需求而产生的合理的处理人与人之间、个人和群体之间关系的需求。制度文化的建立和完善直接关系到人与人之间的交往关系和相应的各种生产关系的完善，能够极大地促进物质文化的发展。

文化是一个有机整体，物质、精神、制度文化是这个有机整体的三个组成部分。其中物质文化是基础，精神文化是动力和保障，制度文化是中介和手段，三者相互作用、相互制约，共同推动着社会的发展。文化发展对生产力的促进作用主要体现在通过物质、科学技术的创新和转化形成新的生产力；通过精神文化中的思想道德建设和科学文化意识建设提高人的素质，为社会的发展提供思想和智力支持；通过对社会制度建构的指导作用，实现社会经济制度和政治制度的优化，从而产生新的生产力。

从一定意义上来讲，文化发展水平反映了一个民族和国家的发展程度。文化不仅是综合国力的重要标志，而且是综合国力的重要组成部分，是经济发展和社会进步的强大精神动力。在当代，经济的发展，社会的进步，综合国力的增强，都有赖于文化发展水平及其影响力。文化在人类社会发展中的作用正日益突出。

（三）文化发展的本质是人的发展

马克思主义理论涉及各个领域，但他的每一视角都离不开"人"这一最基本的要素，可以说，马克思主义的理论是从人的角度开始对社会各领域进行论述的，马克思主义文化观亦如此。马克思指出，"有意识的生命活动把人同动物的生命活动直接区别开来"[1]。在马克思看来，人与动物的本质区别是人具有实践的本性，人类在实践活动中认识和改造自然，给自然和社会打上自己的烙印，同时提高自身的能力，这就是人

---

① 《马克思恩格斯选集》第 1 卷，人民出版社 2012 年版，第 56 页。

们常说的"文化即人化"这一观点。而从大文化概念角度来说，文化无外乎就是人类社会的文明发展过程，而人类的发展又何尝不是人的发展和进步。由于人具有主观能动性，可以主动认识客观世界，于是人的思想、意识、观念便内化于他们所认识的各种客观事物之中，让客观事物按着自己的需要而发生变化，即人可以根据自身的需要利用和改造客观世界。文化的本意就是文明化，它既是一个动态的发展过程，也是这个过程所带来的所有成果，文化所代表的不但是在人的实践活动中创造出满足人民群众物质、精神需求的产品，更是文化自身的发展。在此基本观点指引下，马克思指出："不是意识决定生活，而是生活决定意识"，"意识在任何时候都只能是被意识到了的存在，而人们的存在就是他们的现实生活过程"。①马克思主义理论从人的生产生活，即从人的物质生活资料生产和人自身生产的角度来解释社会存在，又从人的文明发展角度理解社会意识，这便充分肯定了人在物质文化发展中的重要作用。马克思在揭示人的本质时指出，人"是一切社会关系的总和"②，是推动社会发展的主体力量。这无疑是说：社会发展的根本是人，人不但创造了物质生活资料，生产出自然常态下从未有过的种种新事物，而且也创造了各样的文化，文化发展的起点在人，终点也是人，而人创造文化的目的就在于用这些文化为自己和整个人类服务，实现人的全面发展。马克思主义文化观的最高价值目标是人的全面和自由发展。

三、马克思主义文化观的当代发展

马克思主义文化观不仅在世界上产生了深刻的影响，而且对于发展

---

① 《马克思恩格斯选集》第 1 卷，人民出版社 2012 年版，第 152 页。
② 《马克思恩格斯选集》第 1 卷，人民出版社 2012 年版，第 135 页。

社会主义先进文化有着巨大的价值。马克思主义文化观是中国特色社会主义文化的思想渊源。

（一）文化自信是更基础、更广泛、更深厚的自信

文化自信是更基础、更广泛、更深厚的自信，是一个国家、一个民族发展中最基本、最深沉、最持久的力量，没有高度文化自信、没有文化繁荣兴盛就没有中华民族伟大复兴。[①]

首先，文化自信源自中华民族五千多年文明所孕育的中华优秀传统文化。中华优秀传统文化，源远流长、博大精深，构成中华民族的文化基因，是中华民族的突出优势，是我们在世界文化激荡中站稳脚跟的根基。中华优秀传统文化含有的独一无二的理念、智慧、气度、神韵，增添了中国人民和中华民族内心深处的自信和自豪。纵观人类文化发展历史，可以看出，任何一个民族现有的文化都不是凭空产生的，而是优秀传统文化的传承延续和丰厚积淀。正是这一人类文化发展的客观规律，决定了我们不能割舍中华优秀传统文化，而应传承其中的优秀成分，结合中国特色社会主义新时代的新特点进行创造性转化、创新性发展。习近平总书记指出："不忘本来才能开辟未来，善于继承才能更好创新。"优秀传统文化是一个国家、一个民族传承和发展的根本，如果丢掉了，就割断了精神命脉。毛泽东精辟地概括为四个字"推陈出新"[②]。

其次，文化自信源自激昂向上的革命文化和生机勃勃的社会主义先进文化。革命文化和社会主义先进文化是中国共产党领导人民在革命、建设和改革中创造的宝贵精神财富，已经深深融入中华民族的血脉和灵魂，成为鼓舞和激励中国人民不断攻坚克难、从胜利走向胜利的强大精

---

① 《中共中央关于党的百年奋斗重大成就和历史经验的决议》，人民出版社 2021 年版，第 44 页。

② 《毛泽东文集》第七卷，人民出版社 1999 年版，第 54 页。

神动力。

革命文化和社会主义先进文化集中体现在中国共产党人的精神谱系之中。以伟大建党精神为源头，井冈山精神、苏区精神、长征精神、延安精神、抗战精神、大别山精神、抗美援朝精神、"两弹一星"精神、雷锋精神、焦裕禄精神、大庆精神、红旗渠精神、特区精神、抗洪精神、抗击"非典"精神、抗震救灾精神、载人航天精神、女排精神、脱贫攻坚精神、抗疫精神等伟大精神层出不穷，构筑起了中国共产党人的精神谱系，为我们立党兴党强党提供了丰富滋养。这些伟大精神同中华民族长期形成的特质禀赋和文化基因一脉相承，反映了党作为马克思主义政党的理想和追求，反映了党为人民谋幸福、为民族谋复兴的初心使命。

最后，文化自信源自新时代中国特色社会主义事业的伟大成就。党的十八大以来，中国特色社会主义进入新时代。中国共产党领导人民自信自强、守正创新，创造了新时代中国特色社会主义的伟大成就，中国的面貌、中华民族的面貌、中国人民的面貌、中国共产党的面貌焕然一新。中国特色社会主义实践取得的伟大成就，使中华民族迎来了从站起来、富起来到强起来的伟大飞跃，中华民族伟大复兴进入不可逆转的历史进程，极大增强了我们文化自信的底气，也为坚定文化自信注入了深刻的内涵。同时，中国特色社会主义的伟大实践，为文化事业的繁荣发展、为当代中国文化创新创造、为学术艺术繁荣提供了强大动力、广泛课题和广阔空间，提供了前所未有的机遇。我们应当加快构建中国话语和中国叙事体系，用中国理论阐释中国实践，用中国实践升华中国理论，打造融通中外的新概念、新范畴、新表述，更加充分、更加鲜明地展现中国故事及其背后的思想力量和精神力量，既开放自信也谦逊谦和，努力塑造可信、可爱、可敬的中国形象。① 历史表明，社会大变革的时代，一定是文化大发展大繁荣的时代，一定是需要思想而且能够产

---

① 《习近平谈治国理政》第四卷，外文出版社 2022 年版，第 317 页。

生思想的时代。中国人民有足够的底气、资格、理由坚定文化自信，不负这个时代。

（二）社会主义核心价值观是凝聚人心、汇聚民力的强大力量

核心价值观是一个社会群体判断社会事务所依据的是非标准，遵循的行为准则，是一个民族赖以维系的精神纽带，是一个国家共同的思想道德基础。如果没有共同的核心价值观，一个民族、一个国家就会魂无定所、行无依归。

首先，充分发挥社会主义核心价值观的引领作用。人民有信仰，国家有力量，民族有希望。要强化对国民教育的引领，围绕立德树人根本任务，推动核心价值观融入思想道德教育、文化知识教育、社会实践教育各环节，贯穿启蒙教育、基础教育、职业教育、高等教育各领域，体现到教材教学、校风学风建设之中，体现到高校思想政治工作全过程。强化对精神文明创建的引领，把培育践行核心价值观作为文明城市、文明村镇、文明单位、文明家庭、文明校园创建的根本任务，突出思想内涵，鲜明价值导向。强化对精神文化产品创作生产传播的引领，推动广大文艺工作者身体力行践行核心价值观，坚持以人民为中心的创作导向，高扬爱国主义主旋律，唱响时代正气歌。

其次，充分发挥法律和政策的保障作用。法律和政策在社会公共领域具有刚性约束力，对培育践行社会主义核心价值观有着重要的导向作用。要坚持依法治国和以德治国相结合，使核心价值观融入法治国家、法治政府、法治社会建设全过程，贯穿到立法、执法、司法、守法各方面，为法律政策的制定完善提供精神指引。要大力弘扬社会主义法治精神，传承中华优秀传统法律文化，引导全体人民做社会主义法治的忠实崇尚者、自觉遵守者、坚定捍卫者。要更好运用法治手段维护社会公共价值、解决道德领域突出问题，捍卫英雄模范及其所

代表的主流价值,发挥司法断案惩恶扬善功能,更好守护公平正义、弘扬美德善行,形成有利于培育践行核心价值观的法治环境和制度支撑。

最后,充分发挥家庭的基础作用。家庭是社会的细胞。家庭和睦幸福则社会安定祥和。培育和践行社会主义核心价值观要从家庭做起,大力加强家庭文明建设,深入开展文明家庭创建,发扬光大中华民族传统美德,重视做好家庭教育,传承良好家风家训,形成爱国爱家、相亲相爱、崇德向善、共建共享的社会主义家庭文明新风尚。孩子是民族的未来,青少年的价值取向影响着一生的价值取向,决定着未来整个社会的价值取向。要坚持从娃娃抓起,不断深化未成年人思想道德建设,教育引导广大青少年树立远大志向、培育美好心灵,勤学、修德、明辨、笃实,扣好人生第一粒扣子,打牢思想之基、价值观之基。

（三）意识形态工作是为国家立心、为民族立魂的工作

意识形态决定文化前进方向和发展道路。习近平总书记指出:"意识形态工作是党的一项极端重要的工作,是为国家立心、为民族立魂的工作。"[①] 做好意识形态工作,事关党的前途命运,事关国家长治久安,事关民族凝聚力和向心力。

首先,坚持马克思主义在意识形态领域指导地位的根本制度。中国共产党从诞生的第一天起就把马克思主义郑重地写在自己的旗帜上。马克思主义是我们立党立国的根本指导思想,是我们党的灵魂和旗帜。[②] 拥有马克思主义科学理论指导是我们党坚定信仰信念、把握历史主动的根本所在。党的团结统一首先在于指导思想上的团结统一。新时代新征

---

① 习近平:《论党的宣传思想工作》,中央文献出版社 2020 年版,第 14 页。
② 《习近平谈治国理政》第四卷,外文出版社 2022 年版,第 9 页。

程，坚持马克思主义在意识形态领域指导地位的根本制度，就是要坚持思想建党、理论强党，更加自觉地高举马克思主义伟大旗帜，一以贯之地保持思想上统一、政治上团结、行动上一致，就是要坚定文化自信、增强文化自觉，牢牢把握社会主义先进文化前进方向，紧紧围绕举旗帜、聚民心、育新人、兴文化、展形象的使命任务，大力发展面向现代化、面向世界、面向未来的，民族的科学的大众的社会主义文化，更好构筑中国精神，汇聚中国力量。

其次，健全用党的创新理论武装全党、教育人民、指导实践工作体系。用党的创新理论武装全党是党的思想建设的根本任务。习近平新时代中国特色社会主义思想是当代中国马克思主义、二十一世纪马克思主义，是中华文化和中国精神的时代精华。在新时代，必须坚持不懈用习近平新时代中国特色社会主义思想凝心铸魂。一是要组织实施党的创新理论学习教育计划，建设马克思主义学习型政党。二是要坚持学思用贯通、知信行统一。把握好习近平新时代中国特色社会主义思想的世界观和方法论，坚持好、运用好贯穿其中的人民至上、自信自立、守正创新、问题导向、系统观念、胸怀天下等立场观点方法，真正把习近平新时代中国特色社会主义思想转化为坚定理想、锤炼党性和指导实践、推动工作的强大力量。三是要坚持理论武装同常态化长效化开展党史学习教育相结合，坚持以"关键少数"带动绝大多数、以党员干部带动普通群众，不断学史明理、学史增信、学史崇德、学史力行。四是要建设和用好网络学习平台，充分发挥"学习强国"学习平台的作用，不断丰富和创新学习内容形式，努力提供更便捷、更高效、更适用的学习服务。五是要持续推进科学理论大众化，广泛有效开展宣传普及，建立健全精准传播、有效覆盖的工作机制，更好推动党的创新理论进基层进群众。

最后，全面落实意识形态工作责任制。建设具有强大凝聚力和引领力的社会主义意识形态，要增强各级党委（党组）维护意识形态安全的政治敏锐性，强化建设社会主义意识形态的政治担当，全面落实意识形态工作各项任务，守好守牢意识形态工作的主阵地。要注意区分政治原则问题、思想认识问题、学术观点问题，坚持具体问题具体分析，对大是大非问题、政治原则问题敢抓敢管。要发扬斗争精神，敢于斗争，善于斗争，旗帜鲜明反对和抵制各种错误观点，理直气壮批驳挑战政治底线的错误言论。对落实责任不力造成严重后果、影响恶劣的，该问责的问责。

第九章

马克思主义民族观

　　民族是人们在历史上形成的一个有共同语言、共同地域、共同经济生活以及表现在共同文化上的共同心理素质的稳定的共同体。马克思主义民族观是指马克思主义对民族和民族问题的总的看法和基本观点，是无产阶级及其政党制定民族纲领和民族政策的指导思想。马克思主义民族观，为正确认识和处理民族关系，铸牢中华民族共同体意识，加强民族交往交流交融，促进各民族共同团结奋斗、共同繁荣发展提供了基本遵循。

一、马克思主义民族观的形成

　　马克思主义民族观，是马克思恩格斯在 19 世纪 40 年代，基于辩证唯物主义与历史唯物主义世界观和方法论，在领导无产阶级争取社会主义革命斗争实践中，对世界各民族，主要是欧洲各民族及其民族问题进行调查研究和理论创造，同时继承和发展了以往各种民族观的合理成分，特别是资产阶级民族革命时期资产阶级民族观的优秀成果后，逐渐形成的。主要分为三个阶段。

（一）初创阶段

第一阶段为初创阶段，时限为 19 世纪 40 年代初至 19 世纪 40 年代末。

马克思主义关于民族的观念是逐渐从唯心主义转变为历史唯物主义立场的。马克思最早关于民族问题的论述，可追溯到中学时期的文章《论宗教问题的作文》。在马克思看来，各民族的生死存亡必须由上帝来安排，他们是不能自己解放自己的。可见，马克思在少年时期具有唯心主义民族观。随着世界观的转变，马克思开始产生了朴素的唯物主义民族观。从马克思大学时期的博士论文可以看到，这时期的马克思已经否定了神的存在，也摒弃了中学时期认为神决定民族一切的观点。然后，在《莱茵报》期间，马克思恩格斯撰写了多篇文章批判当时社会上流行的关于民族问题的错误言论，他看到了民族之间存在差别，同时赞赏各民族平等。马克思在《法的历史学派的哲学宣言》中批判了古斯达夫·胡果的民族没有差别的思想，他认为每一个民族都有自己的特色，把他们等同起来是错误的，民族之间是存在差别的。关于民族平等的观点，马克思和恩格斯在第一次合作撰写的文章《神圣家族》中指出："直到现在每个民族同另一个民族相比都具有某种优点"①，阐明了每一个民族都有比其他民族优越的地方，但是民族之间没有优劣之分，都是平等的。马克思恩格斯将民族问题和无产阶级革命联系在一起。青年黑格尔派鲍威尔认为，犹太民族遭受迫害的问题是宗教信仰问题，他们寻求的是宗教解放。马克思坚决不同意鲍威尔的观点，他认为犹太人的问题是民族问题，只有通过革命来寻求政治上的解放。

1848 年以前，马克思恩格斯在创立自己的无产阶级革命理论的初

---

① 《马克思恩格斯文集》第 1 卷，人民出版社 2009 年版，第 354 页。

期，就非常注意对民族问题的学习研究，撰写了《论犹太人问题》《德意志意识形态》等著作，不仅提出了犹太人的民族平等问题，而且还开始对民族的形成问题、对民族与生产力发展的关系问题进行了初步研究，并提出了"三个过渡"的科学论断，即从野蛮向文明的过渡、从部落制度向国家的过渡、从地方局限性向民族的过渡。

（二）确立阶段

第二阶段为确立阶段，时限为 1848 年至 19 世纪 70 年代。

1848 年 2 月，《共产党宣言》的发表，标志着科学社会主义即马克思主义的创立。马克思恩格斯在《共产党宣言》中第一次系统全面地阐明了马克思主义的思想体系时，也阐明了他们对民族问题的基本观点。1848 年欧洲革命以后，由于受到波兰、捷克、匈牙利、罗马尼亚、南斯拉夫等民族解放运动的鼓舞，以及中国、印度、波斯等农民革命的影响，马克思恩格斯对民族问题又撰写了一系列著作，主要有《论波兰》《论波兰问题》《德国的革命和反革命》《中国革命和欧洲革命》《不列颠在印度统治的未来结果》《支持波兰》《反杜林论》等，他们认为，每个民族的无产阶级应该联合起来反对国际资产阶级，同他们作斗争，各民族的利益应当在阶级斗争中去获取，各民族的无产阶级只有联合起来，才能战胜凶恶的敌人。各民族无产阶级的联合，必须摒弃狭隘的民族主义，建立各民族平等的国际主义原则。在这一时期，马克思恩格斯进一步深刻阐明了民族解放运动发展的历史根源和阶级根源，分清了两种不同性质的民族运动，揭露了资产阶级民族解放运动的局限性，提出了民族问题的彻底解决，只有依靠无产阶级，而不能把希望寄托于剥削阶级等观点，从而明确了民族问题与无产阶级革命的关系，建立了马克思主义关于民族解放运动的学说，标志着系统的马克思主义民族观的形成。

（三）深化阶段

第三个阶段为深化研究阶段，时限为19世纪80年代至恩格斯逝世。

在这个阶段，马克思恩格斯又根据历史发展所积累的大量民族问题素材，经过去粗取精、去伪存真、由此及彼、由表及里的抽象思维，撰写了《自然辩证法》《摩尔根（古代社会）一书摘要》《家庭、私有制和国家的起源》等基础扎实的研究专著，特别是恩格斯执行马克思的遗言所写的最后一本研究专著——《家庭、私有制和国家的起源》，对民族的形成与发展作了科学论述，从而使马克思主义民族观奠定在了辩证唯物主义与历史唯物主义这一科学世界观和方法论的基础之上，成为有史以来唯一科学的民族观：两种民族的理论和民族解放的理论。这一理论主要内容有：首先是关于两种民族理论的形成。1848年，欧洲许多国家通过工业革命迅速发展起来，开始在全世界范围内侵略其他国家，各国人民相继站起来反抗侵略者，寻求民族解放和民族独立。当时的欧洲国家是既要求推翻旧的国家机器，又要求民族独立。对于民族运动有哪几类和民族解放运动如何评论的问题，马克思恩格斯以社会进步、民族解放和人类解放为标准来区分民族运动。革命的民族和民族运动是进步的，我们必须支持；反革命的民族和民族运动是历史倒退，我们必须坚决反对。其次，关于民族解放理论的论述。19世纪50年代，伴随着西方殖民者对东方各国的侵略，亚洲人民的革命热情不断高涨。马克思恩格斯关于民族问题的理论研究也开始从西方转向东方。他们揭示了西方殖民者对东方各国的掠夺和野蛮统治。对于如何解决民族问题和如何才能真正实现民族解放这两个问题，马克思指出，真正想要实现民族解放，就必须将生产力的发展掌握在被压迫民族和人民的手中，唯一的办法就是进行无产阶级革命。19世纪60年代的波兰人民起义和爱尔兰人民起义促使马克思恩格斯思想转变。马克思恩格斯吸取之前革命的失败，不断思考这两个国家民族解放运动的问题，认识到民族解放运动在一定程度上也推动无产阶级革命运动的发展，这使得马克思恩格斯民族理论更加完善和科学。

20 世纪初至 20 世纪三四十年代，列宁和斯大林在领导俄国无产阶级和广大劳动人民建立苏维埃政权以及进行社会主义革命和社会主义建设实践中，在与第二国际修正主义、机会主义的斗争中，以自己对民族问题的新发展新贡献使马克思主义民族观形成了一个完整体系，把马克思主义民族观推进到一个新阶段。列宁还从世界观的高度概括了资产阶级民族主义与无产阶级的国际主义是两种根本对立的世界观，指出："资产阶级的民族主义和无产阶级的国际主义——这是两个不可调和的敌对口号，这两个同整个资本主义世界的两大阶级营垒相适应的口号，代表着民族问题上的两种政策（也是两种世界观）。"[1] 另外，列宁还创造性提出了"阶级斗争才是民族问题的本质""民族殖民地问题的解决与无产阶级革命的胜利是密切相关的""民族自决权是维护无产阶级利益的一种办法，是实现民族平等的重要途径""要实现民族国家的真正统一，采用民族区域自治也是行之有效的办法"[2] 等重要思想，这些思想综合起来共同构成列宁的马克思主义民族观。

十月革命一声炮响，给中国送来了马克思列宁主义，同时也送来了马克思主义民族观。随着民族问题在中国革命和世界无产阶级革命中地位越来越重要，以毛泽东同志为主要代表的中国共产党人，在领导中国各民族的革命和建设实践中，结合中国民族问题的实际，不断继承、丰富和发展了马克思列宁主义民族观，并逐渐形成了具有中国特色的毛泽东思想民族观，成为毛泽东思想的重要组成部分。其内容包括以下几个方面：　是坚持民族平等，加强民族团结，维护祖国统一；二是实行民族区域自治，保障各少数民族的自治权利；三是少数民族社

① 《列宁全集》第 24 卷，人民出版社 1990 年版，第 128 页。
② 《列宁全集》第 24 卷，人民出版社 1990 年版，第 73 页。

会制度必须逐步实行有区别的改革；四是大力加强少数民族干部培训，诚心诚意积极帮助少数民族地区发展经济和文化建设；五是尊重少数民族的语言文字、风俗习惯和宗教信仰；六是反对大汉族主义和狭隘地方民族主义，广泛进行马列主义民族理论和党的民族政策教育，高度重视民族工作。

二、马克思主义民族观的主要内容

马克思、恩格斯坚持历史唯物主义的立场、观点和方法，立足于经济交往和实践范围的扩大，服务于人类解放的目标，揭示民族产生、发展、消亡的历史辩证法。在无产阶级革命的整体框架内，他们既阐释民族消亡的未来趋势，也阐述民族独立的现实意义，形成了科学的民族观。

（一）民族是一个历史范畴

马克思主义认为，民族是一个历史范畴，有它自身形成、发展到消亡的客观规律。一方面，民族的形成与文明文化直接相关，有共同语言，生活于共同地域，有着共同经济生活，以及表现在共同文化上的共同心理素质的稳定共同体，逐渐形成一个民族；另一方面，更为根本的是，民族是社会生产力发展到一定阶段的产物，它的发展是受社会生产力发展制约的。恩格斯在《自然辩证法·劳动在从猿到人转变过程中的作用》一文中指出："劳动本身一代一代地变得更加不同、更加完善和更加多方面。除打猎和畜牧外，又有了农业，农业以后又有了纺纱、织布、冶金、制陶器和航行。同商业和手工业一起，最后出现了艺术和科学；从部落发展成了民族和国家。"① 恩格斯在《家庭、私有制和国家的起源》一书中谈到雅典民族产生时指出："由于农业和手工业、商业和航海业之间的分工的进一步发展，氏族、胞族和部落的成员，很快就都杂居起来……这就扰乱了氏族制度机关的正常活动……相邻的各部落的单纯的联盟，已经由这些部落融合为单一的民族所代替了。"② 随着社会生产力的发展、社会制度的变革和阶级结构的变化，民族也由低级阶段向高级阶段发展，由奴隶制民族，经过封建制民族、资本主义制民族或殖民地半殖民地民族，发展成为社会主义民族。到了共产主义社会，随着生产力的高度发展，阶级和国家消亡，各民族逐渐从区域的融合过渡到世界范围内所有民族的融合而消亡。马克思主义认为，随着资本主义生产的进一步发展，民族的界限会逐渐淡化。马克思恩格斯指出："大工业到处造成了社会各阶级间相同的关系，从而消灭了各民族的特殊性。"③ 在《共产党宣言》中进一步指出："资产阶级，由于开拓了世界市场，使一切国家的生产和消费都成为世界性的了。使反动派大为惋惜的是，资产阶级挖掉了工业脚下的民族基础。古老的民族工业被消灭了，并且每天都还在被消灭。它们被新工业排挤掉了，新的工业的建立已经成为一切文明民族的生命攸关的问题"④。未来，随着阶级对立和消灭，"人对人的剥削一消灭，民族对民族的剥削就会随之消灭"⑤。

　　建立在历史唯物主义基础上的马克思主义民族观，把人类社会民族现象作为一个历史范畴来看待，认为民族产生于生产力的发展，也随着生产力的发展和社会形态的变革不断演化。日益扩大和深入的民族交往，使一些民族自觉或被迫放弃了本民族的生产方式、生活方式和语

---

① 《马克思恩格斯选集》第 3 卷，人民出版社 2012 年版，第 995 页。
② 《马克思恩格斯文集》第 4 卷，人民出版社 2009 年版，第 126—127 页。
③ 《马克思恩格斯文集》第 1 卷，人民出版社 2009 年版，第 567 页。
④ 《共产党宣言》，人民出版社 2014 年版，第 31 页。
⑤ 《共产党宣言》，人民出版社 2014 年版，第 47 页。

言，而习之以更高文明民族的生产方式和生活方式，民族之间的隔阂和差别日趋模糊以至消失，低文明民族开始融入高文明民族，表现为一个民族群体扩大，而另一个民族群体则在人类历史上失去踪迹。

（二）民族与阶级是两个不同的社会现象

马克思主义认为，民族和阶级是两个既相互联系又本质不同的社会历史现象，民族问题与阶级问题也是两种既有关联又性质不同的问题。一方面，在阶级社会里，民族内部包含着不同的阶级，存在着阶级斗争，所以在阶级社会里，民族问题往往同阶级问题联系在一起，剥削阶级总是将这样那样的民族问题打上阶级的烙印。但不能因此得出结论说，民族问题的实质是阶级问题。另一方面，在阶级社会里，以私有制为基础的阶级剥削制度，是造成民族压迫乃至民族战争的社会根源；民族矛盾的实质是阶级矛盾；民族压迫是私有制社会里民族问题的主要表现形式，是阶级压迫和剥削造成的，是阶级压迫、阶级剥削的特殊形式和反映。因为，在阶级社会中，阶级的利益高于民族的利益，正如恩格斯所说："迄今为止，一切统治者及其外交家玩弄手腕和进行活动的目的可以归结为一点：为了延长专制政权的寿命，唆使各民族互相残杀，利用一个民族压迫另一个民族。"① 列宁也指出："在任何真正严肃而重大的政治问题发生时，集团都是按阶级而不是按民族划分的。"②

马克思主义民族观认为，尽管不能完全把民族问题与阶级问题割裂开来，但是民族问题与阶级问题概念不同，存在的范围不同，存在的时间不同，内容不同，特性不同，不能在两者之间画等号。在研究民族问题的时候，既要注意与阶级问题的联系，更要注意两者之间的区别。

---

① 《马克思恩格斯选集》第 1 卷，人民出版社 1972 年版，第 304 页。

② 中国社会科学院民族研究所编：《马克思恩格斯论民族问题》（上），民族出版社 1987 年版。

（三）民族问题是社会总问题的一部分

马克思主义认为，民族问题从来就不是孤立存在的，它是社会发展总问题的一部分，是革命和建设总问题的一部分。民族问题只有在社会总问题解决进程中，才能得到解决。如果在整个革命建设中重视民族问题，正确认识和处理民族问题，它就对整个革命和建设过程起着积极的推动作用；如果忽视或者错误地处理民族问题，它可能会给革命和建设事业带来巨大的破坏力，使整个革命建设事业受到挫折乃至失败。早在 1847 年，马克思就指出："要使各民族真正联合起来，他们就必须有共同的利益。要使他们的利益能一致，就必须消灭现存的所有制关系"，"无产阶级对资产阶级的胜利同时就是一切被压迫民族获得解放的信号"。[①] 这就指明了民族问题和无产阶级革命问题联系在了一起。从世界范围来看，在资产阶级民主革命时期，资本主义民族统一问题和殖民地被压迫民族的解放问题，是世界资产阶级革命总问题的一部分。在帝国主义和无产阶级革命时代，殖民地、半殖民地被压迫民族的解放问题，是世界无产阶级社会主义革命总问题的一部分；在社会主义现代化建设时期，民族问题是社会主义现代化建设总问题的一部分。未来，随着社会问题的根本解决，民族问题也会得到解决。马克思恩格斯指出："人对人的剥削一消失，民族对民族的剥削就会随之消灭。民族内部的阶级对立一消失，民族之间的敌对关系就会随之消失。"[②] 这一著名论断，揭示了民族问题的根源和实质，揭示了民族问题与阶级问题、社会问题的关系，也指明了解决民族问题的根本途径。

马克思主义民族观认为，民族问题历来是社会发展总问题的一部

---

① 《马克思恩格斯选集》第 1 卷，人民出版社 1972 年版，第 281—288 页。
② 《马克思恩格斯文集》第 2 卷，人民出版社 2009 年版，第 50 页。

分，它始终受到社会总问题的制约，随着社会的发展而不断地发生变化，民族问题的解决不可能离开社会总问题。同时，民族问题又对社会发展产生直接影响，民族问题能否处理得当，是直接关系到社会的稳定和经济的发展，甚至国家前途命运的大问题。

（四）国际主义要建立在支持民族解放的基础上

马克思恩格斯指出，国际主义必须首先建立在支持被压迫民族的解放和民族平等的基础上。他们运用大量的事实证明了近代殖民主义血淋淋的掠夺本性，指出欧洲资本主义的产生和发展除了采用掠夺教会地产、把封建财产变为现代私有财产等"田园诗般"的资本原始积累方法，主要就是靠对欧洲以外广大地区的殖民掠夺。他们指出，近代殖民制度是以最残酷的暴力为基础的，近代欧洲的形成与崛起，与欧洲人对整个世界的殖民化在时间上是同步的。所以，波兰的运动"不仅是民族运动，而且还直接为了解放农民和把土地转归农民所有"[1]。在总结波兰1846年克拉科夫起义的意义时，他们说，克拉科夫革命把民族问题和民主问题以及被压迫阶级的解放看作一回事，这就给整个欧洲做出了榜样。[2] 实际上，他们对波兰民族运动性质、任务和意义的总结，也成为其后世界大多数殖民地半殖民地国家的民族解放运动的正确选择。也是在论述波兰问题时，恩格斯讲了这样一句名言："一个民族当它还在压迫其他民族的时候，是不可能获得自由的。"[3] 列宁将这一论断评价为国际主义和社会主义的"根本原则"，他说，"马克思鉴于各先进国家无产阶级的阶级斗争利益大于一切，始终把压迫其他民族的民族是不能获得解放的这

---

① 《马克思恩格斯选集》第 3 卷，人民出版社 2012 年版，第 291 页。

② 中国社会科学院民族研究所编：《马克思恩格斯论民族问题》上册，民族出版社 1987年版，第 137 页。

③ 《马克思恩格斯文集》第 1 卷，人民出版社 2009 年版，第 696 页。

个国际主义和社会主义的根本原则放在第一位"①。

马克思主义还站在人类社会走向世界历史的高度,站在全世界无产阶级国际主义的高度,认为那些真正为民族的解放事业和发展而付出的努力,也必将对整个世界的进步发展起到推动作用。马克思指出:"凡是民族作为民族所做的事情,都是他们为人类社会而做的事情。"②

不论是对欧洲民族运动的声援,还是对亚洲人民反殖民反侵略斗争表示支持,马克思恩格斯都充分表达了自己鲜明的无产阶级国际主义观点。

(五)各民族之间一律平等

马克思主义认为,对于民族而言,平等权是最基本和最重要的权利。世界上各民族不分大小,都是人类社会的组成部分。最早提及民族平等思想的著作是 1844 年的《神圣家族》,马克思在书中写道:"直到现在没有一个民族同另一个民族相比具有某种优点。"③ 每个民族都有自己的优点长处,都以自己的创造力为人类文明的进步和社会历史的发展作出了自己的贡献;民族的先进和落后不是绝对的,是可以改变的,绝对没有天生的"优等"民族和"劣等"民族。因此,马克思主义反对民族歧视和民族压迫,主张各民族在社会生活的一切领域中地位平等;在政治上、发展经济文化上以及使用与发展自己的语言文字上,保持或改革自己的风俗习惯、宗教信仰上权利平等。马克思主义认为,民族平等的实质内容和真正意义只能是消灭阶级,"任何超出这个范围的平等要求,都必然要流于荒谬"④,体现了民族平等的彻底性和民族平等的无产

---

① 《列宁选集》第 2 卷,人民出版社 1972 年版,第 722 页。

② 《马克思恩格斯全集》第 42 卷,人民出版社 1979 年版,第 257 页。

③ 《马克思恩格斯文集》第 1 卷,人民出版社 2009 年版,第 354 页。

④ 《马克思恩格斯选集》第 3 卷,人民出版社 2012 年版,第 484 页。

阶级目的性。

在马克思主义民族观中，本就包含着保护少数民族权利的内容。列宁指出："我们要求国内各民族绝对平等，并无条件地保护一切少数民族的权利。"①各民族应该加强团结，不应该损害国际无产阶级事业的共同利益，妨碍其他民族的发展，必须坚持各民族共同发展、共同繁荣的原则。

马克思主义民族平等理论中，还有一个非常重要的内容，就是坚持民族自主，即在民族平等的基础上，各民族有权决定自己的命运、自己处理自己的事情。民族自主原则适用于一切民族问题。同时，由于历史是多样化的统一，民族自主原则可以在不同的情况下采用民族自决、联邦制的民族自治和民族区域自治等不同的形式。但马克思主义认为，除特殊情况下可以采用民族自决和联邦制的民族自治作为过渡形式外，民族区域自治应当是处理民族问题的普遍原则和根本制度。

三、马克思主义民族观的当代发展

一百多年来，中国共产党创造性地把马克思主义民族理论同中国民族问题具体实际相结合，同中华优秀传统文化相结合，走出一条中国特色解决民族问题的正确道路，形成了中国共产党的民族理论。在这一理论指导下，56 个民族像石榴籽一样紧紧团结在中国共产党的周围，经过浴血奋战、自力更生、解放思想、自信自强的艰苦卓绝斗争和努力，已经胜利实现第一个百年奋斗目标，正在意气风发朝着第二个百年奋斗目标进发。党的十八大以来，我们党坚持马克思主义民族观，从辩证唯物主义和历史唯物主义立场阐述和推进民族工作；从中国化的马克思主

---

① 《列宁全集》第 19 卷，人民出版社 1985 年版，第 100 页。

义民族理论观点阐述民族工作创新理论和创新政策及措施等基本理论；站在构建人类命运共同体的全球格局上，放眼中国共产党千秋伟业和中华民族伟大复兴光辉前景，就民族工作作出一系列重大决策部署，推动中华民族走向包容性更强、凝聚力更大的命运共同体，领导我国民族团结进步事业取得了新的历史性成就。其新理念新思想新战略，共同构成了新时代的一整套全面系统、有机统一的民族观。

（一）做好民族工作关键在党

在中国这样一个多民族的社会主义国家，没有正确有力的政治力量的引导，维护加强民族的团结统一是难以实现的。一百多年的实践充分证明，只有中国共产党才能实现中华民族的大团结，只有中国特色社会主义才能凝聚各民族、发展各民族、繁荣各民族。在中央民族工作会议上习近平总书记提出："必须坚持党对民族工作的领导。中国共产党领导是做好民族工作的根本保证，是维护中华民族大团结的根本保证。"[①]根据中国具体的实际情况，习近平总书记提出做好民族工作关键在党、关键在人。

第一，要注重加强基层组织和政权的建设。"加强乡镇（街道）、村（社区）党组织建设，健全基层组织体系，扩大党的工作覆盖面"[②]。基层组织和人民的利益联系更加紧密，党和广大人民群众的联系的加强能够更好地了解人民的诉求，更深入地向党和国家反映人民的需要，是民族地区安定繁荣的重要基础。

第二，加强民族地区干部队伍建设，培养素质较高、经验足、经得起考验的干部队伍。民族地区的干部队伍是党的路线和方针的重要的贯

① 《习近平著作选读》第二卷，人民出版社2023年版，第510页。
② 《十八大以来重要文献选编》（中），中央文献出版社2016年版，第116页。

彻者和执行者，民族地区干部的水平对民族地区建设提供了重要的前提基础。因此加强民族地区的干部队伍建设就要"加强思想政治建设，突出政治过硬、对党忠诚，强化党性锻炼，不论哪个民族的干部都要自觉站在中华民族整体利益的高度，立足于党和国家的工作大局，牢记肩负的政治责任，在民族团结、合作共事上做表率，在服务人民、推动发展上奋发有为"①。

第三，加强民族地区优秀知识分子队伍建设。知识分子是重要的储备力量，做好民族工作需要完善民族地区人才激励机制和优秀成果奖励机制，落实"四个一批"人才工程。重视少数民族地区知识分子的培养，将符合条件的优秀知识分子积极纳入党的组织中，推动党组织的进步和发展。

（二）民族团结是各族人民的生命线

加强民族团结，是中国共产党民族思想的重要内容。毛泽东指出，"只有经过共产党的团结，才能达到全阶级和全民族的团结"②。新时代，中国共产党认为"民族团结是各族人民的生命线"，加强民族团结是民族工作的核心。

"民族团结是各族人民的生命线"理论，既是新时代对马克思主义民族观的继承，又在此基础上实现了新的发展。习近平总书记指出："民族团结是各族人民的生命线"，要"像爱护自己的眼睛一样爱护民族团结，像珍视自己的生命一样珍视民族团结，像石榴籽那样紧紧抱在一起"。③民族团结是社会稳定和国家长治久安的基础，稳定为经济发展

---

① 《十八大以来重要文献选编》（中），中央文献出版社 2016 年版，第 115 页。
② 《毛泽东选集》第一卷，人民出版社 1991 年版，第 278 页。
③ 《习近平关于社会主义政治建设论述摘编》，中央文献出版社 2017 年版，第 172—173 页。

创造条件，没有稳定就无从谈发展，民族团结是民族工作的核心。

习近平总书记把民族团结比喻为各族人民的生命线，把民族团结提升到了关乎各族人民生命的高度，把民族团结工作摆到民族工作的核心位置，这是理论的提升，也是实践经验的凝练。要充分考虑不同民族、不同地区的实际，统筹城乡建设布局规划和公共服务资源配置，完善政策举措，营造环境氛围，逐步实现各民族在空间、文化、经济、社会、心理等方面的全方位嵌入。要深入开展民族团结进步创建，着力深化内涵、丰富形式、创新方法。要构建铸牢中华民族共同体意识宣传教育常态化机制，纳入干部教育、党员教育、国民教育体系，搞好社会宣传教育。

（三）"铸牢中华民族共同体意识"是民族工作的认识和思想基础

新时代中国共产党对民族工作提出的根本要求就是："以铸牢中华民族共同体意识为主线，坚定不移走中国特色解决民族问题的正确道路，坚持和完善民族区域自治制度，加强和改进党的民族工作，全面推进民族团结进步事业。"[1]习近平总书记也多次强调指出，"做好新时代党的民族工作，要把铸牢中华民族共同体意识作为党的民族工作的主线"。"中华民族共同体意识是民族团结之本。"[2]"命运共同体"，既是一个哲学概念，更是一个实践命题。"人类命运共同体"和"中华民族命运共同体"这两个概念，既是对马克思主义"民族区域历史走向世界历史""全世界无产者联合起来"组成"自由联合体"民族理论的传承，又是针对世界百年未有之大变局背景下人类面临严峻风险挑战、中国特色社会主

---

① 《党的二十大报告辅导读本》，人民出版社 2023 年版，第 36 页。
② 《习近平著作选读》第二卷，人民出版社 2023 年版，第 508 页。

义走进新时代面临新课题而提出的原创性重大论断。"中华民族共同体"理论，既古老又创新。"中华民族"作为一个实体存在是那么古老，中华民族自秦统一中国就有相对完整的国家形态。

近代，在民族危亡之时，梁启超首次提出并运用了"中华民族"的概念。中华各族人民共同抵御外敌入侵，团结一致避免了亡国灭种，在这个过程中中华民族展示着一个命运共同体的团结和睿智。新中国成立至今，中华民族一直是以一个命运共同体存在着，以一个利益共同体发展着，以一个责任共同体承担着世界责任。党的十八大以来，习近平总书记创造性地提出了"中华民族命运共同体"这一崭新的概念，其逐渐成为政治范畴，这是民族工作进入新时代的显著标志。习近平总书记强调，我们伟大的祖国，幅员辽阔，文明悠久，中华民族多元一体是先人们留给我们的丰厚遗产，也是我国发展的巨大优势。习近平总书记这些论述生动说明，在漫长历史中，伟大祖国的每一项辉煌成就都凝结着各族人民的智慧和汗水，各族人民对同属中华民族的由衷认同又成为推动伟大祖国发展进步的强大动力。这是他将中华民族多元一体称为"丰厚遗产"和"巨大优势"的深刻原因。习近平总书记强调，各民族之所以团结融合，多元之所以聚为一体，源自各民族文化上的兼收并蓄、经济上的相互依存、情感上的相互亲近，源自中华民族追求团结统一的内生动力。正因为如此，中华文明才具有无与伦比的包容性和吸纳力，才可久可大、根深叶茂。

一部中国史，就是一部各民族交融汇聚成多元一体中华民族的历史，就是各民族共同缔造、发展、巩固统一的伟大祖国的历史。

（四）坚持走适合中国国情和特点的民族工作路子

在解决中国的民族问题上，毛泽东始终将实事求是作为思考、解决问题的基本原则。正是遵循了该原则，毛泽东才创立了符合中国国情的民族理论。新时代，我们党把走中国特色社会主义道路作为解决中国民族问题的根本道路。习近平总书记在中央民族工作会议上提出，准确把握我国统一多民族国家的基本国情是民族工作的基本出发点，做好我国民族工作，必须坚持走适合中国国情和特点的民族工作路子，习近平总书记用石榴和石榴籽的关系形象地描述了中华民族和我国各民族多元一体的关系。加强中华民族大团结，最长远和最根本的是增强文化认同，走适合中国国情和特点的民族工作之路。习近平总书记在党的十九大报告中强调："全面贯彻党的宗教工作基本方针，坚持我国宗教的中国化方向，积极引导宗教与社会主义社会相适应。"这进一步对新时代民族宗教工作的发展指明了方向，提出了适合中国国情和特点的宗教工作之路。要充分发挥民族地区自然资源、生态资源及特色民族文化和民族风情等优势，打好优势资源开发、美丽经济培育、生态环境保护的"组合拳"，精准施策推动民族地区加快发展。同时要注意补齐基础设施建设、公共服务有效供给、低收入家庭增收致富"三块短板"，着力破除影响发展稳定的关键性薄弱环节，增强民族地区的发展动力。持续深化民族团结教育，正确处理影响民族团结的问题，不断巩固民族团结进步的总体和谐局面。

（五）坚持以新发展理念推动民族地区发展

推动民族地区与全国共同实现社会主义现代化，共享中华民族伟大复兴的荣耀，就需要下大力推进民族地区的进步与发展。民族团结的进步与发展要遵循一定原则，新发展理念则是新时代民族团结发展所要遵循的重要原则。习近平总书记强调："必须坚定不移贯彻创新、协调、绿色、开放、共享的发展理念。"因此，新发展理念是一切民族团结事业的先导、原则。要把创新发展理念贯穿民族团结工作的始终。在习近平总书记关于民族团结的重要论述中更侧重的是制度创新。创新发展新型民族关系。社会主义社会的民族关系，不同于封建主义社会的压迫与被压迫的民族关系、资本主义社会的剥削与被剥削的民族关系，而是创新为新时代的新型民族关系，实现各少数民族之间政治平等、互利互惠、文化交融。坚持创新发展理念，要不断丰富完善创新民族区域自治制度、增强法制体制创新。要坚持协调发展理念统筹区域之间协调发展，民族地区的发展不是一家独奏，是各少数民族地区与内地的"和弦"，协调民族区域发展是开展民族团结工作的"压舱石"。坚持绿色发展理念，是民族地区永续发展的不竭动力，坚持提高少数民族的生产、生活环境。少数民族地区自然条件相对恶劣，生态环境脆弱，若想保持少数民族地区原生态的生态环境，实现民族团结，必须坚持绿色发展理念、坚持生态文明思想、发展绿色产业。绿色发展理念也印证了党以人民为中心的发展思想，人民是涵盖少数民族的人民，不存在大汉族主义和狭隘的民族主义。因此，坚定少数民族地区绿色发展理念有利于促进民族团结。坚决破除一切毁坏少数民族地区生态环境的行为，保护少数民族固有的生态文明成果。坚持与破坏和谐稳定的美好环境的行为作斗争，为各族人民营造良好的安全的生态环境。以开放发展理念推进民族地区深化改革开放是民族团结的必由之路，必须进一步加大少数民族地区的对外开放程度，秉持开放发展理念，全方位、全面发展少数民族地区，为世界其他国家的民族政策提供中国方案。同时，内外联动积极契合国家"一带一路"战略，主动与沿线国家对接，开放民族边疆地区，使其成为对外开放的沿线"桥头堡"。共享发展理念是各民族发展的公平性、平等性的集中体现，民族团结工作坚持共享原则，让广大少数民族同汉族一道，共享改革开放成果，分享新时代中国特色社会主义发展"红利"，实现共同富裕。因此，发展依靠各族人民，最终实现的伟大果实由所有人民共享。

时代发展的需要是理论创立的动力。习近平总书记关于民族团结的重要论述是顺应时代发展应运而生，是新时代所推崇的科学民族理论，有着科学的理论价值，为中国人民、中华民族提供民族理论指南，也是新时代民族理论的最新成果，极大丰富了马克思主义的民族理论，又丰富了中国化马克思主义的民族理论。

第 十 章

马克思主义宗教观

马克思恩格斯运用辩证唯物主义和历史唯物主义观察分析宗教现象和宗教问题，创立了马克思主义宗教观。马克思主义宗教观是马克思主义理论的重要组成部分，科学揭示了宗教的实质、社会功能以及它产生、发展和消亡的客观历史规律，确立了马克思主义政党对待宗教的科学态度以及处理宗教问题的基本原则。深入理解和践行马克思主义宗教观，坚持把马克思主义宗教观与中国国情和宗教具体实际相结合，对于我们正确研判和处理宗教问题、制定科学合理的宗教政策、不断开创党的宗教工作新局面，具有十分重要的理论和现实意义。

一、马克思主义宗教观的历史性突破

宗教作为人类文明的重要组成部分，自古以来一直在人类社会中扮演着举足轻重的角色。它不仅涵盖了对超自然力量的信仰，还在塑造文化、价值观和社会秩序方面发挥着深远影响。随着人类社会的演变和发展，宗教观念也在不断变革和重塑，反映出在不同历史时期、地域文化和社会背景下的多样性与变化性。马克思恩格斯运用新哲学世界观和方法论对宗教的本质、根源、社会作用及其产生与消亡的历史规律等宗教问题进行了透彻而深入的分析，精辟地阐明了历史唯物主义宗教观的基本内涵，形成了科学完备的理论体系。

（一）从不合理的社会现实出发揭示了宗教的本质

早在古希腊时期，人们就开始了对宗教的理性反思，开始用人的活动来解释宗教的起源和本质。爱利亚学派的克塞诺芬尼提出"人创造宗教说"，在西方宗教学说史上抛出第一个开创性、爆炸性的观点。此后，历代无神论者在坚持"人创造宗教说"的基本观点的同时，又分别从人的社会活动、思想活动、心理活动和情感活动等方面对宗教的本质和产生的根源作了深入的探索，大致经历了从康德"实践理性"到黑格尔"绝对精神"，再到青年黑格尔派掀起的激进主义思潮，最后到费尔巴哈的"宗教是人的本质的异化"命题。其中，施特劳斯的"神话自然发生说"和鲍威尔的"自我意识创造说"都把宗教归结为人类的创造，驳斥了基督教是所谓神创的传统观念，动摇了封建专制的精神支柱。但是，他们对宗教的批判依然站在黑格尔的唯心主义立场上，他们所理解的人并不是现实的人，而只是人的意识。显然，站在唯心主义立场上不能真正完成批判宗教的任务。在这种情况下，费尔巴哈举起唯物主义旗帜，以其人本学唯物主义为武器，从活生生的感性的人出发，展开了对宗教的批判，阐明了不是宗教创造了人，而是人创造了宗教。但费尔巴哈将宗教简单地归因于人类的情感需求和欲望，忽视了宗教在历史、社会和文化语境中的多样性和复杂性，也就没能从更深层、更根本的意义上找到宗教产生的社会现实根源。

马克思立足唯物史观，反对费尔巴哈把宗教的本质归结于人的本质，坚持认为对宗教本质的探讨离不开宗教发生、发展的历史背景和现实社会物质条件。马克思从"人不是抽象的蛰居于世界之外的存在物。

人就是人的世界，就是国家，社会"① 这一关于"人"的新观点出发，指出宗教对人的束缚并非源于人对宗教的心理依赖，而是社会现实中颠倒了的人与国家、社会的关系，正是这个"颠倒的世界"产生了宗教这种"颠倒的世界意识"。现代世界有它根本性的缺陷，所以宗教才被这个现实世界所需要，宗教有着它现实的意义：当这个现实世界致使人遭受极致苦难时，宗教让这种苦难得以表达；当现实世界在极致的苦难下，使得人的生命似乎无法继续时，宗教使得人的生命获得慰藉。随着产生宗教的环境被改造，宗教也会逐渐走向消亡。恩格斯从认识论角度进一步发展了马克思的宗教观，他在《反杜林论》中指出："一切宗教都不过是支配着人们日常生活的外部力量在人们头脑中的幻想的反映，在这种反映中，人间的力量采取了超人间的力量的形式。"② 在恩格斯看来，宗教是以一种超自然、超人间的神的形式对社会存在的颠倒的反映。这种观点进一步凸显了宗教在特定历史和社会背景下的产生和演化，强调宗教是受制于社会物质条件和阶级关系的产物，从而揭示了宗教的真正本质。

（二）通过研究阶级社会关系发现了宗教的社会作用

在人文主义思想基础上产生的各种思潮虽然都主张以人为本、以理性为权威，但依然习惯"用神学家的眼睛"在宗教语境中讨论现实问题，深陷于宗教神学的迷雾之中。例如，德国的康德、莱辛及费希特等学者在宗教批判之前都对宗教作"先验"的辩护，为宗教建立"先验"的基础。康德认为宗教是一种道德规范，强调宗教在道德教育上的实践作用，但没有对宗教的社会功能进行深入分析。他认为，必须

---

① 《马克思恩格斯文集》第 1 卷，人民出版社 2009 年版，第 3 页。

② 《马克思恩格斯文集》第 9 卷，人民出版社 2009 年版，第 333 页。

公设上帝以检视人的行为，公设灵魂不朽，才能找到报复的对象，公设意志自由，才能使人们对自己的行为负责。因此，上帝被重新设想为伦理的目标和归宿的保证，其目的是想建立抑恶扬善的理性宗教。莱辛受到康德极大的影响，他的《论人类教育》是德国思想史上第一部用历史发展的观点考察宗教问题的著作。费希特进一步认为，上帝就是道德秩序，道德等于宗教，基督教的社会作用在于教导人们扬善抑恶，促使人们逐步实现道德的自我完善。此后，黑格尔将宗教视为社会团结和道德秩序的重要力量，它能够提供人们共同的价值观和意义框架，促进社会的和谐与稳定。费尔巴哈则更为激进地批判了宗教的社会作用。他认为宗教是人类自我异化的产物，它通过将人类的理性和能动性投射到超自然存在中，剥夺了人们对自身力量和创造力的认识。费尔巴哈的观点虽有极大的进步性，但还是更多地集中在宗教作为意识形态的一面，没有深入分析宗教与社会的相互作用和相互影响。

马克思恩格斯指出，由于统治阶级的思想在每一时代都是占统治地位的思想，那么代表该阶级从事宗教生产和神学建构的神学家，势必被委以调节自己时代的思想的生产和分配的重任，甚至欺骗和伪造历史，进而大大增加宗教中的人为因素。宗教一旦与拥有权力的、代表落后的反动势力的阶级相结合，就将扮演消极的和否定的社会作用。在《德国农民战争》和《革命的西班牙》中，恩格斯对宗教维护封建制度的消极作用进行了揭露，并列举了握有知识教育垄断权的僧侣从事政治性和宗教性讹诈的一系列丑行，如制造圣像和圣徒遗物、组织超渡礼拜场、贩卖赦罪券等，这些都是榨取和压迫人民的手段。在《〈社会主义从空想到科学的发展〉1892 年英文版导言》中，恩格斯深刻指出，英国资产阶级曾打着宗教的旗帜战胜了国王和贵族，后来他们发现可以用同样的宗教来控制下属的灵魂，使其服从上级的命令和指示。"英国资产阶级这时也参与镇压'下层等级'，镇压全国广大的生产者大众了，为此所用的手段之一就是宗教的影响。"① 列宁在继承马克思恩格斯思想的基础上，从当时俄国的社会实际出发，用阶级分析方法对宗教及其本质进行了论述："对于辛劳一生贫困一生的人，宗教教导他们在人间要顺从和忍耐，劝他们把希望寄托在天国的恩赐上。……宗教是人民的鸦片。宗教是一种精神上的劣质酒。"② 后来，他又把马克思"宗教是麻醉人民的鸦片"的命题作了进一步发挥，指出："宗教是麻醉人民的鸦片——马克思的这一句名言是马克思主义在宗教问题上的全部世界观的基石"③，明确指出了宗教在阶级社会里为特定阶级服务的本质。

（三）从人构成的世俗世界中找到了宗教解放的最终出路

在启蒙运动和科学革命的影响下，宗教的权威地位开始受到挑战，无数哲学家、思想家开始挑战当时欧洲的宗教权威、封建制度和不合理的传统观念，思考如何摆脱宗教的束缚、走向宗教解放的问题。法国哲学家笛卡尔提出"我思故我在"的观点，强调个体的思维和理性能够独立于宗教信仰而存在，认为通过理性思考，人们可以获得知识和真理，从而摆脱对宗教的依赖。荷兰哲学家斯宾诺莎受到笛卡尔的影响，提出了一种以自然为基础的伦理学，认为通过理性思考和对自然的认识，人们可以实现对自身的解放和幸福。法国启蒙思想家伏尔泰则批判宗教的迷信和教条主义、提倡理性和宽容，主张人们应该依靠理性思考和科学知识，而不是盲从宗教信仰。他们的观点对于推动宗教解放和言论自由产生了重要影响，但总体上都局限在宗教神学上找寻解放的突破口，而没有立足和深度剖析现实的世俗社会。

19 世纪 30—40 年代，德国资本主义有了较快的发展，资产阶级反

---

① 《马克思恩格斯文集》第 3 卷，人民出版社 2009 年版，第 513 页。
② 《列宁全集》第 12 卷，人民出版社 1987 年版，第 131 页。
③ 《列宁选集》第 2 卷，人民出版社 2012 年版，第 247 页。

封建和争取民族统一的斗争再度高涨。但是，当时的德国继续实行着政教合一的封建专制统治，基督教是封建专制的精神支柱，国家保护基督教在意识形态领域中的绝对权威。长期的政教合一的专制使任何民主改革运动都受到重创。因此，基督教成为德国革命关注的首要对象。面对普鲁士德国有关犹太人的"宗教与政治"问题，青年黑格尔派代表布鲁诺·鲍威尔认为，犹太人之所以在政治生活和社会认同中产生这样那样的矛盾，根源在于宗教对立，尤其是基督教和犹太教之间的对立。因此，解决问题的方法就是废除宗教：一方面，犹太人必须放弃其个人的宗教信仰；另一方面，国家也必须从犹太教、基督教和一般宗教中解放出来。对此，马克思既肯定了鲍威尔将犹太人问题与政治解放联系起来的做法，同时也尖锐地批评道，鲍威尔将关注焦点都集中在批判犹太教身上，没有认识到他所采用的"宗教异化的异化"批判方法根本不能直击犹太人解放问题的关键之处。相较于鲍威尔单一、浅显的认识，马克思已深刻地意识到宗教批判是"其他一切批判的前提"，但"反宗教的斗争"更为重要的意义在于"间接地就是反对以宗教为精神抚慰的那个世界的斗争"①，将批判的标靶从虚无缥缈的宗教神学世界转到了世俗社会之中，从"根"处解决症结。马克思认为，犹太人问题并不是宗教问题，而是政治问题、世俗问题、历史问题，"政治解放的限度一开始就表现在：即使人还没有真正摆脱某种限制，国家也可以摆脱这种限制，即使人还不是自由人，国家也可以成为自由国家"②。也就是说，当国家摆脱了国教并且让宗教在市民社会范围内存在时，国家就从宗教中解放出来了，这不必然要求单个的人放弃宗教信仰，宗教已从公法领域转到私法领域，成为个人的事情。马克思举例道，在已完成政治解放、实行共和制的北美各州，宗教不仅存在，"而且是生气勃勃的、富有生命力

---

① 《马克思恩格斯文集》第 1 卷，人民出版社 2009 年版，第 3 页。
② 《马克思恩格斯文集》第 1 卷，人民出版社 2009 年版，第 28 页。

的存在"①。马克思还进一步举出《人权与公民权宣言》《宾夕法尼亚宪法》和《新罕布什尔宪法》等法律条款，认为"信奉宗教、用任何方式信奉宗教、履行自己特殊宗教的礼拜的权利，都被明确列入人权。信仰的特权是普遍的人权"②。这样，马克思在批判布鲁诺·鲍威尔的思辨唯心主义理论基础上，沿着"宗教批判—政治解放—人的解放"的三重进路，指出实现宗教解放的有效路径既不是单纯的宗教批判，也不是"局部的纯政治的革命"，而是根本变革的"最直接的现实"——"市民社会"的"彻底的革命"，最后"推翻使人成为被侮辱、被奴役、被遗弃和被蔑视的东西的一切关系"③，走向自由人的联合体。

二、马克思主义宗教观的基本内涵

马克思主义宗教观是马克思主义经典作家和马克思主义政党以辩证唯物主义和历史唯物主义为指导，看待宗教问题的基本立场、观点和方法以及关于如何正确认识和处理宗教问题的政策原则。马克思主义宗教观是由马克思主义经典作家宗教观和中国化马克思主义宗教观构成的有机统一的科学体系，它深刻阐释了宗教是一种意识形态、宗教解放需要通过社会变革来实现、宗教批判与宗教自由可以并存、宗教与社会经济关系密切相关等一系列观点。无论社会与时代怎么发展，我们对宗教的认识如何变化，对于马克思主义宗教观的理解首先应当从马克思和恩格斯的基本论断出发，正确理解和把握马克思主义经典作家关于宗教及宗教问题的基本思想观点这些基本思想观点，这是我们认识宗教和正确处理宗教问题的理论前提。

---

① 《马克思恩格斯文集》第1卷，人民出版社2009年版，第27页。
② 《马克思恩格斯文集》第1卷，人民出版社2009年版，第40页。
③ 《马克思恩格斯文集》第1卷，人民出版社2009年版，第11页。

（一）宗教是统治阶级的意识形态工具

在马克思早期的哲学著作中，宗教被看作是一种异化的和虚假的意识，是对社会关系特别是经济关系的异化状态的反映，掩盖和隐瞒了问题的本质。换言之，宗教是一种幻象，颠倒和隐瞒的真实性。由于唯物史观的确立及对社会存在和社会意识（即经济基础和上层建筑）之间辩证关系的进一步深刻认识，晚年的马克思、恩格斯更加强调宗教作为意识形态对其特定的经济基础的依存性，强调经济基础在意识形态形成和发展中的决定性地位，认为宗教等意识形态都产生于一定的经济基础之上，受制于一定的经济基础。马克思恩格斯坚持认为，要认识宗教的本质及其他相关方面，仅从宗教本身入手，将其看作是人的主观精神活动的产物，是很片面的。任何包括宗教在内的意识形态，都不能从他们自身得到解释和引申，更不能仅仅从所谓人类精神的一般发展中得到答案。只有把它们放在人类历史的长河中，放在物质的社会关系中才能看透它们的本质。正如恩格斯强调的："必须重新研究全部历史，必须详细研究各种社会形态的存在条件，然后设法从这些条件中找出相应的政治、私法、美学、哲学、宗教等等的观点。"①

从马克思恩格斯的世界观和方法论看来，人类的全部的历史都是阶级斗争的历史，即剥削阶级和被剥削阶级之间、统治阶级和被统治阶级之间斗争的历史。因此，宗教的意识形态效能在于对被剥削者具有慰藉和补偿作用，而对那些在经济关系中的剥削者和得利者则充当帮助其维持社会控制的角色。宗教在充当统治阶级帮凶后，经常麻痹人们的反抗意志，加之禁欲主义的自我献身与否定，使人默从于现世的律法、规则和制度，甚至连最后一点改造社会现实的愿望都消失殆尽。随着宗教（以及宗教背后的人）对利益要求的增多，个体现世的物质生活越来越

---

① 《马克思恩格斯文集》第 10 卷，人民出版社 2009 年版，第 587 页。

受控于宗教的"贪婪","人奉献给上帝的越多,他留给自身的就越少"①。这种宗教式的"贪婪"并不满足通过主宰人的头脑控制人的生活,更试图将人的肉身异化为阶级利益的实现载体。"宗教是人民的鸦片"这一论断正是马克思针对当时的欧洲社会境况得出的一个批判性的结论,也是我们研究宗教问题的重要指针。

(二)宗教是人民群众反抗运动的神圣外衣

分析特定时期一国的社会阶级结构,把握各阶级、各群体在宗教改革和农民战争中所扮演的角色,是马克思主义判断重大事件、评价历史人物的客观依据。同样,马克思恩格斯对宗教问题的分析不是采用神学家的路径,而是借助历史唯物主义的"透视镜",将宗教问题还原到整个社会历史进程中进行考察,并着重揭示宗教与社会生产力、阶级斗争等更为广阔的社会历史之间的内在关联。他们强调,研究宗教唯一科学的方法是把宗教神学在革命运动中所起的作用放到具体的历史条件中去分析,从当时的现实生活关系中引出它的天国形式。在中世纪欧洲的封建主义社会,哲学、政治、法学等意识形态的一切形式都被并入神学科目,基督教也因此变成一种与之相适应的、具备封建等级形态的宗教。"教会的教条同时就是政治信条,圣经词句在各个法庭都具有法律效力。甚至在法学家已经形成一个等级的时候,法学还久久处于神学控制之下。"②在这样的时代背景下,任何社会政治运动都不得不采取神学的形式;对于经常受宗教思想熏染的群众感情来说,只有为其切身利益披上神学说辞的华丽外衣,才能形成合力、掀起巨大的风暴。

---

① 《马克思恩格斯文集》第 1 卷,人民出版社 2009 年版,第 157 页。
② 《马克思恩格斯文集》第 2 卷,人民出版社 2009 年版,第 235 页。

在对路德、闵采尔和汉斯的述评中，恩格斯进一步阐明，在具有宗教色彩的群众斗争中，宗教除了神学方面的教义信条外，有时还在政治思想、哲学理论和社会伦理观念上直接为革命斗争提供理论支撑。"路德通过翻译圣经给平民运动提供了一种强有力的武器。他在圣经译本中使公元最初几个世纪的纯朴基督教同当时已经封建化了的基督教形成鲜明的对照，提供了一幅没有层层叠叠的、人为的封建等级制度的社会图景，同正在崩溃的封建社会形成鲜明的对照。农民利用这种武器从各方面反对诸侯、贵族、僧侣。"① 路德"因信称义"的宗教改革思想将人和社会从教会的控制下解放出来，为早期社会革命创造了前提，但恩格斯同时看到，作为市民阶级温和派的路德未能从宗教改革深入到对社会的变革中。这些论述既客观地肯定宗教在革命的反抗运动中的进步作用，又辩证地指出了其历史局限性。马克思恩格斯深刻指出，在剥削制度下，宗教可以成为被压迫阶级对抗统治阶级的一种表达方式，但这种反抗形式归根结底是有限的，宗教本身并不能解决社会的根本问题，要想真正把革命进行到底，必须抛开宗教的"外衣"。

（三）宗教随着社会条件的改变而改变

马克思恩格斯认为，世界历史辩证运动背后的真正动力是不断变化的生产力和人类在其历史过程中所进入的不断变化的生产关系，而不是黑格尔认为的理念或绝对精神。因此，马克思恩格斯对历史发展的解释是从人们生活的物质条件开始的，强调宗教根源于社会物质生产方式，根源于人与自然、人与人之间关系的不合理，根源于自然力量和社会力量对人成为盲目起作用的、异己的力量。首先是自然根源，自然力对于最初的人来说是某种异己的、神秘的、超越一切的东西，这种自然力被

---

① 《马克思恩格斯文集》第 2 卷，人民出版社 2009 年版，第 244 页。

人格化，于是"最初的神产生了"；其次是认识根源，主要指宗教源于人们对外部自然界虚幻的认识；再次是社会根源，主要指除了自然力量之外，社会力量也逐渐发挥了作用，例如在阶级社会，"被剥削阶级由于没有力量同剥削者进行斗争，必然会产生对死后的幸福生活的憧憬，正如野蛮人由于没有力量同大自然搏斗而产生对上帝、魔鬼、奇迹等的信仰一样。"①。因此，宗教同其他事物一样，经历了一个由低级到高级、由简单到复杂的发展过程。恩格斯对宗教发展的历史进程和宗教在不同历史阶段所展现的历史形态，先后提出过三种图式：第一种是"自然宗教"到"多神教"再到"一神教"；第二种是从原始社会的"自发宗教"到阶级社会的"人为宗教"；第三种是从"部落宗教"到"民族宗教"再到"世界宗教"。

宗教是社会存在的反映，必将随着社会条件的改变而改变，并最终走向消亡。但这不是用行政命令和意识形态批判就一蹴而就的，而是社会历史发展的自然过程。马克思在《资本论》中指出："只有当实际日常生活的关系，在人们面前表现为人与人之间和人与自然之间极明白而合理的关系的时候，现实世界的宗教反映才会消失。只有当社会生活过程即物质生产过程的形态，作为自由联合的人的产物，处于人的有意识有计划的控制之下的时候，它才会把自己的神秘的纱幕揭掉。但是，这需要有一定的社会物质基础或一系列物质生存条件，而这些条件本身又是长期的、痛苦的发展史的自然产物。"② 在资产阶级兴起之前，"科学只是教会的恭顺的婢女"③，但随着科学进步和社会发展，宗教将逐渐失去立足之地。尤其是步入共产主义社会以后，人类得以完全摆脱物质贫困和精神压迫，将不再需要宗教来寻找心灵慰藉或解释人生的意义。在这个新的社会秩序中，人们更加注重科学、理性和人类自身的力量，以

---

① 《列宁全集》第 12 卷，人民出版社 1987 年版，第 62 页。

② 《马克思恩格斯选集》第 2 卷，人民出版社 2012 年版，第 127 页。

③ 《马克思恩格斯文集》第 3 卷，人民出版社 2009 年版，第 510 页。

实现个体和社会的全面发展。因此，共产主义社会的到来将是宗教历史中一个重要的转折点，标志着宗教的逐渐边缘化和人类精神追求的新阶段的开启。在恩格斯看来，宗教的消失必须满足三个条件：生产资料私有制的消灭，生产资料的有计划使用，以及"当谋事在人，成事也在人的时候"[①]。马克思主义宗教观始终都坚持宗教的自行消亡，反对用行政命令的手段人为地消灭宗教，这一结论的得出，是马克思主义深刻认识宗教本质、深入了解宗教存在的社会根源的必然结果。

（四）国家实行政教分离和宗教信仰自由政策

政教分离理念起源于文艺复兴时期，经宗教改革与启蒙运动深化，成为现代价值观基石。马克思恩格斯分析指出，随着资本主义生产方式的兴起以及资产阶级政治革命的到来，宗教必然发生前所未有的历史巨变，宗教世俗化、政教分离、信仰自由，是这场历史巨变的大趋势。[②]按照一般理解，政教分离原则不仅涉及宗教与国家政权的界限划分，也涵盖了宗教与公共领域治理的独立性。[③]马克思、恩格斯及列宁的著作均阐述，通过政教分离，限制宗教组织对国家和社会生活的干预，同时明确国家中立于宗教事务，不资助宗教活动，确保教育免受宗教影响，体现了"宗教是私人的事情"[④]的原则立场。在科学社会主义视阈下，则进一步强调构建无宗教干预的工人阶级政党体系，维护社会主义国家的意识形态纯洁性。

---

① 《马克思恩格斯选集》第 3 卷，人民出版社 2012 年版，第 705 页。

② 参见万斌、金利安：《马克思恩格斯宗教理论探要》，社会科学文献出版社 2006 年版，第 203 页。

③ 参见闻丽、李朝军：《国家塑造力：宗教与社会和谐》，《中央社会主义学院学报》2011 年第 1 期。

④ 《列宁全集》第 10 卷，人民出版社 1958 年版，第 63 页。

伴随政教分离理念的深入，宗教信仰自由也成为人的基本权利之一。从马克思主义的宗教政策中可以看出，虽然宗教的消亡是历史发展的必然，但当宗教消亡所需要的一系列社会条件还不具备的时候，就必须保障人们宗教信仰的权利，不能用行政命令甚至暴力手段强制消灭宗教。总之，马克思主义不仅提供了审视宗教的科学方法，也为工人阶级政党制定合理宗教政策提供了基本框架，体现了历史唯物主义关于宗教问题的深刻洞察与实践智慧，为构建一个公正、平等且尊重多样性的社会环境奠定了理论与实践基础。

三、马克思主义宗教观的当代发展

马克思主义宗教观是与时俱进的科学宗教观，马克思主义宗教观的当代发展主要是指中国共产党在中国革命、建设和改革的历程中，把马克思主义宗教观同中国宗教的具体实际相结合而揭示的关于宗教问题的理论观点、方针政策和实践经验的总结，是一个全新的宗教理论体系。党的十八大以来，以习近平同志为核心的党中央科学运用辩证唯物主义和历史唯物主义的基本原理与方法，同中国具体实际和中华优秀传统文化相结合，在宗教属性、宗教问题与宗教工作等方面形成了许多全新的思想与创见，丰富和发展了改革开放以来我国创立的中国特色社会主义宗教理论的科学内涵，推动宗教工作取得开创性成就，推动马克思主义宗教观中国化进程取得历史性进展，为我们认识宗教、处理宗教问题、做好宗教工作指明了正确方向、提供了科学指南和根本遵循。

（一）坚持我国宗教的中国化方向

习近平总书记明确指出："积极引导宗教与社会主义社会相适应，

一个重要的任务就是支持我国宗教坚持中国化方向"①。从 2015 年的中央统战工作会议，到 2016 年的全国宗教工作会议，再到党的十九大报告和新修订的《中国共产党统一战线工作条例》，"坚持我国宗教中国化方向"被反复提及，为宗教与社会主义社会相适应不断锚定航向，标定路标。坚持我国宗教中国化方向，这一重要论断把马克思主义宗教观基本原理与中国宗教问题客观实际相结合，是对马克思主义宗教观中国化的新发展，是基于中国国情基础对马克思主义宗教观的继承和发展，进一步推进了马克思主义宗教观中国化发展的深度与广度。

从地域性上看，坚持我国宗教的中国化方向，要以中华优秀传统文化固本培元、修道筑基，使中国宗教更具中国风格和中国面貌。习近平总书记指出："古往今来，中华民族之所以在世界有地位、有影响，不是靠穷兵黩武，不是靠对外扩张，而是靠中华文化的强大感召力和吸引力。我们的先人早就认识到'远人不服，则修文德以来之'的道理。阐释中华民族禀赋、中华民族特点、中华民族精神，以德服人、以文化人是其中很重要的一个方面。"② 例如儒家思想是一种"天下政治"的原理，从他者的角度考虑问题，是一种人本主义的意识和精神；道家秉承自然主义，强调"道法自然""上善若水"，认为人与世界的至佳状态在于效法自然界的运行规律，不刻意、不亢进、不强力为之；佛教则最为明确地将"非暴力"列入五大戒律之首，并在积极自由的层面上要求人们主动践行和平教义。

从时代性上看，坚持我国宗教的中国化方向，宗教团体与教职人员要加强对马克思主义在意识形态领域指导地位、中国共产党领导地位、中国特色社会主义制度等的广泛认同。所有宗教都发源于特定的历史时期，其传播和发展也必须与特定的时代同频共振，这早已为历

---

① 《全国宗教工作会议在京召开　习近平发表重要讲话》，《中国宗教》2016 年第 5 期。
② 习近平：《在文艺工作座谈会上的讲话》，《人民日报》2015 年 10 月 15 日。

史所证明。中国宗教是在当代中国发展和成长的，是在社会主义条件下存在和活动的，面对和适应中国共产党的领导和中国特色社会主义建设，主动了解、学习和吸收中国特色社会主义文化，也是一个无需争辩的客观过程。党中央提出"积极引导宗教与社会主义社会相适应"①的命题，从正面肯定了宗教与社会主义社会具有共同点、可以相适应。中国特色社会主义文化源自传统、源自历史，同时也汲取了当代的科学理论和理性实践，具有非常广阔的容纳能力，因此中国宗教必然能够从中国特色社会主义文化中汲取新的生命力。也只有在学习和践行中国特色社会主义文化的过程中，中国宗教才能了解中国实际、解决中国问题，为信教群众提供符合国家主流意识形态和社会共识的思想。2021 年中共中央召开了全国宗教工作会议，习近平总书记明确提出："要深入推进我国宗教中国化，引导和支持我国宗教以社会主义核心价值观为引领，增进宗教界人士和信教群众对伟大祖国、中华民族、中华文化、中国共产党、中国特色社会主义的认同。"② 这就为用社会主义核心价值观引领和教育宗教团体、教职人员和信教群众指明了方向，提供了根本遵循。

（二）以"导"的方式掌握宗教工作主动权

马克思主义者在意识形态上坚决反对唯心主义和有神论，但在政治上要团结唯心主义者和有神论者，所以不能用行政命令取消宗教或禁止人们信仰宗教，而只能在实行宗教信仰自由的同时进行唯物论和无神论

---

① 党的十九大评价五年来的宗教工作，强调要"全面贯彻党的宗教工作基本方针，坚持我国宗教的中国化方向，积极引导宗教与社会主义社会相适应"。参见习近平：《决胜全面建成小康社会 夺取新时代中国特色社会主义伟大胜利——在中国共产党第十九次全国代表大会上的报告》，人民出版社 2017 年版，第 40 页。

② 《习近平谈治国理政》第四卷，外文出版社 2022 年版，第 264 页。

宣传，引导人们树立科学的世界观、人生观和价值观。也就是说，马克思主义者对宗教既不能简单地"收"，也不能简单地"放"，而只能辩证地"导"。进入新时代以来，以习近平同志为核心的党中央在继承和发展马克思主义宗教观基础上，结合中国具体国情和时代要求，引导宗教同社会主义社会相适应并为社会主义现代化服务，着力把宗教团体、教职人员和信教群众凝聚到民族复兴上来。2016 年，习近平总书记在全国宗教工作会议上指出："做好党的宗教工作，把党的宗教工作基本方针坚持好，关键是要在'导'上想得深、看得透、把得准，做到'导'之有方、'导'之有力、'导'之有效，牢牢掌握宗教工作主动权。"① 通过"导"的方式使中国共产党牢牢掌握宗教工作主动权，这是习近平总书记根据新时代对我国宗教工作的新要求，是对中国特色社会主义宗教理论的重要创新性贡献。

关于"导"的科学内涵，习近平总书记用"大禹治水"来说明，其中的"治"就是"治理"之意。华夏祖先大禹汲取其父鲧以"堵"的思路治理水患的失败教训，通过实地调查研究地势，根据水性因势利导，最终解除了水患。大禹在总结治水经验的基础上制定了"洪范九筹"，传位子启、建立夏朝，引领华夏先民进入阶级社会，开启了以善于治国理政著称的中华民族五千年文明史。习近平总书记把大禹治理水患的智慧概括为"导"，说明"导"的本质就是"治理"。在 2016 年 4 月召开的全国宗教工作会议上，习近平总书记明确使用了"治理"一词，指出"宗教问题始终是我们党治国理政必须处理好的重大问题"，要求"把宗教治理纳入国家治理体系"，确保"对宗教管得住、管得好"，从而使"宗教治理"成为党和国家宗教工作的新理念。"宗教治理"的要义就是"导"，是审时度势、因势利导、因地制宜、趋利避害；是结合实际，对症下药，在保护、管理、引导、服务等方面多管齐下，在关爱关心、说

---

① 《习近平谈治国理政》第二卷，外文出版社 2017 年版，第 302 页。

服教育、依法管理等方面综合施策，最大限度发挥宗教的积极作用，最大限度抑制宗教的消极作用。

（三）提高宗教工作法治化水平

依法管理宗教事务是指政府依法对宗教方面涉及国家利益、社会公共利益的关系和行为，以及社会公共活动涉及宗教界权益的关系和行为进行行政管理，宗旨是保护合法，制止非法、遏制极端、抵御渗透、打击犯罪，确保宗教活动有序进行。2021 年习近平总书记在全国宗教工作会议上的讲话中明确提出："必须提高宗教工作法治化水平，要全面推进宗教工作法治建设，深入开展法治宣传教育。宗教活动应当在法律法规规定范围内开展。"① 这就为新时代提高宗教工作法治化水平提供了理论依据和行动指南。

当前，我国的宗教工作法律体系和政策框架日益健全，为保护信教群众的权利、团结信教群众奠定了坚实的基础。我国有 14 亿多人口，佛教、道教、伊斯兰教、天主教和基督教等信教人口近 2 亿，宗教教职人员 38 万余人，宗教信仰自由权利受到作为国家根本大法的宪法保障，信教公民的宗教活动有序进行。1982 年 12 月 4 日，"宗教信仰自由"作为公民的一项基本权利，被正式写入宪法。2016 年，习近平总书记在全国宗教工作会议上强调"全面贯彻党的宗教信仰自由政策"②。2018 年 4 月，国务院新闻办发布《中国保障宗教信仰自由的政策和实践》白皮书，充分向世界介绍了中国尊重和保障宗教信仰自由的新情况、新进展和新成效。③ 实践已经证明，中国对宗教信仰自由的保护是坚决的、

---

① 《坚持我国宗教中国化方向　积极引导宗教与社会主义社会相适应》，《人民日报》2021 年 12 月 5 日。

② 《全国宗教工作会议在京召开　习近平发表重要讲话》，《中国宗教》2016 年第 5 期。

③ 参见《中国保障宗教信仰自由的政策和实践》，《人民日报》2018 年 4 月 4 日。

全面的和一贯的，是符合中国国情和宗教实际的，并得到了广大信教群众和不信教群众的共同拥护。^①在宗教信仰政策的实施下，中国的宗教活动得以平稳有序开展，宗教关系始终保持着积极健康、和平友善的大方向。

　　坚持和加强党对宗教工作的领导，是现阶段我国特殊国情的必然要求，也是依法管理宗教事务的必然要求。从历史阶段来看，我国正处于社会主义初级阶段，宗教有其存在的自然、社会、认识、心理根源；从我国的宗教现状来看，我国存在多种宗教，宗教与民族精神、风俗习惯等相互交织；从国际形势来看，人类日益面临宗教极端势力、邪教组织的威胁，境外势力利用宗教进行渗透活动日益加剧。中国的宗教工作具有高度的复杂性，需要锚定积极引导宗教与社会主义社会相适应的战略目标。2014年习近平总书记在第二次中央新疆工作座谈会上讲话时，在原来"保护合法、制止非法、抵御渗透、打击犯罪"的16字基础上新增了4个字——"遏制极端"，并首次将其定位为处理宗教问题的基本原则。2017年国务院颁布新修订的《宗教事务条例》，将其采纳为重要条款，标志着新时代我国宗教工作法治化建设迈上了一个新台阶，在推进宗教工作法治化发展中具有里程碑的意义，使依法管理宗教事务有了系统法律法规的强有力根本保障。2018年国务院新闻办公室发表《中国保障宗教信仰自由的政策和实践》白皮书，科学阐明了以法律来处理社会与宗教、国内不同宗教、信教群众与不信教群众的关系，是构建社会主义和谐社会的基础，并指出："中共十八大以来，在以习近平同志为核心的党中央坚强领导下，中国全面推进依法治国，把宗教工作纳入国家治理体系，用法律调节涉及宗教的各种社会关系，宗教工作法治化水平不断提高。"^②

---

①　参见宗言：《尊重和保障宗教信仰自由的中国实践》，《人民日报》2018年6月19日。
②　《中国保障宗教信仰自由的政策和实践》，《人民日报》2018年4月4日。

（四）构建积极健康的宗教关系

马克思主义宗教观认为，宗教历来具有正反两面的社会作用，并受到国内外复杂环境的深刻影响。宗教在中国曾一度被统治阶级用来当作压迫、剥削人民的工具，新中国成立以后，经过社会经济制度与宗教制度的重大变革，宗教基本上摆脱了剥削阶级和中外反动势力的控制，虽然宗教领域也在某些地区和某些时刻也具有阶级斗争的性质，但总体上看，宗教矛盾已不再是敌我矛盾，而是人民内部矛盾。[①] 习近平总书记指出："我国宗教工作形势总体是好的，党的宗教工作基本方针得到贯彻，党同宗教界的爱国统一战线不断巩固，宗教工作法治化明显加强，宗教活动总体平稳有序。"[②]

在中国政治领域和社会生活中，要处理好政党关系、民族关系、宗教关系、阶层关系、海内外同胞关系这五大关系，尤其是要处理好民族宗教关系，这对于党和国家工作全局具有重大意义。在我国，不同宗教之间，信教群众与不信教群众之间，在根本利益上是一致的，要互相尊重各宗教信仰和宗教思想，政治上增加共识，正确对待各种差异和分歧，求同存异。长期以来，中国共产党都把宗教界人士作为统一战线工作的重要构成，通过统一战线把宗教界人士与广大信教群众紧密团结起来，共同为经济社会发展进步贡献力量。对于党与宗教界结成的统一战线，必须坚持政治上的团结合作与信仰上的互相尊重，确保宗教界坚定不移地拥护党的领导，尊重和保护公民的宗教信仰自由，积极引导宗教与社会主义社会相适应。习近平总书记多次强调："宗教工作本质是群

---

① 参见张永庆：《毛泽东的宗教观与有中国特色的宗教工作》，《新疆社会经济》1993年第 4 期。

② 《全国宗教工作会议在京召开　习近平发表重要讲话》，《中国宗教》2016 年第 5 期。

众工作。"① 因此，新时代做好宗教工作，就要牢牢抓住群众工作这一本质，让各族群众像石榴籽一样紧紧抱在一起，把信教群众紧紧团结在党的周围，为共同梦想并肩奋斗，这是"处理一切宗教问题的根本出发点和落脚点"②。只有做好民族工作和宗教工作，构建积极健康的宗教关系，才能谋求最大公约数，画出最大同心圆，把各党派、各民族、各宗教、各阶层及其海内外同胞团结起来，为实现民族复兴广泛凝聚共识、汇聚力量。

---

① 《坚持我国宗教中国化方向　积极引导宗教与社会主义社会相适应》，《人民日报》2021 年 12 月 5 日。

② 《新时期宗教工作文献选编》，宗教文化出版社 1995 年版，第 60—61 页。

第十一章

马克思主义科技观

科学技术是人类认识世界和改造世界的成果，也是人类认识世界和改造世界的工具。马克思主义哲学是在总结概括现代科学技术成果基础上形成的，又对现代科学技术发展提供了科学的世界观和方法论。马克思主义科技观，是马克思主义哲学的重要组成部分，是关于科学技术性质、功能及其蕴含的时代精神的哲学概括，是我国制定科技政策、科技发展战略的重要理论基础。

一、马克思主义科技观的产生与发展

历史上任何一次科技革命，不仅从根本上改变着人类向自然界索取生存资料的生产方式，而且也深刻地影响着人们的社会生活、经济交往及思想观念。"科技立则民族立，科技强则国家强。"[①] 马克思主义科技观就是随着现代科技革命的不断发展而产生、发展、完善的。

---

① 习近平:《在中国科学院第二十次院士大会、中国工程院第十五次院士大会、中国科协第十次全国代表大会上的讲话》，人民出版社 2021 年版，第 9 页。

（一）科技革命的基本历程

科学，从狭义上讲是关于自然、社会、思维运动及其规律的知识体系，广义地看，也包括人们为获得这些知识体系所从事的认识活动和所创设的社会建制。技术是人们在利用、控制和改造自然过程中，利用自然规律所创造的劳动手段、工艺方法和技能体系的总和。科学重在发现，它回答的是"是什么"和"为什么"的问题。技术重在发明，它回答的是"做什么"和"怎么做"的问题。站在今天的角度看，科技日益一体化，人们已很难把科学与技术截然分开。但从历史的角度看，科学与技术的融合却走过了一个较为漫长的历史过程。在人类社会早期，人们还谈不上拥有科学，但一些与人们生产生活实践密切相关的技术，却已经在人们的劳动生产过程中以经验的形式，一点点地积累着，经过数千年的发展，直到文艺复兴时期，人们才在促进生产技术一步步发展的同时，终于也促进了近代科学的产生和发展。所以在近代科学技术产生之前的漫长历史过程中，科学和技术发展所遵循的历史轨迹是"生产→技术→科学"，即社会生产推动着技术的产生，而科学的产生则是基于对实践经验与技术的归纳、总结和提高。

近代科学和技术产生后，在相当长的时间里，科学与技术的结合还没有真正出现，它们之间仍然保持着一定的距离而平行发展着。这主要是因为早期的企业家并不重视科学的探索，他们当时更关心的只是能带来直接经济利益的技术发明。所以，在那个时期，科学研究的许多理论成果不能很快地转化为应用技术，不能直接引起技术革命。不仅如此，与高度重视技术发明相比，人们把科学研究还仅仅看成是出自科学家探索知识的好奇。当然，尽管如此，科学与技术相结合的源头，仍然要追溯到文艺复兴时期，这是由于吉尔伯特、培根、笛卡尔、伽利略等一批近代科学的缔造者和先驱们，开拓了知识传统和技术实践相结合的新领域，拉开了技术革命的序幕。"科技是国家强盛之基，创新是民族进步之魂。自古以来，科学技术就以一种不可逆转、不可抗拒的力量推动着人类社会向前发展。十六世纪以来，世界发生了多次科技革命，每一次都深刻影响了世界力量格局。从某种意义上说，科技实力决定着世界政治经济力量对比的变化，也决定着各国各民族的前途命运。"①

第一次技术革命，开始于 18 世纪 60 年代，结束于 19 世纪 60 年代，其主要标志是蒸汽机和纺织机的广泛应用。在这次技术革命中，尽管科学领域的发现和技术领域的发明都取得了划时代的进步，但技术的进步还不是以科学研究为先导，科学和技术仍然分别在各自的领域里"孤芳自赏"。它们之间即使出现过一些看似相联系的现象，但那还只是偶然的、至多也只是松散的联系。例如，尽管蒸汽机出现时热力学已经产生，但蒸汽机的产生却很大程度上只是民间经验积累和技术改进的结果，并非热力学理论推动的结果。

第二次技术革命，从 19 世纪 70 年代开始到 20 世纪 20 年代结束，其主要标志是电力的广泛应用。科学和技术的关系在这个阶段发生了本质性的变化，出现了一种新型的发展模式："科学→技术→生产"，即先有科学理论上的突破，然后是技术手段上的实现，再到生产领域的应用。在这次技术革命中，科学研究明显走在技术进步的前面，技术进步则明显地依赖于科学研究。但由于这个阶段的科学家们，往往并没有真正认识到他们研究的应用前景，也没有把他们的理论应用到生产过程的强大动力，所以科学理论转化为技术成果的时间周期往往很长。例如，世界上第一台发电机是在法拉第发现了电磁感应规律长达三十多年之后，才在这一科学原理的指导下问世。

第三次技术革命即新技术革命，开始于第二次世界大战后，其主要标志是原子能、电子计算机和生物工程等的应用。它直接依赖于数学、物理学、生物学等学科的革命性成果。这次革命的显著特征是"科学技

① 《习近平关于科技创新论述摘编》，中央文献出版社 2016 年版，第 27 页。

术化，技术科学化，科学技术一体化"，即科学研究和技术应用相互依赖、密切结合，使科学技术迅速转变为生产力。因而当那些可能有利于解决工业实践难题的科学理论或假设一经提出，就会立即被应用科学家和工程师们加以关注、分析，并探求它们的实用价值和运用途径。由此可见，这一时期的科学与技术已不再相互分开，甚至还出现了探求新原理的科学家和发展新工艺、新产品的技术专家就是同一个人的情况。在这一阶段，科学和技术的融合表现在：科学有了明确的技术目的，技术也自觉地以科学为指导。如声障研究是为了实验超音速飞行，核聚变研究是为了获得新能源，基因重组是为了获得新品种，等等。

20世纪70年代以来，出现了以信息技术为先导，以新材料技术为基础，以新能源技术为动力，以海洋技术和空间技术为新领域，以生命技术为战略重点的一场全方位、多层次的伟大革命——新科技革命（也称之为第四次技术革命）。"信息资源日益成为重要生产要素和社会财富，信息掌握的多寡成为国家软实力和竞争力的重要标志。"[1]这场技术革命，不仅在范围、深度上大大超过了第三次技术革命，而且还有一个非常鲜明的特点，这就是在影响社会生产力发展的诸多因素中，新技术真正成了第一位、起决定作用的因素，即科学技术成了第一生产力。

（二）马克思主义科技观的演变

近现代科学技术的迅速发展为马克思主义科技观的产生、发展提供了坚实的客观知识基础，而马克思恩格斯及其追随者们对科学技术的高度关注与深刻把握，又为马克思主义科技观的产生、发展提供了主观条件，从而使马克思主义科技观得以逐渐形成并发展完善。

马克思是把科学技术纳入生产力范畴的开创者。近代科技出现了飞

---

[1] 《习近平关于科技创新论述摘编》，中央文献出版社2016年版，第95页。

跃性的、奇迹般的发展，马克思以极大的热情关注、熟悉和研究科学技术，他不仅广泛地学习、研究了物理学、化学、天文学、数学、地质学、生物进化论、植物学、气候学、农业化学、生理学、解剖学及技术史等自然科学方面的知识，而且还在其科学理论中自觉地吸收细胞学说、能量守恒和转化定律、生物进化论等自然科学的最新成果。他不仅敏锐地看到了科学技术对当时社会发展的巨大能量，而且还断言在从资本主义向社会主义过渡的历史进程中，革命是"助产婆"，科技是"大杠杆"。随着近代科学技术的飞速发展以及它对社会生产力所起到的极其巨大的推动作用，马克思深刻地感悟到科技在未来生产力发展中的重要地位和作用，他指出："自然因素的应用——在一定程度上自然因素被列入资本的组成部分——是同科学作为生产过程的独立因素的发展相一致的。生产过程成了科学的应用，而科学反过来成了生产过程的因素即所谓职能。"① 在这里，他已经明确地把科学技术看成是当代生产力的一个独立的要素，并且从分析科学技术在生产力构成中的地位，自然得出了科学技术是生产力的结论。这是人类对科学和生产力认识的重大飞跃。所以科学学的创始人之一、英国物理学家贝尔纳就说，马克思比当时的科学家更能理解科学的社会影响。

恩格斯也像马克思一样，始终站在科学技术的前沿，密切关注着当时科技发展的最新态势。恩格斯关于科学技术的一系列基本思想的阐述，集中地反映在其《反杜林论》《自然辩证法》《路德维希·费尔巴哈与德国古典哲学的终结》等著作以及他与马克思的大量通信中，其范围包括科学技术的性质及其所带来的社会影响、科学技术的社会功能、科学与哲学的关系、科学与技术的关系、科学分类、科学技术发展动因的考察、自然科学方法论等诸多方面。

列宁所处的时代，正好是从 19 世纪 70 年代开始的、以电能的开发

---

① 《马克思恩格斯全集》第 47 卷，人民出版社 1979 年版，第 570 页。

和应用为标志的第二次技术革命时期，这使他非常关注科学技术的进步和发展，并在与其他哲学思潮的论战中，将辩证唯物主义发展到了一个新境界。在科学的社会功能方面，列宁将依靠科学技术的大机器工业看作是社会主义的物质基础，并强调大机器工业是社会主义唯一可能的经济基础。为此，他提出了一个著名的等式："乐于吸取外国的好东西：苏维埃政权＋普鲁士的铁路秩序＋美国的技术和托拉斯组织＋美国的国民教育等等等等＋＋＝总和＝社会主义。"[①] 列宁倡议成立了全俄电气化委员会，并预言："如果俄国布满了由电站和强大的技术设备组成的密网，那么，我们的共产主义经济建设就会成为未来的社会主义的欧洲和亚洲的榜样。"[②] 这些思想是对马克思主义科技观的重要发展。

　　新中国成立前后，我国处在帝国主义经济与军事封锁之下，善于把马克思主义基本原理与中国实际相结合的毛泽东，在科技思想上的主要贡献，就是他为我们党和国家科学技术政策与战略的形成，起到开创性、奠基性的作用，为我们建立完整的科技政策体系和科技发展战略，提供了正确的思路和方法。在关于科技的实际效用和社会功能方面，毛泽东早在延安时期就说："自然科学是很好的东西，它能解决衣、食、住、行等生活问题，所以每一个人都要赞成它，每一个人都要研究自然科学。"[③] "人们如果要在自然界得到自由，就要用自然科学来了解自然、克服自然和改造自然，从自然界得到自由。"[④] 以至于 1941 年 1 月 31 日，他在给正在莫斯科学习的两个儿子毛岸英和毛岸青的信中写道："惟有一事向你们建议，趁着年纪尚轻，多向自然科学学习……只有科学是真学问，将来用处无穷。"[⑤] 他也一直在号召大家"要学习先进的科学和技

① 《列宁全集》第 34 卷，人民出版社 1985 年版，第 520 页。
② 《列宁选集》第 4 卷，人民出版社 2012 年版，第 366 页。
③ 《在边区自然科学研究会成立大会上的讲话》，《新中华报》1940 年 3 月 15 日。
④ 《在边区自然科学研究会成立大会上的讲话》，《新中华报》1940 年 3 月 15 日。
⑤ 《毛泽东年谱》中卷，人民出版社 1993 年版，第 264 页。

术，来建设我们的国家"。并强调"科学技术这一仗，一定要打，而且必须打好"。① 并豪迈地发出"向科学进军"的伟大号召，等等。在关于科技发展的基本方针方面，毛泽东提出："自然科学方面，我们比较落后，特别要努力向外国学习。但是也要有批判地学，不可盲目地学。"② 这清楚地表明了毛泽东关于科学无国界、科学技术是实现国家现代化的根本动力的思想。

党的十一届三中全会以后，面对世界政治经济格局的新变化以及世界新科技革命的蓬勃兴起，邓小平在设计和领导中国改革开放和社会主义现代化建设的实践中，对马克思主义科技思想作出了新的重大发展。20 世纪 70 年代以后，工业劳动生产率的提高有 60%—80%是靠采用新的科学技术取得的，有些部门甚至 100%是靠采用新的科学技术取得的。邓小平敏锐地认识到当代科学技术在生产力发展中的地位作用正在发生新变化。他指出："当代的自然科学正以空前的规模和速度，应用于生产，使社会物质生产的各个领域面貌一新。特别是由于电子计算机、控制论和自动化技术的发展，正在迅速提高生产自动化的程度。同样数量的劳动力，在同样的劳动时间里，可以生产出比过去多几十倍几百倍的产品。社会生产力有这样巨大的发展，劳动生产率有这样大幅度的提高，靠的是什么？最主要的是靠科学的力量、技术的力量。"③ 正因为当代科学技术在生产力发展中的地位和作用越来越重要，1988 年，邓小平在进一步深入思考的基础上作出了新的理论概括，指出："马克思说过，科学技术是生产力，事实证明这话讲得很对。依我看，科学技术是第一生产力。"④ 这一论断明确地揭示出，在当代，随着科学技术的发展和它在生产力中地位作用的变化，科学技术已经不仅仅是生产力中

① 转引自龚育之：《一段历史公案和几点理论思考》，《自然辩证法研究》1991 年第 11 期。

② 《毛泽东著作选读》下册，人民出版社 1986 年版，第 742 页。

③ 《邓小平文选》第二卷，人民出版社 1994 年版，第 87 页。

④ 《邓小平文选》第三卷，人民出版社 1993 年版，第 274 页。

的一般性要素，而且是生产力诸要素中占第一位的、起主导性作用的要素，从而丰富发展了马克思关于科学技术是生产力的重要思想，对推动我国社会主义现代化建设事业的发展起到了重要的指导作用。

20世纪90年代，随着全球科技革命勃然兴起，知识经济初见端倪，江泽民进一步发展了马克思主义科技观。他用世界眼光来观察全球科技与生产力发展的特点和趋势，敏锐地捕捉到近十年来的崭新变化，并在此基础上提出了新的概括和论断，即科学技术是先进生产力的集中体现和主要标志。这是继马克思、恩格斯、邓小平之后对科学技术与生产力之间内在关系的新的理论概括，这一论断既是同马克思、恩格斯、邓小平的论断一脉相承，又是在新的时代条件下对这些论断的进一步丰富和发展，它明确地回答了在新的历史时代，究竟什么是先进生产力，党怎样才能代表先进生产力发展要求等重大的时代性课题。

世纪之交，胡锦涛强调，"从根本上说，增强发展后劲，增强我国经济国际竞争力，取决于科技进步和创新"①。科学技术面向经济建设主战场的本质是创新；对于我国而言，其核心内容是破解科技成果转化问题，其关键是进一步加强科技体制改革，优化创新环境，使企业真正成为进行技术创新和科技成果转化的主体。胡锦涛指出，要"建立以企业为主体、市场为导向、产学研相结合的技术创新体系……形成科技创新和经济社会发展紧密结合的机制，加速科技成果向现实生产力转化。……加快发展创业风险投资，营造有利于自主创新和科技成果产业化的环境"②。胡锦涛多次强调自主创新，他指出，"我们一定要勇于站在世界科技发展最前列，独立自主而又积极扩大对外开放，自力更生而又广泛借鉴国外先进技术，在一些重要领域和科技前沿拥有自主创新能力和自主知识产权，大力提高核心竞争力，努力在世界高新技术领域占

---

① 《胡锦涛文选》第二卷，人民出版社2016年版，第43页。
② 《胡锦涛文选》第二卷，人民出版社2016年版，第370页。

有一席之地"①，并强调建设创新型国家，核心就是把增强自主创新能力作为发展科学技术的战略基点，走出中国特色自主创新道路，推动科学技术的跨越式发展。2006年全国科学技术大会不仅吹响了增强自主创新能力和建设创新型国家的集结号，而且标志着自主创新的科技观的正式确立。

党的十八大以来，习近平总书记把创新摆在国家发展全局的核心位置，立足"两个大局"，紧密围绕创新驱动发展战略和创新发展理念，提出了一系列新思想、新论断、新要求，催生了自立自强的科技观。科技兴则民族兴，科技强则国家强。习近平总书记指出："重视科技的历史作用，是马克思主义的一个基本观点。……近代以来，中国屡屡被经济总量远不如我们的国家打败，为什么？其实，不是输在经济规模上，而是输在科技落后上。"②纵观人类发展历史，创新始终是推动一个国家、一个民族向前发展的重要力量，也是推动整个人类社会向前发展的重要力量。2015年，习近平总书记提出，"创新是引领发展的第一动力。抓创新就是抓发展，谋创新就是谋未来"③。建设世界科技强国，需要有标志性的科技成就，需要在自主创新的基础上破解关键核心技术的"卡脖子"问题，保证科技自立自强。"我国已经成为具有重要影响力的科技大国，科技创新对经济社会发展的支撑和引领作用日益增强。同时，必须认识到，同建设世界科技强国的目标相比，我国发展还面临重大科技瓶颈，关键领域核心技术受制于人的格局没有从根本上改变"④。"构建新发展格局最本质的特征是实现高水平的自立自强"⑤核心技术是国之重器，最关键最核心的技术要立足自主创新、自立自强；市场换不

---

① 《胡锦涛文选》第二卷，人民出版社2016年版，第114页。
② 《习近平关于科技创新论述摘编》，中央文献出版社2016年版，第23页。
③ 《习近平关于科技创新论述摘编》，中央文献出版社2016年版，第7页。
④ 《习近平谈治国理政》第二卷，外文出版社2017年版，第268页。
⑤ 习近平：《论科技自立自强》，中央文献出版社2023年版，第251页。

来核心技术，有钱也买不来核心技术，必须靠自己研发、自己发展。此后，习近平总书记多次强调自立自强的核心内容，即技术的自主可控。

在"站起来"阶段，为应对封锁，保障国家安全，自力更生的科技观成为中国共产党的必然选择，成就了兴国大业。在"富起来"阶段，为充分利用全球创新资源，加速国家的现代化进程，同时坚持独立自主的发展道路，基于改革开放和全球化的时代背景，将自力更生的科技观调整为自主创新的科技观，是中国共产党与时俱进的主动选择。这一时期的科技观成就了富国大业。在"强起来"阶段，基于新时代新要求，进一步把自主创新的科技观提升为自立自强的科技观，成为中国共产党的唯一选择。自立自强的科技观正在成就中国式现代化强国大业。

二、马克思主义科技观的主要内容

建立在历史唯物主义基础之上的马克思主义科技观，经过不断丰富、发展和完善，内容博大精深，涉及其社会功能、地位作用、发展方向、基本任务、战略重点、体制改革、对外开放、人才培养等各个方面，是一个日益完整的、科学的理论体系。

（一）科学技术的性质

马克思主义科技观，着眼于科学技术对当代社会历史进程和发展趋势的深刻影响，站在时代高度系统地揭示了科学技术的性质。

科学具有强大的认识功能。科学是人类认识世界、把握世界的主要认知方式和重要认识工具。同哲学等其他认知方式相比较，科学对于揭示具体事物的本质具有更加强大的认识功能，这种认识功能在于用理性、求实、逻辑的认识方法不断深入地探索客观事物的本质和规律，并由此形成了物理学、生物学、化学、地质学等系统的科学理论。随着这些科学理论的不断深入和扩展，大大地开阔了人类的眼界，拓展了人类认识的深度和广度，并为人类在实践中自觉地改造世界奠定了坚实的认识基础。

科学技术具有鲜明的实践性。科学技术及其进步深刻地影响和改变着人类实践的格局和状况，尤其在当代，随着科学技术的快速发展，它已经渗透到人类社会的生产、生活等各个领域，凡是人类的活动都伴有科学技术。"科技革命必然引发产业革命"①，"历次产业革命都有一些共同特点：一是有新的科学理论作基础，二是有相应的新生产工具出现，三是形成大量新的投资热点和就业岗位，四是经济结构和发展方式发生重大调整并形成新的规模化经济效益，五是社会生产生活方式有新的重要变革"②。而且科学技术已不仅仅表现在推动社会进步的物质条件和工具体系方面，同时还体现在直接转化为社会政策和人们的行动规则等方面；科学技术不仅直接改变它自身的对象，而且本身就是社会进程的重要组成部分。科学技术与当代社会整体结构的这种内在的契合性和构成性关系，凸显其鲜明的实践性。

科学与技术具有高度的融合性。科学与技术曾在相当长的时期里都是分离的，它们各自独立地发挥着社会作用。直到19世纪中叶，这恰是马克思主义诞生的时候，科学与技术开始相互交融。直到今天，这种交融并没有完全消除两者之间的界限，也就是说，技术没有完全消融在科学之中，科学也没有完全消融在技术之中，而只不过是在更高层次上保持着各自的相对独立和相互交融。但随着现代科学与技术的迅猛发展，特别是由于现代科学的巨大指导作用迅速引发技术革命的巨大能量，使人们更加注意并认同了科学的技术化和技术的科学化的特点和趋

---

① 《习近平关于科技创新论述摘编》，中央文献出版社2016年版，第97页。

② 《习近平关于科技创新论述摘编》，中央文献出版社2016年版，第24页。

势，即任何现代技术都是科学的技术，而任何科学活动的开展和应用，都要以现代技术为手段。所以，今天的人们早已习惯地把科学与技术统称为科学技术，或简称为"科技"；把科学革命和技术革命统称为科学技术革命，或简称为"科技革命"。

科学技术具有普遍公用性。坚持用阶级的观点分析和看待各种基本的社会历史现象，是马克思主义的基本态度和根本方法。但马克思主义在科学技术问题上则认为，科学技术是人类共同创造的财富，没有阶级、国家和民族之别，从而也就决定了它的普遍公用性。因此，任何科技成果一经出现，最终都可以为全人类的发展服务，成为推动人类社会文明进步的真正动力。为此，邓小平指出："科学技术本身是没有阶级性的，资本家拿来为资本主义服务，社会主义国家拿来为社会主义服务。"①

科学技术具有革命进步性。马克思主义认为，科学技术从一开始并且始终是进步的、革命的。尽管人们对科学技术本身的不断发展究竟是给人类带来幸福还是灾难，科学技术发展究竟向何处去等问题还心存疑虑，甚至于在科技发展的历程中，人类社会也曾出现过因其狭隘的私欲，恐惧和压抑过科技的发展，但科技毕竟会产生，而且它一经产生，就会承担起预见和开辟生产力发展道路的作用，就会以极高的批判精神和惊人的速率发展，就会推动和拉动社会生产力，并最终推动社会的进步和发展。科学技术这种"革命"的精神，有一种永无止境的势头。

（二）科学技术的功能

马克思主义对科学技术的研究是放在人类社会发展的动力系统中进

① 《邓小平文选》第二卷，人民出版社1994年版，第111页。

行的,它在深刻揭示生产力与生产关系、经济基础与上层建筑的矛盾运动是人类社会前进的基本动力的同时,也深刻揭示了科学技术在人类社会发展中的地位作用。

科学技术是第一生产力。从马克思开创性地把科学技术纳入生产力范畴,并提出"科学技术是生产力"的思想,到邓小平提出"科学技术是第一生产力"的著名论断,都充分肯定了科学技术对生产力的巨大作用。"近代以来,西方国家之所以能称雄世界,一个重要原因就是掌握了高端科技。"①纵观人类文明发展史,科学技术的每一次重大突破,都曾引起生产力的深刻变革。为此,马克思曾指出,正是科学技术的作用,才使得"资产阶级在它的不到一百年的阶级统治中所创造的生产力,比过去一切世代创造的全部生产力还要多,还要大"②。而在高新技术迅猛发展的今天,科学技术对生产力的推动作用更加巨大,因为现代科学技术与经济、社会发展的关系越来越密切,以至于社会生产力的迅速发展,劳动生产率的大幅提高,最主要的是靠科技的力量。

科学技术是精神文明建设的重要基石。科学技术作为第一生产力,在为人类创造巨大的物质财富的同时,也为精神文明建设提供了重要的基石。这不仅是因为基于科学技术的物质财富是精神文明建设的物质基础,而且伴随科技发展的科学精神、科学思想以及科学知识本身就是人类精神文明的重要方面。特别是以理性、求实、探索、批判为标志的科学精神,已经成为精神文明建设中的巨大精神财富,推动着精神文明建设不断走上新的台阶。这种科学精神在精神文明建设中,提高了一个民族的整体科技素质和理论思维能力;引导人们奋发图强、积极向上;促进人们形成正确的世界观、人生观和价值观;促进人们实事求是地创造

---

① 《习近平关于科技创新论述摘编》,中央文献出版社 2016 年版,第 39—40 页。
② 《马克思恩格斯选集》第 1 卷,人民出版社 2012 年版,第 405 页。

性地进行社会实践活动；也提升了人们精神文化生活的质量、丰富了人们精神文化生活的内容。正是从这个意义上说，一个民族科学精神的高低成为这个民族社会文明程度的重要标志，为此，江泽民提出了"科学技术是精神文明建设的重要基石"①的论断。

科学技术是社会进步的决定性力量。从马克思提出科技是"大杠杆"，到列宁提出建设和实现社会主义，只有在国际资本主义发展了的物质技术前提下才能实现；从毛泽东认为科学技术是改造自然的物质力量，也是解放思想、推动社会发展的革命力量，到江泽民提出"科学技术日益渗透于经济发展和社会生活的各个领域，成为推动现代生产力发展最活跃的因素，并且归根到底是现代社会进步的决定性力量"②，再到习近平总书记指出"科技创新是提高社会生产力和综合国力的战略支撑"③，这些思想都充分体现了科学技术进步对社会进步的决定性作用。特别是随着现代科技的快速发展，它已经从生产方式、生活方式和思维方式等方面全方位地推动着社会的深刻变革。

现代科学技术是世界各国综合国力竞争的关键。综合国力是指一个主权国家生存和发展所拥有的全部实力及国际影响力的合力，包括政治力、经济力、科技力、国防力、文教力、外交力、资源力等方面。它不是各种力量的简单相加，而是多种力量的协调发展，其中经济力和科技力已经成为决定性因素。随着现代科学由传统的小科学转变为当今的大科学，由当初主要由科学家好奇心驱使的个人活动变为今天主要由社会发展需要推动的一项重要的国家事业，从而使科学技术对各国综合国力和政治生活产生决定性的影响。在世界新科技革命推动下，知识在经济社会发展中的作用日益突出，国民财富的增长和人类生活的改善越来越依赖于知识的积累和创新。科技竞争成为国际综合

---

① 江泽民：《论科学技术》，中央文献出版社 2001 年版，第 76 页。
② 江泽民：《用现代科学技术知识武装起来》，《新华文摘》1994 年第 1 期。
③ 《习近平关于科技创新论述摘编》，中央文献出版社 2016 年版，第 25—26 页。

国力竞争的焦点。

三、马克思主义科技观的当代发展

与时俱进、从整体上加强和深化对现代科技发展进程和发展规律的认识，丰富和发展马克思主义的科技观，这是 21 世纪马克思主义的固有理论品质和实践自觉。

（一）对 21 世纪世界新科技革命基本形势作出判断

当今时代，人类社会步入了一个科技创新不断涌现的重要时期，也步入了一个经济结构加快调整的重要时期。发轫于 20 世纪中叶的新科技革命及其带来的科学技术的重大发现发明和广泛应用，推动世界范围内生产力、生产方式、生活方式发生了前所未有的深刻变革，也引起全球生产要素流动和产业转移加快，经济格局、利益格局和安全格局发生了前所未有的重大变化。21 世纪以来，新一轮科技革命和产业变革正在孕育兴起，全球科技创新呈现出新的发展态势和特征。学科交叉融合加速，新兴学科不断涌现，前沿领域不断延伸，物质结构、宇宙演化、生命起源、意识本质等基础科学领域正在或有望取得重大突破性进展。信息技术、生物技术、新材料技术、新能源技术广泛渗透，带动几乎所有领域发生了以绿色、智能、泛在为特征的群体性技术革命。"传统意义上的基础研究、应用研究、技术开发和产业化的边界日趋模糊，科技创新链条更加灵巧，技术更新和成果转化更加快捷，产业更新换代不断加快。科技创新活动不断突破地域、组织、技术的界限，演化为创新体系的竞争，创新战略竞争在综合国力竞争中的地位日益重要。科技创新，就像撬动地球的杠杆，总能创造令人意想不到的奇迹。当代科技发展历程充分证明了这个过程。"①

习近平总书记从世界科技革命和工业革命的历史分析来看科技这支改变世界的力量以及一些国家是如何实现经济跨越式发展的。"历史经验表明，科技革命总是能够深刻改变世界发展格局。"② 科技革命和工业革命的历史让我们更加清醒地认识到科技进步对经济社会整体发展的作用机理，从而得出科技发展演进的内在规律和未来趋势。同时，习近平总书记还从我国科技发展的历史中分析科技与国家强弱的正相关性，深刻理解科技是关系国家强弱、民族兴衰的重要力量。"科技兴则民族兴，科技强则国家强"③ 是从历史分析中得出的重要结论。面对新科技革命这一迅猛势头，人们普遍认识到，谁在知识和科技创新方面占据优势，谁就能够在发展上掌握主动。"科学技术是世界性的、时代性的，发展科学技术必须具有全球视野。"④ 所以，世界各国尤其是发达国家为确保其在国际经济、科技竞争中的主动权，纷纷把推动科技进步和科技创新确定为国家的重大战略。他们大幅度提高科技投入，加快科技事业发展，重视基础研究，重点发展战略高技术及其产业，加快科技成果向现实生产力转化，以便为经济社会发展提供持久动力。习近平总书记说："现在，世界发达水平人口全部加起来是十亿人左右，而我国有十三亿多人，全部进入现代化，那就意味着世界发达人口要翻一番多。不能想象我们能够以现有发达水平人口消耗资源的方式来生产生活，那全球现有资源都给我们也不够用！老路走不通，新路在哪里？就在科技创新上，就在加快从要素驱动、投资规模驱动发展为主向以创新驱动发展为

① 《习近平关于科技创新论述摘编》，中央文献出版社 2016 年版，第 81 页。
② 习近平：《为建设世界科技强国而奋斗——在全国科技创新大会、两院院士大会、中国科协第九次全国代表大会上的讲话》，人民出版社 2016 年版，第 3 页。
③ 习近平：《为建设世界科技强国而奋斗——在全国科技创新大会、两院院士大会、中国科协第九次全国代表大会上的讲话》，人民出版社 2016 年版，第 5 页。
④ 习近平：《在中国科学院第十九次院士大会、中国工程院第十四次院士大会上的讲话》，人民出版社 2018 年版，第 17 页。

主的转变上。"①

（二）努力建设科技创新型国家

新中国成立以来特别是改革开放以来，我们党坚持以马克思主义科技观为指导，紧密结合本国实际，采取了一系列加快我国科技事业发展的重大战略举措，经过广大科技人员顽强拼搏，我们取得了一批以"两弹一星"、载人航天、杂交水稻、陆相成油理论和应用、高性能计算机、人工合成牛胰岛素、基因组研究等为标志的重大科技成就，拥有了一批在农业、工业领域具有重要作用的自主知识产权，促进了一批高新技术产业群的迅速崛起，造就了一批拥有自主知名品牌的优秀企业，全社会科技水平显著提高。这些科技成就，为推动经济社会发展和改善人民生活提供了有力的支撑，显著增强了我国的综合国力和国际竞争力。

同时，我们还必须清醒地看到，我国的科学技术及其体制的改革和发展仍然面临着许多深层次的理论和实践问题。我国科技的总体水平同世界先进水平相比仍有较大差距，同我国经济社会发展的要求还有许多不相适应的地方。主要是：关键技术自给率低，自主创新能力不强，特别是企业核心竞争力不强；农业和农村经济的科技水平还比较低，高新技术产业在整个经济中所占的比例还不高，产业技术的一些关键领域存在着较大的对外技术依赖，不少高技术含量和高附加值产品主要依赖进口；科学研究实力不强，优秀拔尖人才比较匮乏；科技投入不足，体制机制还存在不少弊端。"我国面临很多'卡脖子'技术问题"②，维护国家安全和战略利益，我们比以往任何时候都更加迫切地需要坚实的科学基础和有力的技术支撑。这是摆在我们面前的一项刻不容缓的重大使命，

---

① 《习近平关于科技创新论述摘编》，中央文献出版社 2016 年版，第 28 页。
② 习近平：《在科学家座谈会上的讲话》，人民出版社 2020 年版，第 7 页。

我们必须加快提高我国科技自主创新能力。

提高自主创新能力，建设创新型国家。这是国家发展战略的核心，是提高综合国力的关键。习近平总书记指出："实施创新驱动发展战略决定着中华民族前途命运。没有强大的科技，'两个翻番'、'两个一百年'的奋斗目标难以顺利达成，中国梦这篇大文章难以顺利写下去，我们也难以从大国走向强国。全党全社会都要充分认识科技创新的巨大作用，把创新驱动发展作为面向未来的一项重大战略，常抓不懈。"① 加快提高我国科技自主创新能力，对于我国应对世界新一轮科技革命和产业革命的挑战，具有十分重大的意义。要坚持把推动科技自主创新摆在全部科技工作的突出位置，坚持把提高科技自主创新能力作为推进结构调整和提高国家竞争力的中心环节，加快建设中国特色国家创新体系。

着力解决制约经济社会发展的重大科技问题。习近平总书记指出："我们必须走出适合国情的创新路子，特别是要把原始创新能力提升摆在更加突出的位置，努力实现更多'从 0 到 1'的突破。"② 提高自主创新能力，要紧紧扭住为经济社会发展服务这一中心任务，把握科技发展的战略重点，着力解决制约经济社会发展的重大科技问题。加快推进科技自主创新体系建设。深化科技体制改革，进一步优化科技结构布局，充分激发全社会的创新活力，加快科技成果向现实生产力转化，是建设创新型国家的一项重要任务。在继续推进科技体制改革过程中，要充分发挥政府的主导作用，充分发挥市场在科技资源配置中的基础性作用，充分发挥企业在技术创新中的主体作用，充分发挥国家科研机构的骨干和引领作用，充分发挥大学的基础和生力军作用，以便进一步形成科技创新的整体合力，为建设创新型国家提供良好的制度保障。

培养造就科技自主创新人才队伍。科技自主创新，关键在人才。培

---

① 《习近平关于科技创新论述摘编》，中央文献出版社 2016 年版，第 25 页。

② 习近平：《在科学家座谈会上的讲话》，人民出版社 2020 年版，第 4 页。

养大批具有创新精神的优秀人才，造就有利于人才辈出的良好环境，充分发挥科技人才的积极性、主动性、创造性，是建设创新型国家的战略举措。要坚持贯彻尊重劳动、尊重知识、尊重人才、尊重创造的方针，全面实施人才强国战略，牢固树立人才资源是第一资源的观念，完善适合我国科技发展需要的人才结构，不断发展壮大我国科技人才队伍。要坚持在创新实践中发现人才、在创新活动中培育人才、在创新事业中凝聚人才。要努力营造鼓励人才干事业、支持人才干成事业、帮助人才干好事业的社会环境，形成有利于优秀人才脱颖而出的体制机制，最大限度地激发科技人员的创新激情和活力，提高创新效率，"发挥重大人才工程牵引作用"① 特别是要为年轻人才施展才干提供更多的机会和更大的舞台。

努力培育科技自立自强的科学精神。科学精神是科学技术进步和发展的灵魂。科学是反映自然、社会、思维等客观规律的知识体系，科学精神则是贯穿于科学活动之中的精神状态和思维方式，是体现在科学知识中的思想或理念。从哲学角度讲，科学精神就是彻底的唯物主义精神，也就是解放思想、实事求是、与时俱进的精神，包括尊重科学的理性精神，尊重规律的严谨态度，不断创新的进取意识。其中最主要的是求实与创新，不求实，就不是科学；不创新，科学与技术就不可能向前发展。科学精神是一种时代精神，不仅有助于形成创造性的思维和能力，而且有助于人们树立起对待自然、社会与人生的科学态度。

科技和一切事业的发展都要在经济、政治、社会、文化、生态发展的战略总布局中来考虑。在这个总体布局下，必须深入贯彻创新、协调、绿色、开放、共享的新发展理念，并且将新发展理念作为一个有机联系的整体。协调是我国科技发展必须坚持的基本原则。基础科学与应用科学发展的不平衡、科学与技术发展的不平衡、科技资源空间分布的

---

① 习近平：《论科技自立自强》，中央文献出版社 2023 年版，第 262 页。

不平衡，都会影响到我国科技发展目标的实现。绿色发展是当今时代科技革命和产业变革的方向。只有发展绿色科技，才能实现持续健康发展，才能最终解决人与自然的和谐问题。开放发展是科技发展的必要条件。我国的科技发展既要站在自力更生的基点上，也要注重学习借鉴、开放合作。实现共享是我国科技发展的最终目标和落脚点。科技发展要关注重大民生问题，提升公共科技供给能力和水平，实现社会公平正义。

（三）从科技发展目的中凸显为人民服务

科技创新最终目的是为了满足人民不断增长和提升的生活需求。人民的需求是科技发展的现实动力。习近平总书记指出："人民的需要和呼唤，是科技进步和创新的时代声音。"[1] 发展科技的目的不是为了统治人、压抑人、制约人，而是为了满足人、服务人、解放人。科技的发展要紧紧围绕人民的需求，要始终回应人民的呼声，要关注解决人民的现实问题。习近平总书记曾指出，看病贵的一个主要原因是重要专利药物和高端医疗装备依赖进口。目前我国人民生活面临的很多问题都直接或间接与科技创新能力相关，其根本解决都需从科技创新能力提升入手，用科技的力量来改善民生，满足人民对美好生活的新期待。满足人民生活的需要是科技创新的现实目标。

改善民生是科技创新的重要使命。"科学研究既要追求知识和真理，也要服务于经济社会发展和广大人民群众。"[2] 习近平总书记在思考我国明末清初社会发展逐渐衰落的原因时，认为近代中国并不是不了解科学知识，而是这些科学成果没有对经济社会发展起作用，要么坐而论道、

---

[1] 《习近平谈治国理政》第二卷，外文出版社 2017 年版，第 272 页。

[2] 《习近平谈治国理政》第二卷，外文出版社 2017 年版，第 270 页。

禁中清谈，要么长期封存、无人知晓。于是他指出："科学技术必须同社会发展相结合，学得再多，束之高阁，只是一种猎奇，只是一种雅兴，甚至当作奇技淫巧，那就不可能对现实社会产生作用。"①我国经济发展动力不足、不可持续、社会发展挑战重重、生态环境压力加大、安全风险增加，这些涉及民生问题的解决都需要依靠更多更好的科技创新。而要满足我国人民的需求水平，就必须加大民生科技投入、提升民生科技创新能力，并通过创新变革供给结构，提高有效供给能力和水平，从而实现人民对美好生活的新期待。

我国的科技创新决不能脱离人民的需要或只服务于少数人的需要，而必须立足于人民群众的整体发展需求，提升人民的获得感。让科技成果惠及广大人民，让科技为人类造福是发展科技的价值所在。其一，科技创新要聚焦重大民生问题，"面向人民生命健康"②，为人民群众提供低成本医疗服务、均等化的优质教育资源，消除区域、城乡、人群间的数字鸿沟，营造宜居和谐的生活环境。其二，科技创新要以人民的需求为导向。科技创新要切实解决与人民群众生活息息相关的实际问题，依靠科技创新消除贫困、保障健康、实现就业、建设宜居的生活环境等，实现民生科技的充分高效供给。"广大科技工作者要把论文写在祖国的大地上，把科技成果应用在实现现代化的伟大事业中。"③其三，科技创新要以人民的共享发展为目标。社会主义的本质决定了我国科技创新的最终目的是人民的共享与发展，这就要求我们在科技成果应用方面坚持公平正义原则，促进人的全面自由发展，让人民的利益在科技事业进步中得以充分体现，让人民在科技乃至整个社会主义建设事业进步中具有获得感。

马克思当年曾尖锐地指出科技发展与社会基本矛盾积累给资本主义

---

① 《习近平谈治国理政》第一卷，外文出版社 2018 年版，第 125 页。
② 习近平：《论科技自立自强》，中央文献出版社 2023 年版，第 291 页。
③ 《习近平谈治国理政》第二卷，外文出版社 2017 年版，第 270 页。

社会带来的严重社会后果及其危害。"我们的一切发明和进步，似乎结果是使物质力量成为有智慧的生命，而人的生命则化为愚钝的物质力量。"① 随着科技要素在生产力系统中地位的日益提升，科技的工具理性过度膨胀，人反而成为科技进步的工具。"核武器是悬在人类头上的'达摩克利斯之剑'"，"不能打开潘多拉的盒子"。② 在谈到网络安全问题时，习近平总书记提出要遏制信息技术滥用。可见，习近平总书记对科技负效应对人类社会的影响极为关注，因而要把握科技的发展方向，使它朝着有利的方向发展。当代科技发展存在的问题不是一个国家关起门来所能解决的。在应对科技发展刃剑效应的问题上，人类命运共同体建构的一个重要功能就是全世界人民共同抵制科技发展对人类的危害。这是对马克思主义科技观在全球化时代的理论贡献。科技的发展需要有正确的理念指引和价值导向，否则，科技发展就会迷失方向，科技的负效应就会凸显出来，甚至导致不堪设想的灾难性后果。这就要求我们正确认识科学技术的社会作用，把科学理性同人文精神结合起来，在价值目标的选择上始终保持清醒头脑，使科学技术在为人类造福和解决全球性危机中发挥出更加积极的作用。"科技是发展的利器，也可能成为风险的源头"，要"塑造科技向善的文化理念，让科技更好增进人类福祉，让中国科技为推动构建人类命运共同体作出更大贡献"。③

---

① 《马克思恩格斯选集》第 1 卷，人民出版社 2012 年版，第 776 页。

② 《习近平谈治国理政》第二卷，外文出版社 2017 年版，第 541 页。

③ 习近平：《在中国科学院第二十次院士大会、中国工程院第十五次院士大会、中国科协第十次全国代表大会上的讲话》，人民出版社 2021 年版，第 15 页。

学好用好马克思主义哲学中国化时代化的最新成果

党的二十大报告用"六个必须坚持"，概括了习近平新时代中国特色社会主义思想的世界观、方法论和贯穿其中的立场观点方法。"六个必须坚持"，是对马克思主义哲学中国化时代化最新成果的集中概括。只有把握好"六个必须坚持"，才能把思想方法搞对头，认识问题才站得高，分析问题才看得深，开展工作也才能把得准。

一、必须坚持人民至上

人民立场是马克思主义政党的根本立场。马克思恩格斯鲜明指出："历史上的活动和思想都是'群众'的思想和活动"[1]，"历史活动是群众的事业"[2]。坚持人民至上，丰富和发展了马克思主义的群众史观。马克思主义是人民的理论，人民性作为马克思主义的本质属性，其根本价值追求就是实现人类解放。与英雄史观不同，马克思主义群众史观强调人

---

[1] 《马克思恩格斯全集》第 2 卷，人民出版社 1957 年版，第 103 页。
[2] 《马克思恩格斯全集》第 2 卷，人民出版社 1957 年版，第 104 页。

民群众是历史的创造者，是在社会历史发展过程中起决定作用的主体力量。

历史与实践充分证明，中国共产党带领中国人民取得的一切伟大成果都离不开我们党所秉持的群众史观。从诞生之日起，党就与人民休戚与共、生死相依。回首百年征程，人民群众筑成红军时期的"铜墙铁壁"，汇成抗日战争中的"汪洋大海"，用小车推出解放战争的伟大胜利，干出社会主义革命和建设的巨大成就，主演了改革开放的历史伟剧。这深刻揭示了人民群众既是推动伟大变革的实践主体，也是推进理论创新的实践主体，更是实践创造的价值评判主体。而坚持以人民为中心的发展思想，也吸收了中华优秀传统文化民本思想的积极内容。《尚书·五子之歌》记载："民惟邦本，本固邦宁"。荀子认为，"天之生民，非为君也；天之立君，以为民也"。这些都是中国数千年以来在实践中不断积淀的重民、爱民、惠民、亲民思想。

"人民"二字，在习近平总书记心中位置最高、分量最重。"为人民过上更加美好生活而矢志奋斗""增进民生福祉是发展的根本目的""我们要紧紧依靠人民，充分发挥人民主体作用，尊重人民首创精神，为了人民干事创业，依靠人民干事创业"等，充分体现出一切为了人民，一切依靠人民。党的二十大报告中，从"国家一切权力属于人民"到"江山就是人民，人民就是江山"，从"坚持一切为了人民、一切依靠人民"到"把实现人民对美好生活的向往作为现代化建设的出发点和落脚点"，充分体现了中国共产党始终把人民放在心中最高位置的根本政治立场，生动彰显了中国共产党全心全意为人民服务的根本宗旨。

"必须坚持人民至上"处于"六个必须坚持"的首位，深刻表明"人民至上"是当代中国共产党人推进强党强国强军实践始终遵循的科学世界观和方法论，这是推进一切理论创新和实践创新的逻辑起点和最终落点。

二、必须坚持自信自立

自信自立是中华民族素有的精神气度。习近平总书记指出："中国人民和中华民族从近代以后的深重苦难走向伟大复兴的光明前景，从来就没有教科书，更没有现成答案。"①"必须坚持自信自立"丰富和发展了马克思主义的历史辩证法，要求我们必须坚持主观与客观、内因与外因、历史与逻辑相统一。

这不仅是马克思主义政党制定路线、方针、政策的方法论前提，也是对马克思主义理论具有伟大真理力量的充分彰显。坚持自信自立，也是对中华优秀传统文化中自强不息精神的传承与超越。例如，《易传·象传》有"天行健，君子以自强不息"的名句；诸葛亮在《出师表》中提出，"恢弘志士之气，不宜妄自菲薄"。这些自强不息、厚德载物的民族品格为自信自立的方法论提供了深厚滋养。坚持自信自立作为立党立国的重要原则，源自中国共产党对科学真理的坚持，源自对中华民族灿烂文明的弘扬，源自对一百多年来艰辛奋斗的实践淬炼。在人类文明发展史上，除了中国特色社会主义制度和国家治理体系外，没有任何一种国家制度和国家治理体系能够在这样短的历史时期内创造出我国取得的经济快速发展、社会长期稳定这样的奇迹。

党的十八大以来，以习近平同志为主要代表的中国共产党人不断推进马克思主义中国化时代化，让马克思主义永葆蓬勃生机，这就是自信自立精神气度的最有力彰显。今天我们踏上了全面建设社会主义现代化国家的新征程，党的二十大报告把"自信自强"写入大会主题，宣示以中国式现代化全面推进中华民族伟大复兴，彰显了"中国的问题必须从

---

① 习近平：《高举中国特色社会主义伟大旗帜　为全面建设社会主义现代化国家而团结奋斗——在中国共产党第二十次全国代表大会上的报告》，人民出版社 2022 年版，第 19 页。

中国基本国情出发，由中国人自己来解答"的坚定和豪迈。

新时代新征程，我们唯有坚守自信自立的精神气度，以习近平新时代中国特色社会主义思想为指导，在重大政治问题上有定力、有主见，不信邪、不怕鬼、不怕压，时刻保持战略清醒、战略自信、战略主动，不断提出新理念新思路新办法，得出符合客观规律的科学认识，才能把握历史大势、掌握历史主动，在治国理政的实践中产生强劲动能，以更加积极的历史担当和创新精神更好地推进和拓展中国式现代化，为发展马克思主义作出新的贡献。为此，坚持自信自立是中国共产党激发斗争精神、赢得发展主动的重要支撑，更是团结带领全国人民攻坚克难、砥砺奋进的动力之源。

三、必须坚持守正创新

马克思主义永葆生机活力，根本在于始终与时代同步伐、与人民共命运。马克思认为："人的思维是否具有客观的真理性，这不是一个理论的问题，而是一个实践的问题。"①"必须坚持守正创新"丰富和发展了马克思主义的实践认识论。

守正才能不迷失方向、不犯颠覆性错误，创新才能准确把握时代大势、引领时代发展。两者相辅相成、辩证统一，回应着合规律性与合目的性这两个评价人类实践活动的根本尺度。马克思主义是具体的、历史的，不是机械的、重复的教条，体现了"变"与"不变"、继承与发展、原则性与创造性的辩证统一。坚持守正创新，也是对中华优秀传统文化与维新精神的弘扬与超越。传统文化历来强调在继承中创新，在创新中

---

① 恩格斯：《路德维希·费尔巴哈和德国古典哲学的终结》，人民出版社 2018 年版，第 60 页。

发展，例如，革故鼎新作为传统哲学的鲜明特质，深刻影响着华夏子孙的思想认知，"周虽旧邦，其命维新"、"苟日新，日日新，又日新"、"政者，正也"、"明者因时而变，知者随事而制"等经典更是诠释了守正与创新的辩证意涵，深刻揭示了我们只有顺势而为、革故鼎新，才能不断推动事物发展。在运用马克思主义认识和解决中国实际问题的过程中，我们党把马克思主义的世界观、方法论同中华优秀传统文化相结合，形成了坚持守正创新的科学思想方法和工作方法，为党和国家事业发展提供了既一脉相承又与时俱进的科学理论指导。纵观百年党史，就是一部守正创新的历史，守的是马克思主义基本原理之"正"，创的是马克思主义中国化时代化之"新"。

当代中国正经历人类历史上最宏大而独特的实践创新，面对世界之变、时代之变、历史之变，科学回答中国之问、世界之问、人民之问、时代之问，我们必须始终坚持理论指导与实践求索相统一，尊重客观规律与发挥主观能动性相统一，继承传统文化精华与直面现实挑战相统一，植根中华文明与文明互鉴相统一，把国家和民族发展放在自己力量的基点上，把中国发展进步的命运牢牢掌握在自己手中，在坚持正确方向的前提下，大力推进理论创新、实践创新、制度创新、文化创新以及其他各方面的创新，不断开辟发展新领域新赛道，塑造发展新动能新优势，在新的伟大实践中，奋力谱写马克思主义中国化时代化新篇章，夺取全面建设社会主义现代化国家新胜利，把我国建设成为富强民主文明和谐美丽的社会主义现代化强国。

四、必须坚持问题导向

回答并指导解决问题是理论的根本任务。马克思主义认为，矛盾是普遍存在的，是事物联系的实质内容和事物发展的根本动力。问题是事物矛盾的表现形式，坚持问题导向是对马克思主义矛盾观的坚持和发展，能够激发人们强化敏锐的问题意识，形成运用矛盾分析法解决具体问题的思维自觉。人类认识世界、改造世界的过程，本质上就是一个发现问题、解决问题的过程。"必须坚持问题导向"，在世界观和方法论上就是要承认矛盾的普遍性和客观性；在工作实践中就是要把解决实际问题作为打开工作局面的突破口。习近平总书记指出："问题是时代的声音，回答并指导解决问题是理论的根本任务。"[①]把握时代就是切中时代的问题，如果解决不了现实问题，再缜密的理论也会失去生命力。

中华民族在漫长的历史演进中，诸多先哲对问题的求索进行了思考。例如，《中庸》提出"博学之，审问之，慎思之，明辨之，笃行之"，王阳明主张"知是行的主意，行是知的功夫；知是行之始，行是知之成"，强调务实重行的问题求索精神。坚持问题导向，既发扬了马克思主义理论的鲜明风格和重要品质，又融合超越了传统文化中朴素的问题思维、知行合一的理性认知，形成了中国共产党人特有的问题观和破解问题的科学方法论。问题是突破的方向，目标是行动的指南。有目标才能不迷茫，抓问题才能不虚化。"哲学家们只是用不同的方式解释世界，而问题在于改变世界"[②]。在实际工作中，我们必须要坚持问题导向，运用矛盾分析法，善抓主要矛盾和矛盾的主要方面，不断提出破解问题的真知灼见，坚持用马克思主义之"矢"去射新时代中国之"的"，让马克思主义展现出更强大、更有说服力的真理力量，指引党和国家事业不断创造出新的奇迹。

坚持问题导向更要实现与目标导向的有机统一，这是我们党在革命、建设和改革实践中始终秉持的重要经验。习近平总书记深刻指出：

[①]　习近平：《高举中国特色社会主义伟大旗帜　为全面建设社会主义现代化国家而团结奋斗——在中国共产党第二十次全国代表大会上的报告》，人民出版社2022年版，第20页。

[②]　恩格斯：《路德维希·费尔巴哈和德国古典哲学的终结》，人民出版社2018年版，第66页。

"既要以目标为着眼点，在统筹谋划、顶层设计上下功夫，以增强方向感、计划性；又要以问题为着力点，在补短板、强弱项上持续用力，以增强精准性、实效性"①。这深刻启示我们要坚持聚焦实践遇到的新问题、改革发展稳定存在的深层次问题、人民群众急难愁盼问题、国际变局中的重大问题、党的建设面临的突出问题，形成与时俱进的理论创新成果，在发扬历史担当和创造精神中科学开展工作，做到既要抬起头聚焦目标用力，又沉下心来反思不足，及时做好调查研究，在发现问题、化解矛盾、破解难题中创造性地达成既定目标，积小胜为大胜，不断推动各项建设向前向好迈进。

五、必须坚持系统观念

系统观念是马克思主义的重要认识论和方法论。习近平总书记指出："系统观念是具有基础性的思想和工作方法。"②系统是由相互作用相互依赖的若干组成部分结合而成的具有特定功能的有机整体。系统观念是认识客观世界和改造主观世界的复杂思维理念。

万事万物总是相互联系、相互依存，只有用普遍联系的、全面系统的、发展变化的系统观念去分析世界、解读世界、考察世界，才能在实践性活动中科学认识事物的本质规律。毛泽东在《党委会的工作方法》中提出"学会'弹钢琴'"，就是对系统观念的生动论述。"必须坚持系统观念"，符合事物普遍联系、发展变化的逻辑规律，体现了对辩证唯物主义和历史唯物主义世界观和方法论的坚持与运用，为我们准确认识和把握新时代新征程的使命任务、有效应对前进道路上的风险挑战提供

---

① 《习近平经济思想学习纲要》，人民出版社、学习出版社2022年版，第166页。
② 《习近平生态文明思想学习纲要》，学习出版社、人民出版社2022年版，第72页。

了强大科学指引。

纵观中华优秀传统文化的思想体系，深刻蕴含着以"天人合一"为代表的朴素系统论思维，古代先贤主张把宇宙、自然、人类社会看成一个整体，认为"道生一，一生二，二生三，三生万物"，强调"不谋万世者不足谋一时，不谋全局者不足谋一域"。这些古代经典文化所展现的哲学思维，为我们进一步领会坚持系统观念的思想来源和精髓要义提供了积极借鉴。纵观人类社会演进规律和古今中外的重大实践性活动，只有坚持系统观念，才能全面准确认清事物实质，不失原则地采取灵活方法处理和解决各类繁琐问题。新时代之所以取得了伟大成就，很重要的一个原因就在于我们党坚持以系统观念妥善处理改革发展稳定的复杂关系，稳步推进中国特色社会主义各项事业。

当前，在建设中国式现代化的伟大实践中，我们更要科学把握全局和局部、当前和长远、宏观和微观、主要矛盾和次要矛盾、特殊和一般的逻辑机理，切实提高战略思维、历史思维、辩证思维、系统思维、创新思维、法治思维、底线思维能力，以科学的顶层设计牵引扎实的实践探索，以实践探索的丰富经验进一步完善顶层设计，做到科学把握共产党执政规律、社会主义建设规律、人类社会发展规律，学会战略与策略的辩证法，运用好中与西、内与外之间的内在张力，在活力中保持秩序、在秩序中激发活力，实现活而不乱、和谐有序的动态平衡，把各级担负的任务不折不扣落到实处，做到既为一域争光、更为全局添彩。

六、必须坚持胸怀天下

中国共产党历来强调树立世界眼光，把为人类发展进步贡献力量作为自己的奋斗追求。《共产党宣言》揭示了人类社会最终走向共产主义的必然趋势，奠定了马克思主义政党为人类谋进步、为世界谋大同的实践价值坐标。"必须坚持胸怀天下"的世界观和方法论，是对马克思主义世界历史理论的继承和发展，体现了中国共产党人立足人类解放事业的宏伟理想和博大胸怀。

纵观历史，1916年李大钊发出以"乘风破浪"的气魄"为世界进文明，为人类造幸福"的响亮号召。1956年毛泽东提出"中国应当对于人类有较大的贡献"，表达了中国共产党人对推进人类进步事业的强烈愿望。在历史悠久的传统文化中，很早就已孕育了放眼天下的哲学思想，而这种"天下观"，正是中华民族大一统思维的有力展现。从"民胞物与""协和万邦"到"万国咸宁""四海一家"，再到"立天下之正位，行天下之大道"，无不涵养了中华民族独有的天下情怀。但由于受古代阶级局限，这些经典思想还难以跳出"家天下"的逻辑桎梏。正是缘于中国共产党人长期的独特探索，才把马克思主义的理想追求与中华优秀传统文化有机融合起来，实现了对传统"天下观"的传承和超越。

中国共产党是为人民谋幸福、为民族谋复兴的党，也是为人类谋进步、为世界谋大同的党。习近平新时代中国特色社会主义思想主张构建人类命运共同体，弘扬和平、发展、公平、正义、民主、自由的全人类共同价值，推动建设相互尊重、公平正义、合作共赢的新型国际关系，这一系列重大倡议和战略举措，既汇聚了世界各国人民对和平、发展、繁荣向往的最大公约数，也凸显出特有的大国风范、大国担当和大国情怀，为解决人类社会面临的重大问题，建设持久和平、普遍安全、共同繁荣、开放包容、清洁美丽的世界，贡献了中国智慧和中国方案。党的二十大报告开宗明义表明"致力于人类和平与发展崇高事业"，这是马克思主义政党价值观中国化时代化的最真挚表达，不仅有力占据了思想文化和国际道义的制高点，更为不稳定性不确定性的世界注入了强大正能量，成为引领时代潮流和人类前进方向的鲜明旗帜。

当今时代，霸道强权不符合时代潮流，搞零和博弈、意识形态对抗，只会把世界推入分崩离析的危险窘境。习近平总书记深刻指出：

"国际社会发展到今天已经成为一部复杂精巧、有机一体的机器，拆掉一个零部件就会使整个机器运转面临严重困难，被拆的人会受损，拆的人也会受损。"①面对新的历史机遇期，我们必须以更加开放包容的心态，纾发展之困、汇合作之力、聚创新之势、谋共享之福，切实推动经济全球化朝着开放、包容、普惠、平衡、共赢的方向发展，以实现自身实力的壮大，不断夯实世界和平力量之根基，各级领导干部更要拓展世界眼光，涵养世界情怀，增强国际化素质，深刻洞察人类发展进步潮流，继续深入推进中国式现代化进程，为人类和平发展注入强大的正能量。

"六个必须坚持"作为马克思主义哲学中国化时代化最新成果，为我们破解时代课题、把握历史主动、创造光明未来提供了看家本领。前进道路上，形势越复杂，任务越艰巨，就越需要时刻保持赶考的清醒和坚定，在用好"六个必须坚持"中迎战风高浪急甚至惊涛骇浪的重大考验，创造令世人刮目相看的辉煌业绩，交出新时代赶考的优异答卷。

---

① 习近平：《携手迎接挑战　合作开创未来——在博鳌亚洲论坛 2022 年年会开幕式上的主旨演讲》，人民出版社 2022 年版，第 6 页。

后 记

《把马克思主义哲学作为看家本领》一书，由国防大学国家安全学院联合空军工程大学航空机务士官学校编写。本书主编为李志军，副主编为侯攀登、何思红、常培育。各章撰稿人为：导论——李志军，第一章——朱若男，第二章——朱康有，第三章——常培育，第四章——常培育，第五章——刘珂，第六章——何思红，第七章——侯攀登，第八章——张亚琼，第九章——何思红，第十章——唐梓翔，第十一章——朱康有，结语——李志军、荆博。全书由主编负责设计提纲和统稿、定稿。

在编写过程中，我们吸取和借鉴了国内外专家学者的研究成果，由于篇幅所限没有一一列出，特此说明并表示感谢。由于本书题材重大，写作时间紧迫，加之我们水平有限，难免有疏漏和不妥之处，敬请广大读者批评指正。

编 者

2024 年 3 月

责任编辑：曹　春

图书在版编目（CIP）数据

把马克思主义哲学作为看家本领 / 李志军　主编 . — 北京：人民出版社，
　2024.8
ISBN 978－7－01－026604－6

I. ①把…　II. ①李…　III. ①马克思主义哲学－研究　IV. ① B0-0

中国国家版本馆 CIP 数据核字（2024）第 108300 号

把马克思主义哲学作为看家本领
BA MAKESI ZHUYI ZHEXUE ZUOWEI KANJIA BENLING

李志军　主编

人民出版社 出版发行
（100706　北京市东城区隆福寺街 99 号）

北京汇林印务有限公司印刷　新华书店经销

2024 年 8 月第 1 版　2024 年 8 月北京第 1 次印刷
开本：710 毫米 ×1000 毫米 1/16　印张：18
字数：242 千字

ISBN 978－7－01－026604－6　定价：78.00 元

邮购地址 100706　北京市东城区隆福寺街 99 号
人民东方图书销售中心　电话（010）65250042　65289539